本书根据苏联国立统计出版社 1956 年版本译出。

［苏］А.Г. 拉申 —— 著
Рашин А.Г.

俄国人口的百年变迁
(1811~1913)

Население России
за 100 лет (1811-1913 гг)

邓沛勇　王梓云博　马义霞 —— 译

社会科学文献出版社
SOCIAL SCIENCES ACADEMIC PRESS (CHINA)

序

有关百年间（1811～1913年）俄国居民流动的文献材料十分丰富，А.Г.拉申将大量文献资料收录到他的书中，还进行了系统化的整理和分析，所以本书的价值颇高。毫无疑问，这些有关俄国人口的数据与资料不但引起了人口统计学家的关注，众多历史学家和经济学家对它们也兴趣盎然。

百年间俄国人口出生率和死亡率的变动可非常鲜明地反映出社会形态由封建主义向资本主义转变的过程，资本主义社会不同发展时期人口的变动状况，人口与工农业发展之间的关系，以及工业危机、战争和革命等对人口出生率和死亡率的影响，等等。

迄今为止，还有一些学者支持有关人口生物学规律的论断，认为俄国封建社会时期所谓的人口"自然"增长率是高于资本主义时期的。他们据此得出结论：衰退的封建社会比正处于上升阶段的年轻的资本主义社会更有生命力。显而易见，这些观点大错特错。А.Г.拉申详细统计和分析了农奴制时期的人口数据，足以揭露这一错误的根源。他指出，1861年农奴制改革之前，教区牧师对人口死亡率的统计比对人口出生率的统计更糟。在使用这些数据计算农奴制时期俄国的人口出生率和死亡率时，显而易见地会夸大封建农奴制的生命力。和之前很多学者不同的是，А.Г.拉申使用真实的人口普查数据和人口调查数据进行论述，所以他的结论更具说服力。18世纪，俄国的农奴数量明显增加，但增长率明显落后于全体居民的增长率。据В.И.谢梅夫斯基的计算，1742～1796年54年间，即俄国第2次和第5次人口调查期间，农奴人数总体增长了62%，年均增长率不足8.8‰。据中央统计委员会估算，1800~1880年①，俄国人口年均增长率低于14.8‰，1830~1860年低至9.2‰，1850~1860年则更低，只有6.5‰。很显然，这些数据并不能完整展现俄国农奴制时期人口增长状况的总体特征，尤其是不能展示1830~1860年的人口变动特征，究其原因，彼时是工业革命的开端，农奴制的危机越发突出。在这期间，农奴的变化趋势颇具代表性。

出现这种状况的原因是，在处于封建社会时期的俄国，农民是主要的劳动力，农奴制改革前十年间他们的数量完全没有增长，反而下降了，这足以证明俄国封建制度灭亡的必然性。事实上，在1835~1858年的23年间，欧俄地区地主农民的数量从2288.8万人降至2116.4万人，减少了172.4万人（7.5%）。国家农民的状况与地主农民稍有不同。当时俄国的财政大臣H. X. 本格指出，令人惊奇的是，无论是农奴制时期，还是农奴制改革之后，其他类型居民都不能随意被列入国家农民行列。② 同期，其他农民阶层③的数量从1681万人增长到2005万人，增长了324万人（19.3%），年均增长率仅为7.65‰。

据统计，上述年间的人口平均死亡率约为9‰。1861年农奴制改革时期，欧俄地区城市和农村的人口总出生率很高，达49.7‰。由于特定的生活状况，农民的死亡率明显高于出生率，高达58.7‰。因此，农民的出生人数与死亡人数的比率低于49.7∶58.7，即0.85。换言之，在农奴制经济条件下，该制度甚至不能保障劳动力的普通再生产，其灭亡也是历史的必然。

随着俄国农奴制危机的凸显，农村中资本主义生产关系逐渐普及，农村居民的死亡率大幅降低，与此同时，整个俄国的人口增长率明显提高。众所周知，雇佣劳动比农奴劳动的优势更大。在资本主义生产关系逐渐普及的同

---

① 原著疑误，此处疑应为1800~1830年。——译者注
② 按照该清单，1835~1851年过渡至国家农民的人数不超过47.0万人，即便将这些数字增加2倍（计入地主农民和皇室农民），该数字也不超过141.0万人。
③ 主要为国家农民和皇室农民。

时，技术革命的进程开启，人民的财富日渐增加，居民的文化水平随之提高。复杂的机器需要有文化的工人进行操作和保养，对高强度劳动的需求降低，所以居民文化水平的提高本身就意味着死亡率的降低。А. Г. 拉申认为，俄国的母亲们哪怕基础文化水平再高一点，儿童的高死亡率都会大幅降低，随之而来的是全体人口死亡率的降低。上述因素均是1861~1913年欧俄地区人口年均指标变化的因素，具体指标见表1。

表1 1861~1913年欧俄地区人口年均指标

单位：‰

年份	出生率	死亡率	增长率
1861~1870	50.2	36.9	13.3
1871~1880	50.4	36.4	14.0
1881~1890	50.4	33.5	14.9①
1891~1900	49.2	34.2	15.0
1901~1905	47.7	31.0	16.7
1906~1910	45.8	29.5	16.3
1911	45.0	27.4	17.6
1912	43.7	26.5	17.2
1913	43.1	27.4	15.7
1861~1913	48.9	34.0	14.9

还需要补充的是，一战爆发后，排除战争期间人口自然死亡和难民涌入的因素，欧俄地区的人口增长率不超过15.2‰，而1915年，欧俄地区的人口死亡率为13‰。② 基于此，1911~1915年俄国人口的年均增长率为10.5‰。

与1851~1860年封建俄国人口增长率相比（就人口总增长率而言，年均不超过6.5‰；就农民而言，增长率为负），农奴制改革后的十年间，人口增长率达13.3‰。1896~1900年，俄国资本主义工业飞速发展时期，人

---

① 原著疑误，此处疑应为16.9。——译者注
② Е. З. Волков. Динамика народонаселения СССР. М-Л., 1930. стр. 100.

口增长率达最高点，平均值为17.4‰，个别年份高达18.3‰。19世纪末20世纪初，俄国进入帝国主义阶段，工业发展速度明显下降，人口增长率日渐下降，后来该趋势被伟大的十月革命所中断。1896~1915年俄国人口增长率见表2。

表2 1896~1915年俄国人口增长率

年份	人口增长率(‰)	相对于1896~1900年的比例(%)
1896~1900	17.4	—
1901~1905	16.7	96
1906~1910	16.3	94
1911~1915	10.5	60
1901~1915	14.5	83

注：以1896~1900年为标准值。

1911~1915年，俄国的人口增长率骤然下降，这与第一次世界大战密切相关。战争是资本主义国家矛盾不可调和的产物，但它并未打破资本主义社会在人口统计方面的固有规律，反而证实了这一点。战争也好，危机也罢，正如歌曲所唱的那样，所有一切都不能把资本主义时代人口变动的规律性抛出在历史规律之外。只可惜，А.Г.拉申并未在本书中关注该现象。

俄国人口变动状况同样符合西方资本主义国家的人口变动规律。在资本主义发展初期，各国人口增长率均呈上升趋势，随着垄断资本主义的形成，以及长期的高失业率，人口增长率开始下降，尤其是在1900年之后，腐朽的帝国主义国家均出现了人口增长率骤然降低的现象。18世纪70年代德国年均人口增长率为11.9‰，1901~1910年降至14.3‰，1925~1932年则下滑至6‰~7‰。在资本主义制度确立更早的英国，人口增长率的下降比德国开始得更早，总体而言，1871~1880年人口增长率为14.0‰，1925~1932年下降到4.4‰。法国人口增长率的下降趋势出现得更早，1859~1863年该趋势就已凸显，那时人口增长率降至2.9‰，而1926~1939年已经降至0.8‰甚至更低。

资本主义国家的人口出生率持续降低，足以证明其优越性完全不能与社会主义制度相较，也注定了它的必然陨落。出生人数与死亡人数之比，可以作为衡量人口再生产潜力的指标，也是任何社会生产力的基础，但是在第二次世界大战前夕，直至1939年，各资本主义国家的该指数已完全不同。在法国，该指数没有超过1.1，英国和美国的数值分别为1.21和1.31。按照波克罗夫斯基的数据，在苏联，该数值为2.157。

由于社会年龄和性别结构的差异，波克罗夫斯基的指数还有一定的不确定性。为了更有效地对比人口再生产指数，人口统计学家们经常统计所谓的"人口再生产净指数"，它可反映出每名适婚女子平均生产多少名女孩，而这些女孩是否能存活到她们成为母亲并孕育子女的年龄。如果该指数小于1，表明该社会不能保证人口的简单再生产。1933年的数据显示，在美国这一指数不超过0.94，在法国和英国这一数值分别为0.88和0.76，而在德国，该数值仅仅为0.71。这样的人口再生产指数可直接宣告腐朽的资本主义国家的人口开始灭绝，预示着这一社会形态临近尾声。① 诚然，农奴制的取缔预示着封建经济制度的破产。所以在奴隶制经济形态破产之前，作为主要劳动力的奴隶将不复存在，他们也不会孕育下一代，即便罗马这样偌大的帝国也会灭亡。

众所周知，封建农奴制得以存在的基础是对劳动群众的残酷剥削。在不同等级、不同劳动条件下，人口死亡率、出生率和其他人口再生产指标均有明显区别，如资产阶级居民住宅区的人口死亡率远低于工人住宅区的死亡率，而贫民的出生率似乎仍在增长。亚当·斯密提出，"贫困会促进人口增长"。马克思曾对资本主义社会的规律进行阐释，他指出："不只是出生和死亡的人数，而且家庭人口的数量都同工资水平即工人所能支配的生活资料数量成反比。"在本书中，我们找到了不少符合这一规律的真实场景，只可惜对这一规律性因果关系进行阐释的内容不多。

---

① 的确，在第二次世界大战之后很多西方国家的人口再生产指数因各种原因明显增加。可见，战争对居民的年龄-性别结构产生了很大的影响。但这种短暂的影响不能改变帝国主义本身固有的矛盾。

出生率和死亡率之间的密切联系也值得注意，根据马克思的观点，出生率和死亡率会因同样的原因一同增长或下降。在资本主义剥削条件下，工人的工资水平和工人死亡率之间的因果关系已相当清晰。获得少量生存资料的工人群体与高收入群体相比，死亡率自然要高得多。众所周知，资本主义制度下工人的平均工资水平深受最低生存资料的限制。基于此，对于工资水平低于最低生存资料的部分工人群体而言，如果失业率不断提高，工资降到零，死亡率过高是不可避免的。这一点无须解释。在这种环境下，与其说是"贫困会促进人口增长"，不如说是贫困会灭绝人迹。

然而，随着死亡率的提高，出生率也会出现有规律的上涨，同样，随着死亡率的下降，出生率也会降低。这个规律足以体现人口死亡率和人口年龄结构之间的差异。众所周知，死亡率最高的是身体素质最弱的儿童和年迈的老人。因此，在死亡率下降的同时，孩子和老人的占比会大幅提高，适婚年龄人口的占比反而会大幅下降，最终导致新出生人口的数量下降。反之，死亡率升高时，中间年龄段人口的占比最为稳定。孩子和老人的占比下降，适婚年龄的人口占比就会增加，出生率也会随之上升。我们可用具体的例子来解释这一情况。

作者给出两个例子，即在适婚女子的生育能力不变时，当人口死亡率过高和过低时人口结构的变化状况。如果死亡率下降，因适婚年龄人口数量占比降低，人口结构也会发生相应的变化，具体数据见表3。

表3 人口结构和人口再生产指数

指数	16岁以下人口	16~45岁人口	45岁及以上人口	所有人口
第一时期				
人口数量（人）	300	400	300	1000
人口死亡率（‰）	80	10	20	34
人口出生率（‰）	—	100	—	40
第二时期				
人口数量（人）	350	330	320	1000
人口死亡率（‰）	64	8	16	30
人口出生率（‰）	—	100	—	33

由表 3 可知，全体人口的平均死亡率从 34‰ 下降到 30‰，出生率则从 40‰ 下降到 33‰。总体而言，年均增长率从 6‰ 下降到 3‰。在此情况下，人口的平均年龄约从 28.6 岁增加到 31.9 岁，增长了 3.3 岁。

随着适婚人口数量的增加，人口出生率也相应提高。这种状况通常是长期战争的结果，此时除战场上大量成年男性人口去世外，大量的儿童和老人也因各种原因相继死亡。在这种情况下，适婚女子的相对损失较少，所以战后虽然总体人口数量减少，但人口出生率仍在增长。人口学家们把这种人口增长称为补偿性增长。但是，它对战争中所失去的人口并没有任何实际的补偿。

在生活安宁的条件下，人口死亡率明显降低，同时出生率也随之下降。在社会不同发展阶段，这些指标也会随之改变。在资本主义发展的过程中，出生率的降低会伴随着死亡率的缓慢下降。例如，在 1861～1865 年和 1911～1913 年两个时间段内，欧俄地区的人口死亡率从 36.5‰ 下降到 27.1‰，而出生率从 50.7‰ 下降至 43.9‰，导致人口净增长率缓慢提高。值得一提的是，该特征在社会主义社会经济快速发展的时期也得到证实。在资本主义大危机时期，则会出现另外一种趋势，即人口再生产速度明显降低。

马克思关于劳动者工资水平与出生率和死亡率成反比的论述完全符合资本主义社会的发展规律，可归纳如下。众所周知，在资本主义制度下劳动薪酬水平不是由个人决定或随意确定的，而是受客观经济规律的制约。人口的平均工资水平及其变化态势会根据价值规律进行相应调整，也会因劳动技能熟练程度和市场行情而变化，此时围绕这一标准的所有波动均是由自发的市场需求规律决定的。

劳动工资是纯经济因素，但它也是确定生物学现象（如出生率和死亡率）及其所有相关规律的决定性因素。在极端贫困和饥饿的情况下，人口死亡率会提高，儿童和老人的占比会降低，也就是说，分数 N/S 中的分母变小（N 指出生人数，S 指总人口），出生率就会升高。较高的劳动报酬会降低死亡率，增加人口数量，分数 N/S 中的分母会变大，出生率就会明显降低。

在资本主义快速发展的数十年间，劳动人口的死亡率明显下降，很显然，这绝对不是社会福利提高的结果。当然，资本主义欲要快速发展，就需要人口的快速增加，只有提高劳动者的生活水平才可达到该目标。但在资金有限的情况下，这种提高效果不佳，很显然，其他因素才是关键。生产领域的技术革新使工作环境得到改善，同样也会伴随着工人阶级自觉性和抵抗性的提升，工人们开始要求缩减工时，保护自身健康，以及提高自身文化水平。很显然，文化水平提高是降低人口死亡率的有利因素。但在资本主义制度衰亡时期，不再需要劳动力的大幅增加，工人阶级日渐贫困，他们的劳动会越发繁重，这也是很多国家工人死亡率重新提升的原因。[1]

通过对革命前俄国人口出生率和死亡率年均波动的研究可以发现，在资本主义时期人口变动中经济因素的影响要明显大于生物学因素。这一时期的总特征是人口增长十分缓慢，此时年均人口增长主要依靠死亡率的降低。1861~1911年的50年间，欧俄地区的人口增长率从14.3‰上升至17.6‰。但在工业危机期间，我们会发现已降低的人口死亡率开始上升，或者说在这些年份中出生率的降低提高了死亡率。1867~1908年俄国人口变化的具体数据见表4。

表4　1867~1908年俄国人口的变动状况

单位：‰

年份	人口出生率	人口死亡率	人口增长率
1867~1868	-2.4	+2.9	-5.3
1872	-1.0	+3.3	-4.3
1882~1883	-1.0	+2.9	-3.9
1890	-0.7	+1.2	-1.9
1900~1901	-1.4	+1.0	-2.4
1907~1908	-2.7	-0.1	-2.6
平均	-1.5	+1.9	-3.4

---

[1] А. Я. Боярский и П. П. Шушерин. Демографическая статистика. М., 1951. стр. 143.

如果将整个危机时期的年均人口增长率与危机前的相应指标进行对比就会发现，人口的年均增长率由 15.1‰ 降低到 11.7‰，在危机期间个别年份中，此增长率甚至降至 8‰~9‰，即便是在 1877~1878 年战争和 1905 年革命期间，该增长率都未出现如此大幅度的降低，危机和饥荒的共同作用导致了 1892 年人口的高死亡率。俄国人口的死亡率非常高，因为人民深受双重压迫，不但有来自资本主义的压力，还肩负着封建农奴制的残余，这使危机年份的境况更加恶化，死亡率达到最高值，上升到 40‰ 甚至更高。在西方资本主义国家中，封建社会早已结束多年，所以死亡率要低得多。值得一提的是，从 1913 年到 1953 年，俄国人口的死亡率大幅下降，具体数据见表 5。

表 5　1913~1953 年部分国家的人口死亡率变化

单位：‰

国　家	1913 年	1927 年	1953 年
法　国	17.7	16.5	13.2
英　国	14.3	12.5	11.4
美　国	13.8	11.3	9.6
三国平均	15.3	13.4	11.4
俄　国	30.2	22.8	9.0

很明显，在伟大的十月革命之前，俄国人口的死亡率远远高于部分西方发达国家。但此后的 40 年间，经历了西方国家入侵和两次世界大战的苏联，死亡率却大大降低。由于出生率比西方国家高得多，所以苏联的年均人口净增长量超 300 万人。

诚然，各主要国家在这方面都取得了不同的成绩，但不能用"生物学"或"种族"差异来阐释这种区别。所以，可用不同的经济体制来阐释这种差别。若我们的人口学家还在使用诸如"自然"增长、人口"自然"变动等老旧的术语，则足以说明他们对现代社会中经济学重于生物学这一论断估计不足。

C. 斯特卢米林

自　序

19世纪和20世纪初，俄国人口数量和结构的变动可被纳入社会经济史研究范畴，只是目前对该问题的研究还有待进一步深入。

历史学家和经济学家们在其著作中，对俄国政府官方统计文献、有关城市人口变动的大量数据的利用还不够充分，特别是对地方自治机构统计数据的利用更不充分，故研究空间很大。

目前对十月革命前数十年间俄国人口的总体研究还不充分。虽然十月革命后出版了一些有关俄国人口问题的专著，但很多问题仍没有得到很好的阐释。

在本书研究时段内（1811~1913年），俄国人口增长了3.55倍，1913年俄国人口数量达1.55亿人①，在此期间人口的社会职业结构也发生了根本性的变化。基于此，出版有关此时俄国人口问题的综合著作仍颇具意义。

因俄国人口问题十分繁杂，所以本书并未阐释19世纪和20世纪初俄国人口的方方面面，而只是对一些主要问题，或笔者着重关注的方面进行研究。

本书第一部分的主要任务是确定俄国人口规模与流动速度，即1811~1913年俄国各区域人口的数量变动态势、俄国人口的分布变化，以及人口密度的变更，等等。

第二部分系统地分析俄国城市人口数量的变动态势，以及1811~1913年城市人口的来源、形成和主要特征。在研究时期内，城市人口数量激增，超过了俄国人口的整体增长速度。在此过程中，笔者着重分析了大城市的人口资料。

---

① 1913年统计数据不含波兰和芬兰。

第三部分在检查和核算相关统计数据之后，对 1861 年农奴制改革后俄国人口的自然变动进行了研究。研究后发现，此时人口的总体死亡率和儿童死亡率值得关注。同时，本部分还研究了社会经济和卫生等因素对俄国人口自然变动的影响。

第四部分从性别、年龄、文化水平和城市人口职业构成等方面系统地整理了相关统计数据，并进行了详细的分析。

笔者在书中也尽力弄清一些级差系数，利用这些指标来揭示研究时期复杂的人口变动过程。

笔者并未对 1811~1913 年各时段的人口变动态势全部进行分析，重点关注的是 1861 年农奴制改革后的状况。

本书的主要议题是人口数量变动、人口区域分布变动、社会职业构成和文化水平变化等，因所涵盖问题较多，所以只有在对大量统计资料进行批判性整理、汇总和分析后才可完成本研究。列宁在《现代农业的资本主义制度》中高度评价了社会经济统计数据的意义。他写道："有许多问题，而且是涉及现代国家的经济制度和涉及这种制度的发展的最根本问题，过去都是根据一般的估计和粗略的资料来解决的，现在如果不考虑按某一确定的提纲收集并经统计专家综合的关于某一国家的所有地区的大量资料，对这些问题就无从进行比较认真的研究。"①

在所有章节中，笔者尽量确认重要历史因素的影响，在对相关书籍进行整理和分析时还吸收了一些其他资料。

在每一部分中，笔者都对相关的统计数据进行了评述。

笔者的主要工作是对大量原始文献资料进行整理、汇总和分析，并在此基础上进行详细的统计研究。

笔者深知，目前所收集到的资料还不全面，同时对已有文献资料的整理、汇总和分析并不深入，但这些仍可为后续的研究者们提供一定的借鉴，这也是本书的独到之处。

---

① В. И. Ленин. Соч., т. 16, стр. 391.

| 目　录 |

第一部分　1811~1913年俄国人口数量变动的规模和速度

第1章　1811~1913年俄国人口总体变动 / 003

第2章　1811~1913年俄国人口区域分布和人口密度变动 / 038

第二部分　19世纪和20世纪初俄国城市人口的变动和形成过程

第3章　1811~1913年俄国城市人口数量变动的一般特征 / 073

第4章　俄国城市人口的形成过程 / 105

第三部分　1861~1913年俄国人口的自然流动

第5章　1861~1913年俄国人口自然流动的一般特征 / 139

第6章　1861~1913年俄国人口的出生率 / 151

第7章　1861~1913年俄国人口死亡率 / 172

第 8 章　1861～1913 年俄国人口的自然增长 / 204

第 9 章　1861～1913 年俄国城市的人口自然变动 / 223

第四部分　俄国人口的构成材料

第 10 章　俄国居民的性别和年龄划分 / 249

第 11 章　19 世纪初俄罗斯居民的识字率 / 276

第 12 章　资本主义下俄国大城市人口社会职业构成的特征 / 309

译后记 / 333

第一部分
1811~1913年俄国人口数量变动的规模和速度

从19世纪初开始，俄国人口快速增加，至第一次世界大战之前，俄国人口增长数倍，人口规模也逐步扩大，此期间俄国人口规模与流动速度值得深究。1811~1913年俄国各地区的人口数量变动态势、人口分布状况，以及各地区人口密度及其变化一直是俄国社会经济领域研究的主要议题之一，本部分致力于厘清这些问题，为下文研究俄国人口自然变动以及城市人口变动等问题提供参考。

第1章
1811~1913年俄国人口总体变动

在特定时期的俄国人口统计资料中,我们会发现许多动态指标均存在差异,也会发现它们中存在的一些不足。基于此,本章首先关注俄国人口统计文献,并对它们进行简要的评论和批判。为更好地核算1811~1913年整个俄国、各地区、各省份的人口数量,笔者主要采用了1811年、1863年和1913年的数据,并对以上三个年份的数据来源进行了研究。

笔者首先关注了1811年和1816年欧俄地区的人口统计资料。在本书最初的研究时段,笔者主要使用第6次和第7次人口调查数据,相关核算也是在这些资料基础上完成的。需着重强调的是,笔者还对其他一些人口调查数据进行了专门研究,如Э. 德恩的第5次人口调查数据、П. И. 克片的第9次人口调查数据、А. 特洛伊尼茨基的第10次人口调查数据、没有刊载的第6次和第7次人口调查数据,以及П. И. 克片的相关人口调查文章。有关这些人口调查结果的诸多材料均出现在众多出版物之中,如赫尔曼、贾布洛夫斯基、阿尔谢尼耶夫等的书籍和文章之中。

俄国第6次人口调查于1811年进行,第7次人口调查于1816年进行。关于在短时期内进行两次人口调查的原因,П. И. 克片的解释是:"政府决定进行新一次的人口调查,目的是核算外敌入侵所造成的人口损失,以便取消那些造成居民减少的繁重赋税,人口调查初期政府就已发现人口损失十分严重。"[1]

---

[1] П. И. Кеппен. О народных переписях в России; Записки Русского географического общества по отделению статистики. т. VI. СПб., 1889. стр. 16-17.

B. 普兰多夫斯基在描述第 6 次和第 7 次人口调查的组织方式时写道："人口调查仍由地主们、长官们、市政局、农村政权机关相关负责人编写清单……他们进行了双重核算……然后提交至……人口调查特别委员会，此外，在每个县城均成立了人口调查委员会。"

人口调查委员会编制了人口调查表，具体形式见表 1-1。

表 1-1　人口调查委员会编制的人口调查表样式

花名册序号	序号	村镇、所有人和自然人名称	花名册内的居民数量	
			男性	女性

省税务局用这些调查表编写了省人口明细清单，并增加了人头税金额（以卢布和戈比为单位）一栏。①

B. 普兰多夫斯基还写道："虽然政府下令将两次（第 6 次、第 7 次）人口调查的数据都计入'现有人员'花名册，但登记的只是一名合法居民，而不是实际人口；在花名册中，除登记现有合法居民外，还登记了临时失踪的人口，主要是因为政府要对暂时失踪人口征收人头税。"②

为了弄清第 6 次人口调查数据是否全面，К. 阿尔谢尼耶夫按性别统计的人口数量数据值得借鉴。③ 他指出，从第 3 次人口调查开始，人口调查清单中就包含了女性人口的有关数据。但在前 4 次人口调查中并没有对女性人口进行单独统计，只是机械地将女性数量与男性数量等同起来。从第 5 次人口调查开始，我们才发现男性、女性人口数量不相同的数据。实际上，第 5 次和第 6 次人口调查也并没有完全统计出女性人口的具体数量，更没有突出女性人数的优势地位，但这些对后续人口调查而言十分正常。

---

① В. А. Пландовский. Народная перепись. СПб., 1898. стр. 245-248.
② Там же.
③ К. Арсеньев. Начертание статистики Российского государства. I. СПб., 1818. стр. 49-52.

由表1-2可知，1796年，每100名男性对应着94.2名女性，1812年，每100名男性对应着97.4名女性。

表1-2 1796年和1812年俄国人口的数量

单位：千人

性别	1796年	1812年
男性	17200	19100
女性	16200	18600

笔者认为，1812年的数据尤为可疑，战争中男性居民的损失十分巨大，正常而言，受战争的影响，女性的绝对数量将会超过男性。但是，第5次和第6次人口调查数据显示，女性人口数量仍低于男性，所以人口调查可能错漏或低估了女性人口的数量。

С.А.诺沃谢利斯基在描述此时人口出生率时写道："104～105名男孩对应着100名女孩。"19世纪上半叶，东正教教区对新生女孩的登记方式颇具多样性，С.А.诺沃谢利斯基曾写道："将'男性人口'作为地主日常生活中的纳税单位比'女性人口'具有更大意义，但是19世纪初，登记新出生（也可能是死亡）女孩时难免会出现某些遗漏或错误。"19世纪上半叶，俄国东正教居民的性别比见表1-3。

表1-3 19世纪上半叶每100名新生女性对应的男性数量

单位：人

年份	人数
1800～1809	112.2
1810～1819	110.1
1820～1829	109.0
1830～1839	105.9
1840～1849	104.8

资料来源：С.А. Новосельский. Смертность и продолжительность жизни в России. 1916. стр. 47-48.

19 世纪前 30 年，有关新生女孩的登记数量有些片面并有疏漏。如果注意到一些省份（主要是西部省份）人口数量的相关数据，就会发现其估计过高。基于此可以确认，第 6 次和第 7 次人口调查资料中有关人口数量的总指标较为接近事实。

为确定农奴制改革之前数年和改革后资本主义制度发展初期欧俄地区的人口数量，笔者使用了 1863 年中央统计委员会的人口资料。《俄国统计年鉴》中有关 1863 年人口数量的描述如下："表格中所列举的数字源于每年所获取的人口数据，而这些数据的来源则是各省统计委员会提交到中央统计委员会的资料。由于各种原因，这些数据可能并不全面，究其原因有两点：一是地方委员会的统计方法不尽相同；二是部分省份将之前的人口资料作为统计依据，它们直接登记原有人口资料，最终结果是城市人口的数量高于或低于实际人口数量。但表格中的所有数字全部是 1863 年末的数据。"①

1863 年人口数量指标是经过行政警察机关确认过的，所以具有一定的借鉴意义。

评估行政警察机构的人口计算方法之后，杰出的俄国统计学家 П.П 谢苗诺夫在《俄国统计年鉴》前言中写道，在实际过程中核算人口数量的依据是农户清单，每年农户清单中都会删除死亡或注销农户，增添新出生人口和重新注册乡籍的居民。

基于此，他得出结论："对于大量农村人口，即户口登记在农村，或在农村生活的纳税阶层，我们所述的方法与人口调查相比，不会降低居民的数量，反而会夸大居民的实际数量。"②

但是，当时的登记制度不利于确认 1811～1863 年的人口变动指标。基于此，笔者需强调的是，与之前的数据相比，部分省份的人口统计数据偏低。在补充相关省份的统计材料后，笔者可以确认，实际人口的数量并没有下降。对比数个年份的人口变动指标后可以推测，最初统计的人口数量往往

---

① Стастический временник Российской империи. СПб., 1866. стр. 73.
② Стастический временник Российской империи. СПб., 1866. стр. XVI - XVIII.

过高，西部省份的这一现象尤为突出。

在评估1863~1897年俄国人口统计数据的真实性方面，著名经济学家В. Г. 米海洛夫斯基的评论颇具说服力。他在评价1897年人口普查结果的一篇文章中曾写道："对刚出炉的俄国第一次人口普查数据，不只是学术界，科学界的诸多代表人物均感到失望。人口普查结果显示，部分专家提出的俄国人口统计数据完全站不住脚的意见并没有得到采纳，至少他们关于人口总量的论证结果并没有得到证实。"①

文中还明确指出，无论是关于欧俄50省②人口总量的数据，还是1897年人口普查之后个别省份人口总量的统计数据，抑或是中央统计委员会的数据，均估计过高，究其原因是对人口机械变动数据的统计存在错误。

Б. П. 魏恩贝尔格在其著作《俄国统计年鉴》中介绍1909年前人口年均增长数据时曾提及："俄国的人口调查数据并未注意到人口的机械变动情况，所以当时还未有有关这一问题的数据。"从1909年开始，这句话被另一句话代替："没有注意到人口机械变动的原因是当时还没有这一问题的具体研究数据。"值得一提的是，人口迁移的相关数据并未被纳入每年1月1日的人口统计表格之中，正如魏恩贝尔格所说，甚至在同一本年鉴之中，人口迁移数据都很少与各省份的资料相匹配。③

笔者认为，1897年人口普查之后，中央统计委员会对人口增长数据的估计过高，以下数据足以证明该论断。

《1914年俄国统计年鉴》中的数据表明，1908~1913年，欧俄地区的人

---

① В. Г. Михайловский. Факты и цифры из русской действительности. Население России по первой всеобщей переписи. «Новое слово» 1897. июнь. стр. 97.
② 本书中"欧俄50省"是指欧俄地区50个省级单位，后文亦有"欧俄49省"的说法，且作者进行了对比研究，两者指称对象基本一致，之所以出现数量差异，可能是部分时段内省份划分并不清晰，也可能是个别省份数据缺失。对此，本书均按原著直译，不做改动。——译者注
③ Б. П. Вейнберг. Положение центра населенности России с 1613 по 1913 г. Пг., 1915. стр. 25.

口平均增长率（考虑自然变动和机械变动状况）为 19.6‰。① 基于此，欧俄地区部分年份的人口自然增长率见表 1-4。

表 1-4 1908~1913 年欧俄地区部分年份的人口自然增长率

单位：‰

年份	人口自然增长率
1908	16.4
1909	15.2
1910	13.6
1911	17.6
1912	17.2
1913	15.7

基于表 1-4 中的数据完全可以确认，1908~1913 年中央统计委员会的统计数据过高。

笔者还引用了其他方面的相关文献材料，借此佐证 1897 年人口普查之后中央统计委员会的统计错误。根据《1916 年俄国统计年鉴》中的数据，笔者编制了 1897~1916 年的人口统计表格，具体数据见表 1-5。

表 1-5 1897~1916 年俄国人口数量

年份	每年年初的居民数量（千人）	年均增长规模	
		增长数量（千人）	增长率（%）
1897	126368.8	—	—
1898	128380.7	2011.9	1.6
1899	130326.8	1946.1	1.5
1900	132960.4	2633.6	2.0
1901	134781.5	1821.1	1.4
1902	136603.9	1822.4	1.4
1903	139104.7	2500.8	1.8
1904	141403.9	2299.2	1.7
1905	143980.1	2576.2	1.8

---

① Статистический ежегодник России за 1914 г. Пг., стр. 2.

续表

年份	每年年初的居民数量(千人)	年均增长规模	
		增长数量(千人)	增长率(%)
1906	146419.1	2439.0	1.7
1907	149084.0	2664.9	1.8
1908	152464.7	3380.7	2.3
1909	157079.5	4614.8	3.0
1910	160748.4	3668.9	2.3
1911	163919.0	3170.6	2.0
1912	167919.8	4000.8	2.4
1913	170902.9	2983.1	1.8
1914	175137.8	4234.9	2.5
1915	178905.5	3767.7	2.2
1916	181537.8	2632.3	1.5

资料来源：根据《1916年俄国统计年鉴》中的数据核算。

由表1-5中数据可知，1908~1913年，俄国人口的年均增长率为2.3%。

如果将以上数据与在此期间欧俄50省、高加索地区和西伯利亚地区的人口年均增长率统计相比（见表1-6），就足以论证中央统计委员会对俄国人口年均增长率的估计有多高。

表1-6　1908~1913年欧俄50省、高加索地区和西伯利亚地区人口增长率

单位：‰

年份	欧俄50省	高加索地区	西伯利亚地区
1908	16.5	13.7	18.9
1909	15.2	13.5	18.6
1910	13.6	11.2	19.9
1911	17.6	15.6	18.1
1912	17.2	17.2	18.4
1913	15.7	15.5	22.8
1908~1913年年均增长率	16.0	14.5	19.5

很多地方刊物中也指出中央统计委员会对个别省份的人口数据估计过高。1914年《切尔尼戈夫省地方自治汇编》中列出了中央统计委员会计算的1870~1911年该省人口变动的相关数据。同时部分刊物中还指出："因没有近些年的准确人口统计数据，只能通过增补年均增长量的方式来计算人口增加的相关数据，所以这些数据不能真实评判人口的实际增长或减少比率。根据中央统计委员会的数据，切尔尼戈夫省人口（两种性别）共计331万人，而据切尔尼戈夫省统计委员会的数据，人口共计282.6万人。但后者的数据仍比实际数据高得多……"就苏拉县城人口数据的差异性，《苏拉县地方自治汇编》的作者们指出，人口统计数据差异较大的原因是该县迁出人口和1909年前未登记户口的人口数量过多。

即使不考虑迁移人口，很多省份的人口数量也估计过高，完全可以使用1906~1912年迁至西伯利亚的8个省份的人口数量来进行佐证，具体数据见表1-7。

表1-7　1906~1912年欧俄地区8省迁居西伯利亚的人口数量

单位：%

省　份	1906~1912年年均增长率	1906~1912年不同年份的波动区间
波尔塔瓦	50.7	13.8~94.3
切尔尼戈夫	48.2	7.9~102.0
哈尔科夫	37.1	13.9~65.9
基　辅	33.0	6.1~68.8
沃罗涅日	31.6	6.9~64.9
赫尔松	27.7	8.3~52.8
萨拉托夫	16.3	5.3~36.7
沃伦	10.5	1.0~18.6

资料来源：8省迁至西伯利亚的人口数据由1906~1912年南俄各省地方自治移民组织统计，详见 Изд. Бюро Южно-Русской областной земской переселеческой организации. 1913. стр. 46-47。

由表1-7中数据可知，1906~1912年由波尔塔瓦迁至西伯利亚的人口年均增长率为50.7%，切尔尼戈夫和哈尔科夫的数据分别为48.2%和

37.1%。其他 5 个省迁至西伯利亚地区的人口数量也不容小觑。

在第一次世界大战发生的 1914~1916 年，中央统计委员会的人口统计数据无疑也含有一定错误。根据其计算，与 1913 年相比，1916 年俄国（含波兰）人口多出了 1063.49 万人。众所周知，受战争的影响，人口损失巨大，人口出生率骤降也是理所当然。А. Я. 博亚尔斯基和 П. П. 舒舍林中在其著作中曾提及："根据现有数据，与 1914 年相比，1917 年俄国 7 省的人口出生率大幅下降。保守估计，在战争年代，出生率仅为平常年份的 1/3，这 4 年俄国新出生人口至少损失 900 万~1000 万人。"① С. А. 诺沃谢利斯基的数据显示，1915~1917 年，俄国新生人口的赤字高达 650 万人。②

中央统计委员会对欧俄 50 省人口数量的统计错误（主要原因是对人口机械变动估计不足），也可以根据西伯利亚迁居资料来进行评论。

当时，С. А. 诺沃谢利斯基对 1867~1912 年欧俄 50 省的人口变动情况进行了描述，对绝对数值和相对数值也进行了计算。他还指出："表中欧俄 50 省的人口数据是根据自然增长数据确认的，每年年中按照之前的计算方式得出各年度的具体统计数字，与此同时，还尽可能地考虑移居至西伯利亚地区和其他地区的人数。"

根据他的计算，1912 年，欧俄 50 省的人口数量接近 1.198 亿人，毫无疑问，该数据比《1912 年俄国统计年鉴》中的数据更接近事实，当年统计年鉴中指出，欧俄 50 省的人口总量为 1.226 亿人。但后一数据并未核算移居至西伯利亚地区的人口数量，即使如此，该数据（1.226 亿人）也明显超过人口普查数据和人口普查之后一段时期内人口自然增长数值之和。因俄国没有外国移民进入，所以这一统计数据明显高于实际数值。基于此，即便流入俄国国内的外国移民数量可忽略不计，也不能过高估计人

---

① А. Я. Боярский и П. П. Шушерин. демографическая стастика. Госстатиздат. М., 1955. стр. 140.
② С. А. Новосельский. Влияние войны на естественное движение населения. Труды комиссии по обследованию последствий войны 1914 - 1920 гг. под ред. И. М. Грана. П. И. Куркина и П. А. Кувщиникова. М., 1923. стр. 110.

口的实际数值。①

在初步评论之后，笔者着手统计 1811~1913 年俄国（不包括波兰和芬兰）人口数量的变动指标（见表 1-8）。

表 1-8　1811~1913 年俄国人口变化

年份	居民数量（千人）	与上一阶段相比增长状况		与 1811 年相比增长率（%）
		增长数量（千人）	增长率（%）	
1811	43785	—	—	—
1863	69960	26175	59.8	59.8
1913	155422*	85462	122.2	255.0

* 年中数值。

资料来源：Е. Зябловский. Стастическое описание Российской империи. Изд Ⅱ. СПб., 1815；Статистический временник Российской империи. Изд Ⅰ. СПб., 1866；Статистический ежегодник России за 1913 г. СПб., 1914；Статистический ежегодник России за 1914 г. СПб., 1915；С. А. Новосельский. Обзор главнейших данных по демографии и санитарной статистике России；Календарь для врачей на 1916 г. ч. Ⅱ. Пг., 1916。

由表 1-8 中数据可知，第二阶段（1863~1913 年）俄国人口绝对增长量和增长速度明显高出第一阶段（1811~1863 年）。因此，在笔者研究和分析的百年间，俄国人口数量增长了 11163.7 万人即 2.55 倍，且这百年间兼并地区的人口增长数值并未完全统计。②

欧俄 50 省在两个时段的人口增长速度和规模差异很大，具体数据见表 1-9。

由表 1-9 中数据可知，1811~1913 年欧俄 50 省人口增长了近 8000 万人，增长率达 191.3%，第一阶段（1811~1863 年）增长了 1937 万人（46.3%），第二阶段（1863~1913 年）增长了 6060 万人（99.1%）。值得一提的是，俄国各地区和各省的人口增速差别很大。

---

① Новосельский С. А. К вопросу о понижении смертности и рождаемости в России. СПб., 1914.
② 1811~1913 年，除芬兰和波兰部分地区外，俄国还兼并了高加索大部分地区（部分地区在 1811 年已属于俄国）、哈萨克斯坦（1811 年只有少部分地区属于俄国，所以贾布洛夫斯基在核实时并未考虑该数值）、阿穆尔周边地区、黑海周边地区和比萨拉比亚地区（1812 年被兼并）。基于此，笔者并未核算 1811 年之后俄国新兼并地区的人口数量。1855 年，在核实俄国人口数量时并未核算比萨拉比亚、阿穆尔周边地区和黑海周边地区的人口数量，这些地区的人口数量约为 900 万人。

表 1-9　1811~1913 年欧俄 50 省人口数量变动

年份	人口数量(千人)	与上一阶段相比增长状况		与 1811 年相比增长率(%)
		增长数量(千人)	增长率(%)	
1811	41805.6	—	—	—
1863	61175.9	19370.3	46.3	46.3
1913	121780.0	60604.1	99.1	191.3

注：根据 С.А. 诺沃谢利斯基的数据，中央统计委员会有关 1913 年人口数量的统计值过高。根据中央统计委员会数据，1913 年，欧俄地区 50 省居民为 12619.6 万人，超出 С.А. 诺沃谢利斯基统计值的 3.6%。

为更好地确认 1861 年农奴制改革后俄国人口的变化状况，笔者选取了最具代表性的四个年份进行分析，即 1863 年、1885 年、1897 年和 1913 年，具体变动数据见表 1-10。

表 1-10　1863~1913 年俄国人口数量变动

单位：千人

地　　区	1863 年	1885 年	1897 年	1913 年 *
欧俄 50 省	61175.9	81725.2	93442.9	121780.0
高加索地区	4157.9	7284.5	9289.4	12717.2
库班、捷列克和斯塔夫罗波尔	1262.5	2591.5	3726.1	5522.2
西伯利亚地区	3141.2	4313.7	5758.8	9894.5
草原地带 **	1484.5	1588.5	2465.7	3929.5
中亚地区 ***	—	3738.6	5281.0	7106.0
俄国总计(不含波兰和芬兰)	69959.5	98650.5	116237.8	155427.2

* 1913 年欧俄 50 省人口数量采用了 С.А. 诺沃谢利斯基的数据。
** 乌拉尔地区、图尔盖、阿克莫林斯克和塞米巴拉金斯克省。
*** 1868 年大部分地区还未被纳入俄国版图。

1863~1913 年，俄国（不含波兰和芬兰）人口增长了 122.2%，1897~1913 年的增长率为 33.7%。高加索地区、西伯利亚地区和草原地带的人口增长率较高，这些地区的人口增加主要源于内地人口的大量涌入。就高加索地区而言，库班、捷列克和斯塔夫罗波尔的人口增长较为明显。1863~1913年，在高加索的上述地区之中，人口增长了3.37倍，高加索其他地区的人口增长了1.48倍。中亚地区被纳入俄国版图后，人口也显著增加。

在俄国人口总量中，欧俄50省人口占比从1861年的95.7%降至1913年的78.4%，具体数据见表1-11。

表1-11 1811~1913年欧俄50省人口变动

年份	人口数量（千人）		欧俄50省人口占比（%）
	俄国	欧俄50省	
1811	43784.9	41805.6	95.7
1863	69959.5	61175.9	87.4
1913	155422.0	121780.0	78.4

俄国其他地区的人口占比由1811年的4.3%上升至1913年的21.6%。如果仔细研究就会发现，中央统计委员会对欧俄地区迁出居民数量的统计不足，事实上，俄国总人口中欧俄50省人口的占比将更低，高加索、西伯利亚和中亚地区的居民占比将会更高。

一 1811~1863年欧俄地区的人口数量变化

与1811~1913年俄国人口数量变动特征一样，对改革前和改革后人口变动的研究也颇具价值。与此同时，对1811~1863年和1863~1913年俄国人口数量变化进行研究时，应该特别注意各省份和地区人口增长速度的不均衡性。

首先，笔者分析了1811~1863年的人口统计资料。为更好地研究此时段人口变化状况，笔者将其分为三个时间段，即1811~1838年、1838~1851年和1851~1863年，具体数据见表1-12。

表 1-12 1811~1863 年欧俄 49 省人口组成及变化状况

序号	省 份	人口数量（千人）				人口增长率（%）			1811~1863 年增长状况	
		1811年	1838年	1851年	1863年	1811~1838年	1838~1851年	1851~1863年	增长数量（千人）	增长率（%）
1	阿斯特拉罕	76.0	258.5	386.8	377.2	240.1	49.6	-2.5	301.2	396
2	顿河哥萨克军区	250.0	640.3	793.8	949.7	156.1	24.0	19.6	699.7	280
3	赫尔松	370.4	765.8	889.2	1330.1	106.7	16.1	49.6	959.7	259
4	比萨拉比亚	300.0	790.0	874.0	1026.3	163.3	10.6	17.4	726.3	242
5	萨马拉、萨拉托夫、辛比尔斯克	1901.3	2761.4	3777.3	4562.7	45.2	36.8	20.8	2661.4	140
6	塔夫里达	254.9	520.2	608.8	606.8	104.1	17.0	-0.3	351.9	138
7	奥伦堡	787.6	1771.4	1712.7	1843.4	124.9	-3.3	7.6	1055.8	134
8	维亚特卡	1120.2	1511.6	1818.8	2220.6	34.9	20.3	22.1	1100.4	98
9	彼得堡	600.0	585.2	566.4	1174.2	-2.5	-3.2	107.3	574.2	96
10	彼尔姆	1113.2	1488.8	1741.7	2138.5	33.7	17.0	22.8	1025.3	92
11	基辅	1066.2	1459.8	1635.6	2012.1	36.9	12.1	23.0	945.9	89
12	叶卡捷琳诺斯拉夫	666.2	790.1	902.4	1204.8	18.6	14.2	33.5	538.6	81
13	莫斯科	946.8	1249.7	1348.0	1564.2	32.0	7.9	16.0	617.4	65
14	沃罗涅日	1180.0	1507.2	1629.7	1938.1	27.7	8.1	18.9	758.1	64
15	唐波夫	1266.7	1591.7	1666.5	1974.6	25.7	4.7	18.5	707.9	56
16	哈尔科夫	1030.0	1334.0	1366.2	1590.9	29.5	2.4	16.4	560.9	54
17	喀山	1049.1	1220.8	1347.4	1607.1	16.4	10.4	19.3	558.0	53
18	波多利斯克	1297.8	1548.2	1578.1	1868.9	19.3	1.9	18.4	571.1	44
19	沃洛格达	702.9	747.5	864.3	974.7	6.3	15.6	12.8	271.8	39
20	奔萨	868.5	988.4	1058.4	1179.1	13.8	7.1	11.4	310.6	36
21	阿尔汉格尔斯克	210.0	230.0	234.1	284.2	9.5	1.8	21.4	74.2	35
22	诺夫哥罗德	765.8	825.4	891.0	1006.3	7.8	7.9	12.9	240.5	31
23	沃伦	1212.8	1314.1	1469.4	1602.7	8.4	11.8	9.1	389.9	32
24	梁赞	1087.7	1241.7	1308.5	1418.3	14.2	5.4	8.4	330.6	30
25	芬兰	715.4	740.0	821.5	925.3	3.4	11.0	12.6	209.9	29

俄国人口的百年变迁（1811~1913）

续表

序号	省份	人口数量（千人）				人口增长率（%）			1811~1863年增长状况	
		1811年	1838年	1851年	1863年	1811~1838年	1838~1851年	1851~1863年	增长数量（千人）	增长率（%）
26	库尔斯克	1424.0	1527.3	1665.2	1827.1	7.3	9.0	9.7	403.1	28
27	特维尔	1200.8	1297.9	1359.9	1518.1	8.1	4.8	11.6	317.3	26
28	奥廖尔	1228.2	1366.3	1406.6	1533.6	11.2	2.9	9.0	305.4	25
29	下诺夫哥罗德	1042.9	1071.1	1126.5	1285.2	2.7	5.2	14.1	242.3	23
30	弗拉基米尔	1005.1	1133.2	1168.3	1216.6	12.7	3.1	4.1	211.5	21
31	奥洛涅茨	245.2	239.2	263.4	296.6	-2.4	10.1	12.6	51.4	21
32	波尔塔瓦	1625.0	1621.6	1688.7	1911.4	-0.2	4.1	13.2	286.4	18
33	切尔尼戈夫	1260.0	1300.0	1374.7	1487.4	3.2	5.7	8.2	227.4	18
34	爱斯特兰	263.3	282.2	289.5	313.1	7.2	2.6	8.2	49.8	19
35	库尔兰	510.0	503.0	539.3	573.9	-1.4	7.2	6.4	63.9	13
36	维尔纳、格罗德诺、科夫诺、维捷布斯克、明斯克、莫吉廖夫	5087.0	4956.6	4974.0	5548.5	-2.6	0.4	11.6	461.5	9
37	科斯特罗马	1013.6	958.7	1020.6	1074.0	-5.4	6.5	5.2	60.4	6
38	土拉	1115.0	1115.5	1092.5	1152.5	0	-2.1	5.5	37.5	3
39	卡卢加	986.9	914.9	941.4	964.8	-7.3	2.9	2.5	-22.1	-2
40	雅罗斯拉夫	993.0	916.5	943.4	969.6	-7.7	2.9	2.8	-23.4	-2
41	斯摩棱斯克	1190.0	1064.2	1069.6	1137.2	-10.6	0.5	6.3	-52.8	-4
42	普斯科夫	782.0	705.3	657.3	718.9	-9.8	-6.8	9.4	-63.1	-8
	欧俄49省	41811.5	47521.3	52871.6	60909.3	13.7	11.3	15.2	19097.8	45.7

资料来源：Рашин А. Г. Население России за 100 лет（1813-1913гг）. Статистические очерки. М., Государственное статистическое издательство, 1956. С. 28 - 29; Е. Зябловский. Статическое описание Российской империи. Изд II. СПб., 1815; Russlands Gesammt-Bevölkerung im lahre 1838. von P. Koppen. Memoires de l'Academie imperiale des Scences de Saint-Petersburg, VI - me serie Tome sexieme. 1843. П. Кеппен. Девятая ревизия. СПб., 1857; Статистический временник Российской империи. I. СПб., 1866.

笔者将 1811~1863 年 3 个白俄罗斯省份和 3 个立陶宛省份的数据放在一起，因为这些省份的人口变化同步，部分县城居民还从其中的一个省份被划到另一省份，所以将它们放在一起分析。

萨马拉、萨拉托夫和辛比尔斯克的数据也放在一起，因 1851 年前萨马拉省下辖部分县城属于萨拉托夫省、辛比尔斯克省和奥伦堡省，所以将它们一并核算。

由表 1-12 中数据可知，部分省份人口总量增加迅速，也有一部分省份人口数量的增长并不明显，甚至有的省份出现了人口数量降低的现象。

顿河哥萨克军区、赫尔松、塔夫里达，以及伏尔加河流域某些省份和奥伦堡[1]等地的数据需重点对待，俄国其他省份的移民涌入是上述地区人口数量明显增加的原因之一。

1811~1863 年，人口增长率较低或人口数量降低的省份为土拉、卡卢加、雅罗斯拉夫、科斯特罗马、普斯科夫、斯摩棱斯克，以及白俄罗斯和立陶宛的部分省份。

К. 阿尔谢尼耶夫认为，俄国第 6 次和第 7 次人口调查期间人口数量有些许降低，1811 年俄国第 6 次人口调查数据见表 1-13。

表 1-13　1811 年俄国第 6 次人口调查数据

单位：人

性别	人口数量
男性	19100000
女性	18600000
总计	37700000

1816 年第 7 次人口调查数据表明，人口数量低于 3700 万人。[2]

К. 阿尔谢尼耶夫还写道："1811~1816 年，人口数量减少了 100 万人。"

---

[1] 奥伦堡省的居民增长率并不是很高，因 1851 年该省部分区域仍属于萨拉托夫省。
[2] К. Арсеньев. Начертание статистики Российского государства. СПб., 1818. стр. 49-52.

П. И. 克片在游历俄国期间收集了第 6 次和第 7 次人口调查期间纳税人口数量的变化数据并公布，具体数据见表 1-14。

表 1-14　1811 年和 1816 年俄国部分省份男性人口数量变动

单位：人，%

省　份	男性人口数量		1811~1816 年男性人口的增长状况	
	1811 年第 6 次人口调查	1816 年第 7 次人口调查	增长数量	增长率
弗拉基米尔	476333	466954	-9379	-2.0
科斯特罗马	394838	419533	24695	6.3
莫斯科	487866	464873	-22993	-4.7
下诺夫哥罗德	455688	452766	-2922	-0.6
诺夫哥罗德	323267	281523	-41744	-12.9
特维尔	545762	539104	-6658	-1.2
雅罗斯拉夫	392474	384812	-7662	-2.0
总计/平均	3076228	3009565	-66663	-2.2

由表 1-14 中数据可知，莫斯科和诺夫哥罗德的人口明显减少。此外，П. И. 克片还列出了从《中将巴拉舍夫管辖地区统计表摘要记录》中获取的数据。[①] 关于莫斯科南部和东南部各省人口数量变化问题，克片写道："1811~1816 年梁赞、土拉和奥廖尔的人口明显减少，但不能完全认定这是战争造成的后果，虽然战争的影响不容忽视。受战争波及较小的唐波夫省，人口出现了增长。沃罗涅日省，人口数量变化不大。"[②] 为证明这一结论，克片对三次人口调查中男性人口的数量进行了统计，具体数据见表 1-15。

---

① «Краткие записки к статистической таблице округа, порученного надзору генерал-лейтенанта Балашева». М.，1823. стр 11-12.
② П. И. Кеппен. О народных переписях в России. Записки Русского географического общества. По отделению статистики. т. Ⅵ. СПб.，1889. стр. 68-69.

表 1-15　第 5 次、第 6 次和第 7 次人口调查中部分省份男性人口数量变动

单位：人

省　　份	第 5 次人口调查	第 6 次人口调查	第 7 次人口调查
梁　　赞	446910	518752	505375
土　　拉	445950	502617	479147
奥 廖 尔	494609	581969	550440
沃罗涅日	493623	639512	639263
唐 波 夫	502571	621631	623330
总　　计	2383663	2864481	2797555

对于1811~1838年人口的变动特征，克片除列举了两个指定年份欧俄49省的人口数据，还计算出了各省份单独的人口增长指数。27年间，欧俄49省的人口增长了13.7%。

1811~1838年，各省的人口变动指数差别很大。笔者仅能列举相对重要的指标，顿河哥萨克军区、塔夫里达、赫尔松和比萨拉比亚的人口增长率分别为156.1%、104.1%、106.7%和163.3%。阿斯特拉罕和奥伦堡的人口增长率分别为240.1%和124.9%。与此同时，人口增长并不明显的省份为下诺夫哥罗德，增长率为2.7%。人口数量降低的省份有斯摩棱斯克、科斯特罗马、卡卢加、雅罗斯拉夫和普斯科夫等，增长率分别为-10.6%、-5.4%、-7.3%、-7.7%和-9.8%。

关于第7次和第8次人口调查中各省份人口增长率不均衡的原因，К. 阿尔谢尼耶夫写道："人口大量增长的省份多是农业诸省，工场手工业相对发达省份人口的增长并不显著，人口增长率较低的省份是因为当地大量居民为了谋生而外出打工，首都省份外出务工人员明显增加，这也是科斯特罗马和雅罗斯拉夫人口增长率较低的原因之一。"① 至于奥伦堡人口增长率非常高的原因，阿尔谢尼耶夫认为这是内地居民大量迁移至此地的结果。

我们再来看1838~1851年人口数量的变化特征。在此之前，笔者初步

---

① Журнал Министерства внутренних дел. 1844. № 5. стр. 16-19.

审核了这些年间人口数量信息的可靠性。

П. И. 克片在关于俄国人口普查的研究中详细梳理了各类资料来源，如每年的人口数量和赋税统计报表，这些报表由财政部下辖的各省税务局提供。

克片写道："在这些统计表中每个县均单独设有一栏，所有赋税种类都单独列出。整个统计表由三部分组成，第一部分主要是纳税居民，第二部分是享有优惠政策的居民，第三部分是拖欠税款的居民……很多人都怀疑前两部分统计数据的可靠性，他们都思索为什么可将所有纳税人口和优惠人口（僧侣、贵族和官吏等）的数据统计得那么准确，这一点是很难做到的；通常认为只有对拖欠税款居民的统计较为准确，主要是因为此类居民的数量相对较少。此外，省税务局提供的人口和纳税人数据主要供统计学家使用，统计学家可以用这些数据来核算各省和整个俄国男性人口的变动状况……"①

克片在研究 1838 年俄国居民数量时曾使用省税务局提供的人口数量和纳税目录清单。

П. И. 克片在研究第 9 次人口调查数据时指出，他们的数据来源为男性人口的数量、居民纳税目录清单，以及 1851 年下半年省税务局提供的相关报表。

П. И. 克片对税务局提供的相关报表给予了肯定的评价，他认为这些材料有助于弄清 1838~1851 年欧俄地区的人口变化态势。

表 1-12 单独列举了 1838 年和 1851 年的人口数据，还计算出了这一时期的人口增长指数。1838~1851 年，欧俄 49 省人口总体增长了 11.3%。该增长率可能被低估了，究其原因，此时西北部诸省，如维捷布斯克、明斯克、莫吉廖夫和格罗德诺，1838 年的人口数据均低于 1851 年。

由于俄国其他地区的居民持续向部分省份迁移，部分南方省份（叶卡捷琳诺斯拉夫、赫尔松、顿河哥萨克军区）和伏尔加河下游诸省的人口快

---

① П. И. Кеппен. О народных переписях в России. Записки Русского географического общества. По отделению статистики. т. VI. СПб., 1889. стр. 36.

速增加。

阿斯特拉罕的人口增长率很高,这在某种程度上取决于该省察列夫斯基县城的人口数量。

就大多数省份而言,与改革之前的其他年份相比,这一时期的人口增长率较低。

在第8次和第10次人口调查期间,俄国人口缓慢增长,地主农民的负担特别沉重。

В. И. 谢梅夫斯基在《不同类别的农民》[1] 一文中刊载了相关材料,列出了1811年、1835年和1859年人口调查数据中地主男性农民和其他类别男性农民[2]的数量变化状况,具体数据见表1-16。

表1-16　1811年、1835年和1859年人口调查中俄国男性农民数量

年份	男性地主农民		其他类别男性农民		所有男性农民	
	数量（千人）	与1811年相比增长率（%）	数量（千人）	与1811年相比增长率（%）	数量（千人）	与1811年相比增长率（%）
1811	10416.8	—	7550.8	—	17967.6	—
1835	10872.2	4.4	10550.0	39.7	21422.2	19.2
1859	10858.4	4.2	12800.0	69.5	23658.4	31.7

1835~1859年,男性地主农民的数量变化较为稳定,而此时其他类别男性农民的数量却明显增加,从1055万人增长到1280万人,增长了21.3%。整体而言,1811~1859年,男性地主农民的数量增长了4.2%,而其他类别男性农民增长了69.5%。

列宁在《民粹主义的经济内容及其在司徒卢威先生书中受到的批判》一文中指出了改革之前俄国人口增长缓慢的原因,他认为:"人口增长缓慢主要是由于对农民劳动的剥削的加重,而剥削的加重又是由于商品生产在地

---

[1] Энциклопедический словарь Граната. т. 25. стр. 57-58.
[2] 国家农民、皇室农民和教会农民等。

主经济中增长起来,因为地主开始使用徭役劳动来生产出卖的粮食,而不只是满足自己的需要。"①

甚至俄国财政大臣本格都承认,第 8 次和第 9 次人口调查之间的 15 年间,人口数量减少不能只用战争或霍乱疫情来解释,其他因素的影响也不容忽视。

本格写道:"人口降低的原因之一是农民的生活水平降低,地主农民们的生活水平下降得尤为明显。这并不是毫无根据的假设,而是确凿的事实。"②

特罗伊尼茨基则用另一种方式来解释这一现象。与其他阶层相比,地主农民的出生率和死亡率数据均不容乐观,这对他们十分不利,同时特罗伊尼茨基还确认:"在任何情况下,农民数量衰减的原因之一都是部分居民转入了其他阶层。"③

毫无疑问,部分地主农民转入其他阶层产生了一定的社会影响。笔者认为,特罗伊尼茨基的观点有待商榷,他将农民转入其他阶层作为地主农民增长率降低的主要原因是不正确的,其他因素也值得关注。

关于 1848 年以及 1849 年部分南方省份死亡率过高的情况,В. И. 波克罗夫斯基在其文章中列出了相应数据,并指出:"1848 年死亡率非常高,至今仍记忆犹新,造成这一状况的原因不仅仅是霍乱疫情。这一年欧俄 50 省因霍乱死掉了 668012 人。就东正教居民而言,1847 年和 1848 年死亡人口的差额就达 1023830 人。据统计,1848 年死亡人口总量为 2840354 人,出生人口为 2518278 人。"④

В. И. 波克罗夫斯基列出了 1848 年俄国部分地区的人口出生率和死亡率数据(见表 1-17)。

---

① В. И. Ленин. Соч. т. 1. стр. 438-439.
② Н. Хр. Буунге. Измение сословного состава неселения России в промежутках между 7 и 8 ревизиями. Экономический указатель,1867. № 44. стр 1027-1029.
③ Крепостное население в России по 10-й народной переписи. СПб.,1861. стр. 55-56.
④ В. И. Покровский. Влияние колебаний урожая и хлебных цен на естественное движение насления, сборник Влияние урожаев и хлебных цен на некоторые стороны русского народного хозяйства. т. II. СПб.,1897. стр. 189-190.

表 1-17　1848 年俄国部分地区的人口出生率和死亡率

单位：%

省　　份	出生率	死亡率
叶卡捷琳诺斯拉夫	3.87	13.27
赫尔松	4.67	7.81
哈尔科夫	4.09	6.01

波克罗夫斯基认为，俄国南部地区人口死亡率提高的原因不只是霍乱。1849 年，全俄因霍乱死亡的人数为 6688 人，可仅叶卡捷琳诺斯拉夫一省的死亡人数就达 116157 人，占该省人口总量的 13.25%，也就是说，死亡人数超过该省居民总量的 1/8。除霍乱之外，挨饿的饥民还饱受维生素 C 缺乏病带来的痛苦。①

表 1-12 也表明了欧俄 49 省人口数量的变化状况，从表中数据可知，1851~1863 年，欧俄地区人口增长了 15.2%。与 19 世纪上半叶相比，此时欧俄地区人口增长率较高。就各省而言，赫尔松和叶卡捷琳诺斯拉夫的人口增长率较高，分别为 49.6% 和 33.5%。

总体而言，与改革后的 50 年相比，农奴制改革前的 50 年间欧俄地区的人口增长率并不高。原因之一是农民阶层因战争、歉收和地主的剥削而社会地位十分低下。

笔者在《俄国军事统计汇编》第 4 卷所公布数据的基础上绘制了表格，并对影响 1801~1860 年人口变动的因素进行了统计（见表 1-18）。

19 世纪 40 年代，各种不利因素均对俄国人口的自然变动产生了影响，在这 10 年间，俄国人口的增长率非常低。

如果将上述人口增长率与诸多刊物、权威统计学家和经济学家著作中列举的 19 世纪上半叶俄国人口自然增长率相比可以发现，后者要高得多。

---

① В. И. Покровский. Влияние колебаний урожая и хлебных цен на естественное движение населения, сборник Влияние урожаев и хлебных цен на некоторые стороны русского народного хозяйства. т. II. СПб., 1897. стр. 190.

表 1-18 1801~1860 年人口变动的影响因素

年份	不利因素	年份	不利因素
1801		1832	
1802		1833	歉收
1804		1834	歉收
1805	战争	1835	歉收
1806	战争	1836	
1807	战争	1837	
1808	战争	1838	
1809	战争	1839	歉收
1810	战争	1840	歉收
1811	战争	1841	
1812	战争	1842	
1813	战争	1843	歉收
1814	战争	1844	歉收
1815	战争后遗症	1845	歉收
1816		1846	歉收
1817		1847	
1818		1848	歉收和霍乱
1819		1849	战争和霍乱
1820	歉收	1850	歉收
1821	歉收	1851	歉收
1822		1852	
1823		1853	战争
1824		1854	战争和歉收
1825		1855	战争
1826		1856	战争后遗症
1827	歉收	1857	
1828	战争	1858	
1829	战争	1859	
1830	霍乱	1860	
1831	战争和霍乱		

因此，必须对影响人口自然增长率的指标进行修正，这点对本研究也十分重要。

对这些人口自然增长率的批判性评价，以及所做出的修正，对我们来说相当重要。

统计学家、经济学家 B. 波克罗夫斯基和 Д. 里希特在《居民统计》一文中刊载了 1801~1860 年俄国东正教人口的变动数据（见表 1-19）。

表 1-19　1801~1860 年俄国东正教人口变动

单位：%

年份	出生率	死亡率	居民自然增长率
1801~1810	4.37	2.71	1.66
1811~1820	4.00	2.65	1.35
1821~1830	4.27	2.75	1.52
1831~1840	4.56	3.36	1.20
1841~1850	4.97	3.94	1.03
1851~1860	5.24	3.94	1.30

资料来源：Энциклопедический словарь Брокгауза и Эфрона. т. XXVII. Статья «Россия», СПб., 1899. стр. 92。

虽然作者也对数据的真实性提出过怀疑，但并未进行相应的修正。部分历史著作也曾提及这些数据。笔者认为，1801~1830 年俄国人口年均增长率为 1.51%、1831~1860 年年均增长率为 1.18% 的数据令人难以置信，人口增长率降低主要是统计方法所致。19 世纪第二个 30 年间，人口死亡率过高的原因之一是当时对死亡人数的统计并不全面，因诸多原因，很难统计在此时期的具体死亡人数。相关数据表明，1801~1830 年，俄国人口的年均死亡率为 2.7%，1831~1860 年为 3.74%。很显然，19 世纪前 30 年，登记的死亡人口遗漏较多。

很多作者均指出 19 世纪上半叶俄国死亡人口的统计有所遗漏，19 世纪前 30 年该状况尤为突出。

И. 林克在《俄国人口变动规律》一文中写道："1799 年，俄国死亡人口数量为 54 万人，1852 年死亡人数为 121 万人，53 年间俄国死亡人口数量增长了 1 倍多。毫无疑问，这个差值非常惊人，只能用过去百年间官方登记数据准确度不高或政府不重视该工作来解释。哪怕现在，俄国的人口登记制度仍不完善，军队医院和战争的具体死亡人数我们都不得而知。"①

А. П. 罗斯拉夫斯基在《俄国人口变动研究》一文中也提及 19 世纪上半叶死亡人口的统计数据十分不准确，他指出："陆军和海军的死亡人数、客死异乡之人，以及暴力、不幸事件致死和自杀（每年有大约 1500 人自杀）之人都没有被列入死亡人口登记簿中。众所周知，提交至正教行政总署的报告中就不包含自杀死亡者的数据。"②

俄国各省的单独报告也可清晰展现人口调查数据中有关人口增长规模与人口自然变动指标之间的差异。

М. 瓦拉诺维奇以梁赞省为例，描述了人口调查中人口增长规模与人口自然变动指标不符的状况，从而确认 1796~1858 年俄国人口的年均增长率为 0.87%。但据宗教神学事务所收集的梁赞省 19 年间③的人口数据，该省的人口年均增长率为 2%。④

Л. 别谢尔和 К. 巴洛德也曾指出："本世纪（19 世纪）初，人口死亡率看似较低，但当时对死亡人口统计不全面的事实却被遗忘了。"

报告数据显示，1796~1870 年俄国人口增长了 4108 万人。根据各地警察局提供的数据计算，1870 年东正教人口数量为 60136860 人，骤然一看，1796 年俄国好像只有 1900 万名东正教信徒。根据 1796 年人口调查数据，俄国人口总量为 3600 万人，而总人口中的至少 75% 是东正教信徒。很明显，报告中确认的居民死亡人数中至少缺失了 800 万名东正教信徒。实际上，死亡人数的缺口更大，我们在对比时常常忽视了当时对新生人口的统计也不完

---

① Журнал Министерства внутренних дел. 1836. № 6. стр. 241.
② «Вестник Русского географического общества». кн. III. 1853. стр. 18–19.
③ 原著如此，具体年份不明。——译者注
④ М. Варанович. Рязанская губерния. СПб., 1860. стр. 125–128.

全这一状况。①

地方自治卫生机构统计学的奠基人 E. A. 奥西波夫还认为，赫尔曼、施尼茨勒和其他学者列出的 19 世纪上半叶俄国死亡率数据未必真实，而且估计数值过低。他写道："过去这些年保存下来的有关俄国居民的死亡率资料是如此自相矛盾、令人怀疑，甚至不能认为它们有科学意义，所以很难用它们得出正确的结论。因此，施尼茨勒或赫尔曼根据这些数据得出的结论看似很好，但人口数量和死亡人口数量不符合实际数值，也有可能死亡人口并未被纳入东正教死亡人口之中，或因是异教徒而被遗忘，同时部分死亡人口没有被录入人口登记簿中。基于此，所得出的死亡率数据自然要小于实际数据。"②

根据《俄国军事统计汇编》中公布的资料，笔者计算了 1811～1863 年欧俄 50 省人口自然变动数据（见表 1-20）。

表 1-20 1811～1863 年欧俄 50 省人口自然变动数据

单位：千人

年份	出生人数	死亡人数	自然增长人数
1811～1820	13789.3	9144.5	4644.8
1821～1830	17099.2	11017.8	6081.4
1831～1840	19989.2	14744.8	5244.4
1841～1850	23466.4	18586.9	4879.5
1851～1860	26073.3	19607.5	6465.8
1861～1863	9151.7	6502.6	2649.1
1811～1863	109569.1	79604.1	29965.0

表 1-20 中数据显示，1811～1863 年人口自然增长数量应为 2996.5 万人。但通过 1811 年和 1863 年的人口数量之差（见表 1-12）可以确认，在

---

① Л. Бессер и К. Баллод. Смертность, возрастной состав и долговечность православного народнаселения обоего пола в России за 1851 - 1890 гг. Записки Академии наук по историко-филологическому отделению. т. I. № 5. СПб., 1897. стр. 66.

② Е. А. Осипов. Санитарное состояние России по данным демографии. Русская земская медицина. составили Е. А. Осипов, Н. В. Попов и П. И. Куркин. М., 1899. стр. 36-37.

此期间人口增长数量为 1909.78 万人。可见，在此期间死亡人数疏漏较多（约 12%~13% 的死亡人口未被统计），19 世纪前 30 年该数值特别高。

甚至在稍晚的一段时期内，因对死亡人口的统计不够全面，人口自然增长率也明显估计过高。《俄国统计年鉴》中刊载了 1863 年俄国人口数据，П. П. 谢苗诺夫在年鉴中写道："从统计学角度而言，对死亡人口的登记，东正教出生和婚丧登记簿的缺点在于，记录的只是那些承赐基督教葬礼的居民，很多自杀死去的居民，以及死后找不到尸体的人群，都没有登记。可以认定，在疫情和流行病猖獗时期，哪怕死者的遗体存放在教区，登记遗漏也在所难免。基于上述原因，只对比出生和死亡人数不可能计算出生人口和死亡人口之间的准确差值，尤其是在一些省份之中，大部分人口因职别（如在哥萨克军区服役）或外出打工而暂时离开，他们有可能在远离故土时因各种原因而死亡，这些人都不会记录在死亡人口登记簿上。所以，按照产籍登记簿中出生人口和死亡人口数据来确定人口实际增长数量是有失公允的。"①

基于此，我们可以将 B. 波克罗夫斯基和 Д. 里希特列出的 1801~1860 年俄国人口自然增长数据与其他更精准的数据进行对比，经过相关分析也可更精准地计算出 1811~1863 年欧俄 50 省人口的变化态势。

综上所述，相关的动态指标是在人口调查材料和人口专门统计资料基础上计算而得。1811~1863 年，欧俄 49 省的人口增长了 45.7%。由此可见，这段时期内人口年均增长率为 0.73%。52 年间，各时期的人口增长率差别很大。1811~1816 年，因战争及其后遗症，欧俄地区人口数量总体上较为平稳，偶尔出现轻微的下降。1811~1838 年，人口增长率为 13.7%。1838~1851 年，人口增长率最低，为 11.3%。众所周知，这些年出现了部分地区农业歉收、流行病和其他自然灾害。1851~1863 年，欧俄 49 省人口数量增长了 15.2%，此时人口年均增长率也较高，约为 1.22%。

---

① Статистический временник Российской империи. изд. ЦСК. СПб., 1866. стр. XIX-XX.

二 1863～1913年欧俄人口数量变动

我们再来核算1863～1913年欧俄人口数量的变动特征。笔者认为，使用1913年的数据更具说服力，这一年在俄国历史中的意义毋庸置疑。有关欧俄50省人口数据，我们拥有两组不同的数据，即各省单独的报告数据和中央统计委员会的数据。

应该指出的是，1913年各省单独的绝对人口数据有些估计过高，笔者不对这些过高的数据进行核算。中央统计委员会数据显示，1913年，欧俄50省的人口总数是12619.6万人，但据C.A.诺沃谢利斯基的计算，人口总数是12178万人。因此，C.A.诺沃谢利斯基与中央统计委员会的数据相差441.6万人。在1914年1月1日之前，中央统计委员的数据一直存在估计过高的现象，但迫于数据有限，只能用它来衡量俄国人口数量的变动状况。在这种情况下，在没有获得完全准确的数据之前，我们也可用这些材料来判断此时人口变化的态势。

受各种因素的影响，1863～1913年俄国各省的人口增长十分不平衡。为证明该现象，笔者对部分省份的人口增长率进行了分组（见表1-21）。

对于俄国资本主义快速发展的农奴制改革后的时期，笔者除对1863～1913年欧俄50省的人口变化态势进行分析之外，还将其划分为具体时段进行单独分析，选取的主要研究时段为1863～1885年、1885～1897年和1897～1913年（见表1-22）。

1863～1885年，欧俄50省的人口增长了34.2%，南部省份的人口增长较为显著，如塔夫里达、顿河哥萨克军区和赫尔松的人口增长率分别为74.7%、67.5%和52.4%。奥伦堡（包括乌法省部分地区）的人口也增长了69.1%。

1885～1897年欧俄地区人口总体增长了14.3%，无论是与之前的时期（1863～1885年）相比，还是与后续时期（1897～1913年）相比，增长率都低得多。值得一提的是，在此时期各省单独的人口增长率存在很大的差异。

表 1-21　1863~1913 年俄国部分省份的人口增长率分组

A. 1863~1913 年 人口增长率超过平均水平的省份	B. 1863~1913 年 人口增长率低于平均水平的省份
顿河哥萨克军区	弗拉基米尔
阿斯特拉罕	诺夫哥罗德
塔夫里达	土拉
明斯克	爱斯特兰
叶卡捷琳诺斯拉夫	奔萨
奥伦堡和乌法	下诺夫哥罗德
赫尔松	特维尔
彼得堡	奥洛涅茨
莫吉廖夫	卡卢加
沃伦	库尔兰
比萨拉比亚	雅罗斯拉夫
维捷布斯克	

南部省份人口增长显著，其中部分省份尤为突出，如顿河哥萨克军区、塔夫里达和赫尔松的人口增长率分别为 61.2%、36.6% 和 34.8%。中部省份和黑土区省份的人口增长较为平稳，如梁赞、土拉、雅罗斯拉夫、奥廖尔、唐波夫和库尔斯克的人口增长率分别为 1.2%、0.7%、2.0%、3.8%、2.9% 和 4.6%。

毫无疑问，研究时段内人口增长率较低的原因是 1891 年粮食歉收和饥荒。中央统计委员会数据显示，1897~1913 年各省份单独计算的人口增长率均估计过高。必须指出的是，1897~1913 年欧俄地区的人口总体增长了 36.7%。与其他时期相比，在该时期各省份人口增长率的差异没有那么显著。

人口增长较快的省份是叶卡捷琳诺斯拉夫省、顿河哥萨克军区、彼得堡和莫斯科，1897~1913 年人口增长率分别为 63.5%、51.1%、48.5% 和 47.8%。波罗的海沿岸省份和一些外出务工或人口迁入较多的省份，人口增长率较低。

在 C. A. 诺沃谢利斯基数据的基础上，笔者编制了 1867~1913 年欧俄地区人口动态表（见表 1-23）。

表 1-22 1863~1913 年欧俄地区人口数量及变化状况

序号	省 份	人口数量（千人）				人口增长率（%）			1863~1913 年增长状况	
		1863 年	1885 年	1897 年	1913 年	1863~1885 年	1885~1897 年	1897~1913 年	增长数量（千人）	增长率（%）
1	顿河哥萨克军区	949.7	1590.9	2564.2	3876.0	67.5	61.2	51.1	2926.3	308
2	阿斯特拉罕	377.2	802.9	1003.5	1315.9	112.9	25.0	31.1	938.7	249
3	塔夫里达	606.3	1060.0	1447.8	2059.3	74.7	36.6	42.3	1453.0	240
4	明斯克	1001.3	1646.6	2147.6	3035.8	64.4	30.4	41.4	2034.5	203
5	叶卡捷琳诺斯拉夫	1204.8	1792.8	2113.7	3455.5	48.8	17.9	63.5	2250.7	187
6	奥伦堡（包括乌法省部分地区）	1843.6	3117.9	3796.7	5270.0	69.1	21.8	38.8	3426.4	186
7	赫尔松	1330.1	2026.9	2733.6	3744.6	52.4	34.8	37.0	2414.5	182
8	彼得堡	1174.2	1646.1	2112.0	3136.5	40.2	28.3	48.5	1962.3	167
9	莫吉廖夫	924.1	1233.9	1686.8	2465.6	33.5	36.8	46.0	1541.5	167
10	沃伦	1602.7	2196.0	2989.5	4189.0	37.0	36.1	40.1	2586.3	161
11	比萨拉比亚	1026.3	1526.5	1935.4	2657.3	48.7	26.8	37.3	1631.0	159
12	维捷布斯克	776.7	1235.4	1489.2	1953.1	59.1	20.6	31.2	1176.4	151
13	基辅	2012.1	2847.6	3559.2	4792.5	41.5	25.0	34.7	2780.4	138
14	维尔纳	900.0	1272.9	1591.2	2075.9	41.4	25.1	30.4	1175.9	131
15	莫斯科	1564.2	2183.6	2430.6	3591.3	39.6	11.3	47.8	2027.1	130
16	格罗德诺	894.2	1321.2	1603.4	2048.2	47.8	21.4	27.8	1154.0	129
17	萨马拉	1690.8	2412.9	2751.3	3800.8	42.7	14.0	38.0	2110.0	125

俄国人口的百年变迁（1811~1913）

续表

序号	省份	人口数量（千人）				人口增长率（%）			1863~1913年增长状况	
		1863年	1885年	1897年	1913年	1863~1885年	1885~1897年	1897~1913年	增长数量（千人）	增长率（%）
18	波多利斯克	1868.9	2364.9	3018.3	4057.3	26.5	27.5	34.6	2188.4	117
19	哈尔科夫	1590.9	2253.9	2492.3	3416.8	41.7	10.6	37.1	1825.9	115
20	切尔尼戈夫	1487.4	2075.9	2297.9	3131.5	39.6	10.7	36.3	1644.1	111
21	波尔塔瓦	1911.4	2653.2	2778.2	3792.1	38.8	4.8	36.5	1880.7	98
22	普斯科夫	718.8	948.1	1122.3	1425.1	31.8	18.4	27.0	706.2	98
23	梁赞	1418.3	1784.0	1802.2	2773.9	25.8	1.2	53.8	1355.6	96
24	萨拉托夫	1688.6	2222.0	2405.8	3269.3	31.6	8.3	35.9	1580.7	94
25	斯摩棱斯克	1137.2	1278.1	1525.3	2163.6	12.3	19.3	41.8	1026.4	90
26	利夫兰	925.3	1207.9	1299.4	1744.0	30.5	7.5	34.2	818.7	88
27	彼尔姆	2138.5	2649.6	2994.3	4007.5	23.9	13.1	33.8	1869.0	87
28	沃罗涅日	1938.1	2568.7	2531.3	3630.9	32.5	-1.5	43.2	1692.8	87
29	沃洛格达	974.7	1198.6	1341.8	1751.6	23.0	11.9	30.5	776.9	80
30	奥廖尔	1533.6	1963.7	2033.8	2781.7	28.0	3.8	36.8	1248.1	81
31	唐波夫	1974.6	2607.9	2684.0	3530.0	32.0	2.9	31.5	1555.4	79
32	喀山	1607.1	2066.4	2170.7	2867.0	28.6	5.0	32.1	1259.9	78
33	库尔斯克	1827.1	2266.6	2371.0	3256.6	24.0	4.6	37.4	1429.5	78
34	维亚特卡	2220.6	2859.0	3030.8	3926.7	28.7	5.9	29.6	1706.1	77
35	科夫诺	1052.2	1503.6	1544.6	1857.1	43.0	2.7	20.2	804.9	76

续表

序号	省份	人口数量（千人）				人口增长率（%）			1863~1913年增长状况	
		1863年	1885年	1897年	1913年	1863~1885年	1885~1897年	1897~1913年	增长数量（千人）	增长率（%）
36	辛比尔斯克	1183.3	1527.8	1527.8	2067.8	29.1	0.0	35.3	884.5	75
37	阿尔汉格尔斯克	284.2	315.7	346.5	483.5	11.1	9.7	39.5	199.3	70
38	科斯特罗马	1074.0	1315.5	1387.0	1822.6	22.5	5.5	31.4	748.6	70
39	弗拉基米尔	1216.6	1376.0	1515.7	2027.0	13.1	10.2	33.7	810.4	67
40	诺夫哥罗德	1006.3	1194.1	1367.0	1671.5	18.7	14.5	22.2	665.2	66
41	土拉	1152.5	1409.4	1419.5	1886.2	22.3	0.7	32.8	733.7	64
42	奔萨	1179.1	1471.4	1470.5	1911.6	24.8	-0.1	30.0	732.5	62
43	爱斯特兰	313.1	387.1	412.7	507.2	23.6	6.8	23.0	194.1	62
44	下诺夫哥罗德	1285.2	1469.4	1584.8	2066.8	14.4	7.8	30.5	781.6	61
45	特维尔	1518.1	1681.8	1769.6	2394.1	10.7	5.2	35.3	876.0	58
46	奥洛涅茨	296.8	333.4	364.2	465.8	12.4	9.2	27.8	169.0	57
47	卡卢加	964.8	1173.9	1132.8	1476.6	21.7	-3.5	30.3	511.8	53
48	库尔兰	573.9	667.8	674.0	798.3	16.3	0.9	18.4	224.4	39
49	雅罗斯拉夫	969.6	1050.0	1071.4	1297.2	8.3	2.0	21.1	327.6	34
	欧俄49省	60909.1*	81759.5	93443.2	127726.2	34.2	14.3	36.7	66817.1	110

* 缺少部分区域人口数量数值。

表 1-23 1867~1913 年欧俄地区人口变动状况

年份	年均人数（千人）	比上年增长		与1867年相比的增长率(%)
		增长数量(千人)	增长率(%)	
1867	62550	—	—	—
1868	63400	850	1.4	1.4
1869	63950	550	0.9	2.2
1870	64660	710	1.1	3.4
1871	65540	880	1.4	4.8
1872	66310	770	1.3	6.0
1873	66860	550	0.9	6.9
1874	67860	1000	1.6	8.5
1875	68960	1100	1.6	10.2
1876	70100	1140	1.7	12.1
1877	71200	1100	1.6	13.8
1878	72270	1070	1.5	15.5
1879	72920	650	0.9	16.6
1880	74020	1100	1.5	18.3
1881	75010	990	1.4	19.9
1882	76060	1050	1.5	21.6
1883	76852	792	1.1	22.9
1884	77812	960	1.3	24.4
1885	79112	1300	1.7	26.5
1886	80212	1100	1.4	28.2
1887	81472	1260	1.6	30.3
1888	82722	1250	1.5	32.2
1889	84182	1460	1.7	34.6
1890	85282	1100	1.3	36.3
1891	86480	1198	1.5	38.3
1892	87679	1199	1.4	40.2
1893	88100	421	0.5	40.8
1894	89341	1241	1.5	42.8
1895	90652	1311	1.5	44.9
1896	91943	1291	1.4	47.0
1897	93779	1836	2.0	49.9
1898	95159	1380	1.5	52.1

续表

年份	年均人数（千人）	比上年增长		与1867年相比的增长率(%)
		增长数量(千人)	增长率(%)	
1899	96628	1469	1.5	54.5
1900	98379	1751	1.8	57.3
1901	100172	1793	1.8	60.1
1902	101634	1462	1.4	62.5
1903	103423	1789	1.8	65.3
1904	105430	2007	1.9	68.5
1905	107393	1963	1.8	71.7
1906	108803	1410	1.3	73.9
1907	110650	1847	1.7	76.9
1908	112731	2081	1.7	80.2
1909	114590	1859	1.5	83.2
1910	116290	1700	1.4	85.9
1911	117860	1570	1.3	88.4
1912	119800	1940	1.7	91.5
1913	121780	1980	1.6	94.7

与中央统计委员会数据相比，上表中列举的人口绝对值有些过低。究其原因为 C. A. 诺沃谢利斯基在计算相关数值时考虑了欧俄地区人口迁出数量，但并未涉及人口自然变动数据。笔者认为，C. A. 诺沃谢利斯基这样计算十分必要，也符合当时的实际状况。根据他的计算，欧俄 50 省人口年均增长率为 1.44%，而同一时段人口年均自然增长率为 1.5%。1867~1913年，欧俄各省人口实际增长值应低于自然增长率，究其原因是部分人口从欧俄地区迁移至西伯利亚和中亚等地，或移民国外。

1867~1913年，欧俄 50 省的人口增加了 5923 万人，增长了 94.7%。如果分别审视两个时段即 1867~1896 年和 1897~1913 年的人口变化态势可以发现，第二个时段的人口增长速度更高。通过相关核算可知，1867~1896年的人口年均增长率为 1.34%，而 1897~1913 年为 1.65%。1897~1913 年，欧俄 50 省的人口增加了 2800 万人，增长了 29.9%。1904 年和 1908 年俄国

俄国人口的百年变迁（1811~1913）

人口增长量相对较高，分别增加了 200.7 万人和 208.1 万人，1906 年的增长量相对较低，仅为 141 万人。

笔者在第 2 章补充了有关人口数量变动的一些材料，借此可确定改革后人口自然变动的相关数据，这些数据详见第三部分。

对比俄国和欧洲其他国家的人口增长数据也颇为重要，为此，笔者编制了 1810~1910 年俄国和其他欧洲国家人口变动对照表（见表 1-24）。

表 1-24　1810~1910 年俄国和其他欧洲国家人口变动对照

国　家	人口数量（百万人）			1810~1860 年人口增长状况		1860~1910 年人口增长状况		1810~1910 年人口增长状况	
	1810 年	1860 年	1910 年	增长数量（百万人）	增长率（%）	增长数量（百万人）	增长率（%）	增长数量（百万人）	增长率（%）
欧洲所有国家	198.9	283.5	441.3	84.6	42.5	157.8	55.6	242.4	121.9
俄国	43.6	66.7	127.3	23.1	53.0	60.6	90.8	83.7	192.0
其他欧洲国家	155.3	216.8	314.0	61.5	39.6	97.2	44.8	158.7	102.2
德国	25.8	37.7	64.9	11.9	46.1	27.2	72.1	39.1	151.6
英国	18.5	29.2	45.2	10.7	57.8	16.0	54.8	26.7	144.3
意大利	18.4	25.1	35.3	6.7	36.4	10.2	40.6	16.9	91.8
法国	28.2	35.7	39.5	7.5	26.6	3.8	10.6	11.3	40.1

资料来源：Б. Ц. Урланис. Рост населения в Европе. М.，Госполитиздат. 1941. стр. 414-415。

笔者确认的指标颇具说服力。1810~1910 年，俄国的人口增长率明显高于其他欧洲国家，俄国人口增长了 192%，而其他欧洲国家的人口仅增长了 102.2%。

总体而言，1810~1860 年，俄国人口的增长率低于英国，但超过德国、意大利和法国。1860~1910 年，俄国人口增长率超过上述 4 个国家。这些国家因工业革命起步较早，在帝国主义时期居民出生率大幅下降，人口自然增长量随之降低。

关于俄国和其他欧洲国家的人口增长对比问题，以及人口自然变动的具体状况，笔者将在第三部分详细研究。

出版社注（第1章附注）

改革之前的俄国人口数据，由中央统计委员会在1897年人口普查后刊载的《俄国统计年鉴》中公布，部分数值明显估计过高。在中央统计局的出版物中，以及1917年之前出版的诸多统计学家著作中，均多次指出了这些数据被估计过高的情况。遗憾的是，我们的历史和经济文献中往往引用的都是这些没有修正的数据。

中央统计局的数据显示，1913年俄国共有1.393亿人口。该数据于1932年首次刊登在《苏联15年》国民经济统计汇编中，稍晚的一些数据于1934年、1935年和1936年刊载在《苏联社会主义建设统计年鉴》之中。苏联中央统计局的数据显示，十月革命前，俄国全境的人口总量为1.657亿人。[1]

---

[1] Стастический сборник «Народное хозяйство СССР». М., Госстатиздат, 1956.

第 2 章
1811~1913年俄国人口区域分布和人口密度变动

列宁在著作《俄国资本主义的发展》中写道:"资本主义市场形成的过程表现在两方面:资本主义向纵深发展,即现有的、一定的与闭关自守的领土内资本主义农业与资本主义工业的进一步的发展;资本主义向广阔发展,即资本主义统治范围推广到新的领土内。根据本书的计划,我们差不多只限于叙述这个过程的前一方面,因而在这里必须特别着重指出:这个过程的另一方面具有非常重大的意义。从资本主义发展的观点把开发边区的过程与扩大领土的过程加以稍微充分的研究,就需要有专门的著作。我们在这里只需指出下面一点就够了:因为俄国边区有充足的闲地可供移民开垦,所以同其他资本主义国家比较起来,俄国是处于特别有利的情况。"①

毫无疑问的是,研究边疆地区开垦过程和俄国领土扩张过程时,19世纪俄国国内部分地区人口数量变动的数据具有重要意义。

考虑到整个研究时期俄国发生的大量移民过程,以及个别地区人口自然变动的差异,仅在第1章中指出俄国人口数量变动总体指标是不够的。为了解各地区的人口变动特征,笔者认为引用各地区的补充数据更加合理。

---

① В. И. Ленин. Соч. т. 3. стр. 522.

第2章 1811~1913年俄国人口区域分布和人口密度变动

本章的主要任务是弄清楚1811~1913年俄国各地区人口数量变动的主要方向、人口密度变化态势,以及俄国人口地区分布的变化动态。

一 1811~1913年欧俄各地区人口数量变动

首先,笔者着重考虑欧俄50个省份人口统计过程的特征。1811~1913年,各省份的疆域发生了变化。统计这些变化是非常细致且复杂的任务,在本书的撰写中笔者不得已放弃了这个任务。基于此,为研究欧俄人口区域分布的变动,笔者着重分析了部分省份疆域扩大的过程,借此可降低省份边界变化所产生的对照难度。

笔者在绘制表格时所选取的省份或是大小相等的区域,或是只有相对较小的数值差异。因此,统计不同时期的人口数量变化且进行对比是完全可行的。在这种状况下,要研究省份边界的变化特征,以及区域内部居民增长规模的差异,均要以分区方式确认相关指标。

按区域划分欧俄省份时,笔者的主要依据是 П. П. 谢苗诺夫在《按1877年研究的土地所有制统计学》①中建议的省份划分方式(后续发生了变化),即将顿河区域划入新俄罗斯地区,为较好地进行统计,笔者将白俄地区和立陶宛地区合并在一起。此外,笔者将沿湖地区划分成两个分区,即彼得堡省和其他省份。笔者还将乌拉尔地区分成了两个区域,一是奥伦堡省和乌法省,二是彼尔姆省和维亚特卡省。

П. П. 谢苗诺夫将俄国分成12个区域:①北部地区(阿尔汉格尔斯克省和沃洛格达省);②沿湖地区(彼得堡省、奥洛涅茨省、诺夫哥罗德省和普斯科夫省);③波罗的海沿岸地区(爱斯特兰省、利夫兰省和库尔兰省);④莫斯科工业区(莫斯科省、特维尔省、雅罗斯拉夫省、科斯特罗马省、下诺夫哥罗德省和弗拉基米尔省);⑤中部农业区(梁赞省、土拉省、卡卢加省、奥

---

① Д. И. 里希特在自由经济协会的报告中就俄国区域划分问题对 П. П. 谢苗诺夫的区域划分进行了评价,报告中指出 П. П. 谢苗诺夫的划分方式十分成功,其划分与国家大部分行政区域一致,也符合相关的统计材料数据。

廖尔省、库尔斯克省、沃罗涅日省、唐波夫省和奔萨省);⑥乌拉尔地区(维亚特卡省、彼尔姆省、乌法省和奥伦堡省);⑦伏尔加河下游地区(喀山省、辛比尔斯克省、萨马拉省、萨拉托夫省和阿斯特拉罕省);⑧乌克兰左岸地区(也称"小俄罗斯地区",包括哈尔科夫省、波尔塔瓦省和切尔尼戈夫省);⑨新俄罗斯地区(顿河哥萨克军区、赫尔松省、叶卡捷琳诺斯拉夫省、塔夫里达省、比萨拉比亚省);⑩西南部地区(基辅省、波多利斯克省和沃伦省);⑪白俄地区(斯摩棱斯克省、维捷布斯克省、明斯克省和莫吉廖夫省);⑫立陶宛地区(科夫诺省、格罗德诺省和维尔纳省)。①

就区域划分而言,1811~1913年欧俄50省人口变动状况见表2-1。

表2-1 1811~1913年欧俄50省人口变动(按区域划分)

区 域	人口数量(千人)				增长倍数		
	1811年	1863年	1897年	1913年	1811~1863年	1863~1913年	1811~1913年
新俄罗斯地区	1841.5	5117.7	10792.7	15792.7	1.78	2.09	7.58
乌拉尔地区	3021.0	6202.5	9821.8	13274.2	1.05	1.14	3.39
奥伦堡省和乌法省	787.6	1843.4	3796.7	5270.0	1.34	1.86	5.69
彼尔姆省和维亚特卡省	2233.4	4359.1	6025.1	8004.2	0.95	0.84	2.58
伏尔加河下游地区	3026.4	6547.0	9859.1	13320.8	1.16	1.03	3.40
西南部地区	3576.8	5483.7	9567.0	13038.8	0.53	1.38	2.64
沿湖地区	2393.0	3196.0	4965.5	6698.7	0.34	1.10	1.80
彼得堡省	600.0	1174.2	2112.0	3136.5	0.96	1.67	4.23
其他省份	1793.0	2021.8	2853.5	3562.2	0.13	0.76	0.99
乌克兰左岸地区(小俄罗斯地区)	3915.0	4989.7	7568.4	10340.1	0.27	1.07	1.64

① А. И. Скворцов. Хозяйственные районы Европейской России. СПб., 1914. стр. 19.

续表

区域	人口数量（千人）				增长倍数		
	1811年	1863年	1897年	1913年	1811~1863年	1863~1913年	1811~1913年
北部地区	912.9	1258.9	1688.3	2235.1	0.38	0.78	1.45
白俄和立陶宛地区	6277.0	6685.7	11588.1	15599.3	0.07	1.33	1.49
中部农业区	9151.1	11988.1	15445.1	21227.5	0.31	0.77	1.32
莫斯科工业区	6202.2	7627.7	9759.7	13199.0	0.23	0.73	1.13
波罗的海沿岸地区	1488.7	1812.3	2386.1	3049.5	0.22	0.68	1.05

注：表中1913年使用的为1914年1月1日数据，下同。

1913年人口数量由中央统计委员会确认（1914年1月1日数据）。虽然某种程度上这些数据估计过高，但在没有其他人口数量统计材料时只能使用这些数据。

综上所述，1811~1913年欧俄50省的平均人口数量增长超2倍。人口增速最快的是新俄罗斯地区。1811~1913年该地区人口增长7.58倍。当然，增长速度高的还有乌拉尔地区和伏尔加河下游地区，在这些地区大量的人口迁移过程仍在继续。①

列宁在《俄国资本主义的发展》一书中对新俄罗斯和伏尔加河流域商品性农业的评价如下："上述地区农业生产的巨大增长之所以值得注意，是因为在改革后时期草原边区曾经是久有人满之患的欧俄中部的移民区。大片的闲地吸引着移民大量流入这里，他们很快就扩大了播种面积。商业性的播种面积所以能够广泛发展，只是由于这些移民区一方面同俄罗斯中部，另一方面又同输入谷物的欧洲国家有密切的经济联系。俄罗斯中部工业的发展和边区商业性农业的发展有着不可分割的联系，二者互相开辟市场。工业省份从南方得到粮食，同时把自己工厂的产品送到那里去销售，给移民区供应工

---

① 该增长值并不能代表欧俄居民区域变化的总态势。

人……只是由于这种社会分工，草原地方的移民才能够专门从事农业，并在国内市场上，特别是在国外市场上销售大量谷物。只是由于同国内外市场的联系密切，这些地方的经济发展才能如此迅速；而这正是资本主义的发展，因为除商业性农业发展外，人口流入工业的过程，城市增长的过程以及新的大工业中心形成的过程也在迅速进行。"[①]

由表 2-1 可知，1811~1913 年中部农业区、莫斯科工业区和波罗的海沿岸地区的人口增加了不止 1 倍。笔者还需指出，1811~1913 年，前 4 个地区的人口增长数量超过人口增长总量的一半。

由于部分地区的人口数量增长不均衡，笔者选取了 1811 年、1863 年和 1913 年的人口数量来进行研究，1811~1913 年欧俄 50 省各区域人口数量占比见表 2-2。

表 2-2　1811~1913 年欧俄 50 省各区域人口数量占比

单位：%

区　　域	1811 年	1863 年	1913 年
新俄罗斯地区	4.4	8.4	12.4
乌拉尔地区	7.2	10.2	10.4
伏尔加河下游地区	7.3	10.7	10.4
西南部地区	8.4	9.0	10.2
沿湖地区	5.6	5.2	5.2
乌克兰左岸地区	9.4	8.2	8.1
北部地区	2.2	2.1	1.7
白俄和立陶宛地区	15.1	11.0	12.1
中部农业区	21.8	19.7	16.6
莫斯科工业区	15.0	12.5	10.4
波罗的海沿岸地区	3.6	3.0	2.4
欧俄 50 省总计	100.0	100.0	100.0

---

① В. И. Ленин. Соч. т. 3. стр. 218-219.

由表 2-2 数据可知，1811~1913 年，就欧俄 50 省的人口总数而言，前面四个地区即新俄罗斯地区、乌拉尔地区、伏尔加河下游地区和西南部地区的人口比重提升。随后三个地区的人口比重变化不大。在四个地区，即中部农业区、白俄和立陶宛地区、莫斯科工业区和波罗的海沿岸地区，人口比重下降。

本章并不系统地研究俄国所有地区人口数量的详细变动，我们能做的只是对部分地区的统计材料进行分析。

笔者首先对新俄罗斯地区的人口变化态势进行分析，具体数据见表 2-3。

表 2-3　1811~1913 年新俄罗斯地区人口数量变动

省　份	人口数量（千人）			增长倍数		
	1811 年	1863 年	1913 年	1811~1863 年	1863~1913 年	1811~1913 年
顿河哥萨克军区	250.0	949.7	3876.0	2.80	3.08	14.50
赫尔松	370.4	1330.1	3744.6	2.59	1.82	9.11
比萨拉比亚	300.0	1026.3	2657.3	2.42	1.59	7.86
塔夫里达	254.9	606.8	2059.3	1.38	2.39	7.08
叶卡捷琳诺斯拉夫	666.2	1204.8	3455.0	0.81	1.87	4.19
新俄罗斯地区	1841.5	5117.7	15792.2	1.78	2.09	7.58

列宁在其著作《19 世纪末俄国的土地问题》中指出："新西伯利亚殖民快速增加的主要条件是俄国中部地区农奴制的衰落，只有转变为中心区才能获得更广泛的发展，他们按照美国式的移民方式在南方定居，推动了工业化进程。"①

虽然新俄罗斯地区在 1811~1913 年的人口增长率比欧俄 50 省的平均增长率高得多，但区域内各省份存在差异。1811~1913 年，顿河哥萨克军区的人口增长率最高，增长了 14.5 倍，赫尔松的人口增长了 9.11 倍，此时叶卡捷琳诺斯拉夫的人口只增加了 4.19 倍。②

改革之前上述地区的人口增长率就已显著提升。基于此，部分地区的人

---

① В. И. Ленин. Соч., т. 15. стр. 64-65.
② 1887 年塔甘罗格市和罗斯托夫县城从叶卡捷琳诺斯拉夫省划出后归入顿河哥萨克军区，所以在表中顿河哥萨克军区的人口增长率最高，叶卡捷琳诺斯拉夫的人口增长率最低。

口增长状况值得单独阐述。

A. 斯卡利科夫斯基在相关材料的基础上得出，1797~1844 年新俄罗斯地区的人口由 116.9 万人增加至 312.7 万人，增加了 195.8 万人："半个世纪的人口增长并不是一蹴而就的，它是诸多因素共同作用的结果，其中如下人口值得关注：一是国家农民、地主农民、商人、生意人、从其他地区迁入的公职人员、从事粮食贸易或者执行特殊命令的居民……二是从土耳其返回亚速和多瑙河军团服役的查波罗什人①、古代顿河哥萨克的后裔；此外该地还有数千农民家庭，他们曾经逃至多瑙河流域现在又返回国内，因数据较为零散，并未将他们记录在数据之中。"②

乌拉尔地区的人口增长也十分显著（见表 2-4）。

表 2-4 1811~1913 年乌拉尔地区的人口增长

省　份	人口数量（千人）			增长倍数		
	1811 年	1863 年	1913 年	1811~1863 年	1863~1913 年	1811~1913 年
奥伦堡和乌法*	787.6	1843.4	5270.0	1.34	1.86	5.69
彼尔姆	1113.2	2138.5	4007.5	0.92	0.87	2.60
维亚特卡	1120.2	2220.6	3996.7	0.98	0.80	2.57
乌拉尔地区	3021.0	6202.5	13274.2	1.05	1.14	3.39

* 因乌法省于 1865 年才独立成省，所以笔者将二者合在一起计算。

由表 2-4 中数据可知，1811~1863 年和 1863~1913 年两个时段乌拉尔地区的人口增长速度颇为相近。1811~1913 年，乌拉尔地区人口总体增长 3.39 倍，而奥伦堡省和乌法省的人口增长率远高于该数值。③

这些省份人口增长的原因之一是大量移民的涌入。M. 尼基京在《巴什基尔移民的主要阶段》一文中的数据颇具代表性（见表 2-5）。

---

① 16~18 世纪在乌克兰的武装移民 - 哥萨克人自治组织中的哥萨克人。
② А. Скальковский. Опыт статистического описания Новороссийского края. ч. I. Одесса., 1853. стр. 347.
③ 实际上该增长率并不高，1850 年奥伦堡部分地区重新划归萨马拉省。

表 2-5　巴什基尔省居民数量变动

年份	户数(户)	人口数量(人)
1865	1016	6978
1866~1870	2069	13852
1871~1875	4435	27905
1876~1880	5507	36897
1881~1885	4120	27456
1886~1890	2952	18048
1891~1895	5786	37316
1896~1900	91	502
1901~1905	3890	22848
1906~1910	3732	19386
1911~1912	1365	7320
未知时期	3048	20170
总　计	38011	238678

资料来源：Хозяйство Башкирии. 1928. № 6-7. стр. 81-82。

M. 尼基京写道："上世纪 80 年代居民大迁移与当时巴什基尔土地大量出售给移民者密切相关，很多官员和公职人员纷纷在当地购买土地，萨马拉—兹拉托乌斯克铁路的修建也是该地区土地大量被开发的原因之一。" 1891~1895 年移民运动达到高峰，主要原因有二：一是当时欧俄诸多省份粮食歉收；二是西伯利亚移民委员会成立，移民速度加快。

1811~1913 年，西南部地区各省人口增长率也高出欧俄地区的整体水平，具体数据见表 2-6。

表 2-6　1811~1913 年西南部地区各省人口数量变动

省　份	人口数量(千人)			增长倍数		
	1811 年	1863 年	1913 年	1811~1863 年	1863~1913 年	1811~1913 年
基辅	1066.2	2012.1	4792.5	0.89	1.38	3.49
沃伦	1212.8	1602.7	4189.0	0.32	1.61	2.45
波多利斯克	1297.8	1868.9	4057.3	0.44	1.17	2.12
西南部地区	3576.8	5483.7	13038.8	0.53	1.38	2.64

由表 2-6 中数据可知，1811~1913 年上述三个省份的人口数量增长了 2.64 倍，而 1863~1913 年增长了 1.38 倍。1811~1913 年，基辅省的人口增长率最高，达 3.49 倍。毫无疑问，该省人口增长的主要原因是它是当地最大的工商业和行政中心。沿湖地区各省人口的增长也颇具代表性，研究时期内人口变动状况见表 2-7。

表 2-7　1811~1913 年沿湖地区各省人口数量变动

省份	人口数量（千人）			增长倍数		
	1811 年	1863 年	1913 年	1811~1863 年	1863~1913 年	1811~1913 年
彼得堡	600.0	1174.2	3136.5	0.96	1.67	4.23
诺夫哥罗德	765.8	1006.3	1671.5	0.31	0.66	1.18
奥洛涅茨	245.2	296.6	465.6	0.21	0.57	0.90
普斯科夫	782.0	718.9	1425.1	-0.08	0.98	0.82
沿湖地区	2393.0	3196.0	6698.7	0.34	1.10	1.80

由表 2-7 中数据可知，沿湖地区的人口增长率低于欧俄 50 省的平均人口增长率。

值得一提的是，彼得堡省的人口增长（4.23 倍）主要是依靠彼得堡市的人口数量增加而实现的。除彼得堡省外，1811~1913 年，沿湖地区各省的人口均有显著增长。毋庸置疑，在整个研究时期内诺夫哥罗德、奥洛涅茨和普斯科夫有很大一部分农村居民赴省外城市打工，首都就是他们的首选。

乌克兰左岸地区居民的人口变动具有其特殊性，具体变化见表 2-8。

表 2-8　1811~1913 年乌克兰左岸地区各省人口数量变动

省份	人口数量（千人）			增长倍数		
	1811 年	1863 年	1913 年	1811~1863 年	1863~1913 年	1811~1913 年
哈尔科夫	1030.0	1590.9	3416.8	0.54	1.15	2.32
切尔尼戈夫	1260.0	1487.4	3131.5	0.18	1.11	1.49
波尔塔瓦	1625.0	1911.4	3792.1	0.18	0.98	1.33
乌克兰左岸地区	3915.0	4989.7	10340.4	0.27	1.07	1.64

改革前人口数量的增长规模与改革后具有明显区别。1811~1863 年乌克兰左岸地区的人口仅增长了 27%，1863~1913 年的人口增长了 107%。

各省人口增长率的波动较大，1811~1913 年哈尔科夫省的人口增加了 232%，波尔塔瓦省增长了 133%。需着重强调的是，1863~1916 年上述两省的人口增长数据源于中央统计委员会的资料，在某种程度上数据估计过高，大量移民也未被纳入统计数据，其中波尔塔瓦的数据最具代表性。

在中部农业区，1863~1913 各省的人口增长率差别也很大。虽然很多省份的人口增长率高出平均值，但也有一部分省份的人口增长率较低，具体数据见表 2-9。

表 2-9　1811~1913 年中部农业区各省人口数量变动

省　份	人口数量（千人）			增长倍数		
	1811 年	1863 年	1913 年	1811~1863 年	1863~1913 年	1811~1913 年
沃罗涅日	1180.0	1938.1	3630.9	0.64	0.87	2.08
唐波夫	1266.7	1974.6	3530.0	0.56	0.79	1.78
梁赞	1087.8	1418.3	2772.9	0.30	0.95	1.55
库尔斯克	1424.0	1827.1	3256.6	0.27	0.79	1.29
奥廖尔	1228.2	1533.6	2761.7	0.25	0.80	1.26
奔萨	862.5	1179.1	1911.6	0.36	0.62	1.22
土拉	1115.0	1152.5	1886.2	0.03	0.64	0.69
卡卢加	986.9	964.8	1476.6	-0.02	0.52	0.50
中部农业区	9151.1	11988.1	21226.5	0.31	0.77	1.32

我们还需特别注意一些指标。1811~1913 年，沃罗涅日的人口增长了 2.08 倍，唐波夫的人口增长了 1.78 倍，而土拉仅增长了 69%，卡卢加仅增长了 50%。改革后土拉和卡卢加的人口增长率颇低，究其原因是大量居民赴其他省份务工。

莫斯科工业区各省人口数量变动也值得关注，具体数据见表 2-10。

在一定程度上，莫斯科工业区的人口增长主要源于城市人口，即工业人口的增加，其中莫斯科市的人口增加最为显著。如果将莫斯科市的数据扣除，该特征就表现得更加明显。1811~1913 年，莫斯科省的人口增长了 2.79 倍，而同期如果扣除莫斯科市的数据，莫斯科省的人口仅增长了 84%。莫斯科省居民增加的很大原因是周边省份农民赴莫斯科打工。

表 2-10　1811~1913 年莫斯科工业区各省人口数量变动

省份	人口数量（千人）			增长倍数		
	1811 年	1863 年	1913 年	1811~1863 年	1863~1913 年	1811~1913 年
莫斯科	946.8	1564.2	3591.3	0.65	1.30	2.79
弗拉基米尔	1005.1	1216.6	2027.0	0.21	0.67	1.02
特维尔	1200.8	1518.1	2394.1	0.26	0.58	0.99
下诺夫哥罗德	1042.9	1285.2	2066.8	0.23	0.61	0.98
科斯特罗马	1013.6	1074.0	1822.6	0.06	0.70	0.80
雅罗斯拉夫	993.0	969.6	1297.2	-0.02	0.34	0.31
莫斯科工业区	6202.2	7627.7	13199.0	0.23	0.73	1.13

1811~1913 年，弗拉基米尔、特维尔和下诺夫哥罗德的人口增长率约为 100%。因雅罗斯拉夫大量居民外出打工，1811~1913 年人口总体增长了 31%，值得一提的是，改革前（1811~1863 年）该省人口下降了 2%。

由表 2-10 中数据可知，1811~1863 年莫斯科工业区下辖各省的人口增长率不高。

因雅罗斯拉夫省的人口变动颇具特殊性，笔者收集了一些有关该省人口数据的补充材料，并对这些数据进行简单的分析。

笔者根据相关材料得知，从 1834 年开始，雅罗斯拉夫的人口增长速度放缓。М. 古列维奇写道："我省人口增加量极少，人口实际增长量比其自然增长量低得多。尽管省内新出生人口高出死亡人口 8500 人，而实际增长量才勉强达到 3000 人。"① 1834~1897 年，雅罗斯拉夫省的人口数量变动见表 2-11。

---

① М. Гуревич. Историко-статистический сборник по Ярославскому краю. Ярославль., 1922. стр. 5-7.

表 2-11　1834~1897 年雅罗斯拉夫省人口数量变动

年份	人口数量（千人）		
	男性	女性	两性总计
1834	423	495	918
1850	432	511	943
1858	447	523	970
1897	460	611	1071

由以上表数据可知，63 年间（1834~1897 年）雅罗斯拉夫男性人口数量增加了 3.7 万人，增长了 8.7%；女性人口数量增加了 11.6 万人，增长了 23.4%；人口总量增加了 15.3 万人，增长了 16.7%。就性别而言，人口增长十分不平衡，该省居民中女性的占比不断提高。M. 古列维奇对该省的男女比例进行了研究，具体数据见表 2-12。

表 2-12　1816~1897 年雅罗斯拉夫省的男女比例

年份	男女比例
1816	100∶113
1834	100∶117
1850	100∶118
1858	100∶117
1897	100∶139

在雅罗斯拉夫农业衰落的过程中，小手工业蓬勃发展。即便如此，该省外出务工居民的数量还是逐年增加，1897 年俄国第一次人口普查数据足以证明该论断。据统计，其他省份务工人员中来自雅罗斯拉夫的人口数量为 18.12 万人，且绝大多数居民生活在城市之中，其数量约为 15.22 万人。

波罗的海沿岸地区各省人口数量的变动状况见表 2-13。

关于波罗的海沿岸地区人口的变动，完全可以通过以下数据进行评断。

表 2-13　1811~1913 年波罗的海沿岸地区各省人口数量变动

省　份	人口数量（千人）			增长倍数		
	1811 年	1863 年	1913 年	1811~1863 年	1863~1913 年	1811~1913 年
利夫兰	715.4	925.3	1744.0	0.29	0.88	1.44
爱斯特兰	263.3	313.1	507.2	0.19	0.62	0.93
库尔兰	510.0	573.9	798.3	0.12	0.39	0.56
波罗的海沿岸地区	1488.7	1812.3	3049.5	0.22	0.68	1.05

1811~1913 年，波罗的海沿岸地区各省人口增长了 105%，该增长速度明显低于欧俄地区的平均人口增速。1811~1863 年，该地区的人口增长率为 22%，1863~1913 年人口增长率为 68%。

波罗的海沿岸地区各省份的人口增长率差异很大。1811~1913 年，利夫兰省人口增长了 1.44 倍，而库尔兰省人口仅增长了 56%。在库尔兰省所有城市中，里加人口增加量最大，这是附近省份移民涌入的结果。

除上述国内各地人口增长数据之外，由于各地区经济状况的差异，确认各类人口的增长数据更有意义。

中央统计委员会出版的《欧俄土地所有者和居民地位统计》（П.П.谢苗诺夫编订）丛书从份地规模角度对 1858~1878 年俄国各地区的人口增长规模进行了对比。尽管该对比采用的方法不尽如人意，但笔者认为能够利用个别社会经济要素来衡量长期人口增长指标的统计文献仍颇具价值。

19 世纪 80 年代之后，因农民阶层社会经济地位的重大变化（农民阶层分化、农村人口收入中手工业的占比日渐提高），再按份地规模进行统计已然过时。

笔者详细研究了有关中部农业区各省（梁赞、土拉、卡卢加、奥廖尔、库尔斯克、沃罗涅日、唐波夫和奔萨）的第一卷资料。

表格中第二栏数据，即在册男性人口的数量是 1858 年人口调查的结果，而第三栏的数据是 1878 年初农村在册人口的数量。对于以上两栏数据的准确性和真实性，П.П.谢苗诺夫曾指出："第二栏和第三栏的数据能使我们判断出1858~1878年的人口增长量。"

П.П.谢苗诺夫根据这些省份的相关资料论证了人口增长与份地规模间的关系，他指出："如果根据农村人口获得的份地数量来衡量全体农村人口的增长量，而不是该地区全体人口的增长量，或直接按地理分区进行核算，得出的结论更具说服力，也更具代表性。"① 1858~1878年俄国各地区农村人口的增长率见表2-14。

表2-14　1858~1878年俄国各地区农村人口的增长率

单位：%

区域	拥有如下份地规模的人口增长率						
	<1俄亩	1~2俄亩*	2~3俄亩	3~4俄亩	4~5俄亩	5~6俄亩	≥6俄亩
非荒黑土地带	17.3	17.5	20.0	22.7	26.0	30.0	30.6
半荒黑土地带	17.0	21.3	19.9	21.9	27.5	28.4	33.1
过渡地带	13.2	14.6	19.4	17.6	22.8	23.0	24.1
渔猎草原地带	18.7	13.8	17.7	17.1	22.0	17.4	20.0

＊对份地规模的区间划分标准为含下限不含上限，他序及后文中涉及年龄、人数等的区间划分时皆同此。——编者注

在以上所述20年间的农村人口数据中，人口数量的增长伴随着份地规模的增加。在上述所有区域中，非荒黑土地带最具典型性，也足以证明该特征。但半荒黑土地带的数据则出现了一定的偏差，份地规模并不是决定人口增长的唯一指标。土地众多地区的农民常常有机会租用大量便宜土地，而其他地区的土地租金非常高，农民没钱租赁土地。在过渡地带，因土壤质量明显逊于黑土地，决定人口增长的因素不只包括份地规模，还有份地的质量。最后，渔猎草原地带的人口增长完全不取决于份地规模，该地居民并不只靠耕种土地为生，甚至部分居民的生活与农耕无直接关系，当地居民除从事相关手工业外，还外出打零工。②

---

① Статистика поземельной собственности и населенных мест Европейской России. вып. I. губернии Центральной земледельческой области. СПб., 1880. стр. XXXIX.
② Статистика поземельной собственности и населенных мест Европейской России. изд. Центрального статистического комитета. вып. I, II, IV, V. СПб., 1880-1884.

笔者根据相关材料确定了1858~1878年人口增长的综合数据（见表2-15）。

各省份的人口增长率差异较大，除部分地区外，大部分地区的人口数量随着份地规模的扩大而增加。

表2-15 1858~1878年部分地区人口增长率

单位：%

区 域	拥有如下份地规模的人口增长率						
	<1俄亩	1~2俄亩	2~3俄亩	3~4俄亩	4~5俄亩	5~6俄亩	≥6俄亩
中部农业区	16.6	17.3	19.0	21.2	25.4	27.6	30.3
莫斯科工业区	7.9	8.2	9.1	10.1	11.1	14.3	15.4
立陶宛地区	14.1	14.4	22.7	30.8	33.2	30.0	38.3
白俄地区	29.1	10.7	22.5	19.4	28.2	31.5	35.9
伏尔加河下游地区	15.4	19.1	17.3	18.7	21.3	21.3	27.9

在第1章中笔者就指出国家农民和地主农民的人数增加存在很大的差异。П.谢苗诺夫在《中部农业区土地所有制和居民区统计数据的某些共识》杂志发刊词中写道："1858~1878年资料证明，与地主农民的人口增长率相比，国家农民的人口增长率普遍更高。"具体数据见表2-16。

表2-16 1858~1878年俄国部分省份和地区的农业人口增长率

单位：%

省份/地区	地主农民	国家农民
整个中部农业区	19.2	25.1
按省份划分：		
唐波夫省	21.2	28.7
土拉省	14.6	22.8
奔萨省	16.0	20.9
卡卢加省	15.3	12.3
沃罗涅日省	21.5	29.9
奥廖尔省	24.0	23.8
库尔斯克省	22.1	22.8

续表

省份/地区	地主农民	国家农民
梁赞省	19.5	24.0
按地区划分：		
非荒黑土地带	19.6	25.0
半荒黑土地带	20.3	28.6
过渡地带	18.2	20.4
渔猎草原地带	18.4	18.0

П. 谢苗诺夫在绘制表格时指出："在两个最肥沃的黑土地带，人口增长率明显高于非黑土地带……以前的国家农民分得了大量的土地，他们的份地数量是以前地主农民的两倍，因此，国家农民的增长率明显高于地主农民，整个俄国大多数地区均是如此，只有渔猎草原地带除外。在渔猎草原地带，土壤贫瘠，耕地不足，份地数量对农民数量的影响不大。"①

二 西伯利亚和高加索地区的人口数量变动

笔者也对西伯利亚和高加索地区的人口数量变动进行了详细研究。1811~1913年，西伯利亚地区人口数量变动见表2-17。

表2-17 1811~1913年西伯利亚地区的人口数量变动

年份	人口数量（千人）	与上一期相比人口增长状况		与1811年相比人口增长率（%）
		增长数量（千人）	增长率（%）	
1811	1485.7	—	—	—
1863	3141.2	1655.5	111	111
1885	4313.7	1172.5	37	190
1897	5758.4	1444.7	34	288

---

① Статистика поземельной собственности и населенных мест Европейской России. вып. I. губернии Центральной земледельческой области. СПб., 1880. стр. XXXIX. Подчеркнуто нами-А. Р.

续表

年份	人口数量(千人)	与上一期相比人口增长状况		与1811年相比人口增长率(%)
		增长数量(千人)	增长率(%)	
1913	9894.5	4136.1	72	566

资料来源：Е. Зябловский. Статистическое описание Российской империи. изд. II. СПб., 181; Статистический временник Российской империи. I. СПб., 1885; Статистика Российской империи. I. сборник сведений по России за 1884–1885 гг. СПб., 1887; Общий свод по империи результатов разработки данных первой всеобщей переписи населения, произведенной 28 января 1897 г. СПб., 1905; Статистический ежегодник России за 1913 г. СПб., 1914; Статистический ежегодник России за 1914 г. Пг., 1915。

由表2-17中数据可知，1811～1913年，西伯利亚地区人口从148.57万人增加到989.45万人，增长5.66倍。在这一时期，西伯利亚地区的人口增长速度超过欧俄50省平均增速的2倍。由于大规模的移民运动，1897～1913年，西伯利亚地区的人口增长率特别高。1897～1913年，西伯利亚的人口增加了413.61万人，增长72%，而1811～1897年西伯利亚地区人口仅增加了427.27万人。

1863～1913年，西伯利亚地区各省的人口数量变动具有典型性（见表2-18）。

表2-18 1863～1913年西伯利亚地区各省人口数量变动

省份/地区	人口数量(千人)		1863～1913年增长状况	
	1863年	1913年	增长数量(千人)	增长率(%)
整个西伯利亚地区	3140.6	9926.7	6786.1	216
托木斯克省	716.6	3999.0	3282.4	458
托博尔斯克省	1105.6	2054.4	948.8	86
叶尼塞斯克省	323.0	990.4	667.4	207
后贝尔加尔斯克省	352.5	945.7	593.2	168
伊尔库斯克省	365.8	750.2	384.4	105
滨海省	35.1	606.6	571.5	1628
雅库特省	228.1	330.0	101.9	45
阿穆尔省	13.9	250.4	236.5	1701

资料来源：Статистический временник Российской империи. изд. ЦСК. СПб., 1866; Статистический временник России за 1914 г. изд. ЦСК. Пг., 1915。

1863～1913年，西伯利亚地区的人口增加678.61万人，其中托木斯克省人口增加量约占半数（328.24万人）。① 雅库特省的人口增长率不高，为45%。滨海省和阿穆尔省的人口增长速度较快。

西伯利亚地区人口快速增加主要是西部各省移民的结果。车里雅宾斯克在相关登记资料中列举了各年度西伯利亚地区流入的移民数量。② 其对移民数量的统计虽然存在瑕疵，但完全可以据此核算该地移民的具体数量（见表2-19）。

表2-19 1885～1913年移民至西伯利亚地区的人口数量

年份	移民数量	
	移民数量（千人）	移民占比（%）
1885～1889	83.9	1.9
1890～1894	283.9	6.5
1895～1899	820.4	18.7
1900～1904	285.7	6.5
1905～1909	1837.4	41.8
1910～1913	1078.9	24.6
总 计	4390.2	100.0

由表2-19中数据可知，1885～1913年共有439.02万人移民至西伯利亚地区。③ 1905～1909年举家移民的数量达最大值，在此期间共有移民183.74万人。值得一提的是，其中1908～1909年的数据最具代表性，这两年举家移民的数量分别为64.99万人和59.38万人。

举家迁移至远东地区的移民数量最多的年份是1901～1912年。

西伯利亚铁路的修建扩大了远东地区的移民规模。笔者整理了1901～

---

① 移民主要迁移至西伯利亚南部区域，即如今阿尔泰区域和新西伯利亚地区。
② И. Л. Ямзин и В. П. Вощинин. Учение о колонизации и переселениях. М-Л., 1926. стр. 31-32.
③ 西伯利亚地区内部移民划分数据始于1896年。1896～1915年迁移至西西伯利亚地区的移民约占2/3，迁移至东西伯利亚地区（叶尼塞斯克、伊尔库斯克和后贝加尔斯克）的移民约占1/5，迁移至远东地区的移民约占1/8。

1912 年远东地区的移民规模（见表 2-20）。

值得一提的是，在此期间移民至阿穆尔河沿岸地区的人口总量为 232200 人，此移民量为阿穆尔地区并入俄国之前人口总量的 2.5 倍。①

1904~1905 年，流入西伯利亚地区的移民数量减少，战争过后移民数量骤增，但 1910 年后移民数量再次减少。

表 2-20 1901~1912 年远东地区的移民规模

单位：人

年份	数量	年份	数量
1901	15269	1907	76637
1902	12261	1908	30191
1903	12823	1909	37081
1904	2147	1910	39903
1905	457	1911	20894
1906	7892	1912	20658

列宁在《移民工作的意义》一文中指出："反革命时代移民的规模最大。"此篇文章记载了迁移到西伯利亚地区的人口数据，文章描述内容如下："1861 年到 1885 年移去将近 30 万人，即每年 12000 人；1886 年到 1905 年移去将近 152 万人，即每年将近 76000 人；1906 年到 1910 年移去将近 2516075 人，即每年将近 50 万人。反革命时代移民的人数大大增长。"②

列宁在另一篇文章《论现政府的（一般的）土地政策问题》中指出，1905 年后流入西伯利亚的移民数量大增。

"说到移民，那么，1905 年革命已经向地主们表明，农民在政治上已经觉醒，革命迫使地主'稍稍打开'一点气门，使他们不再象从前那样阻挠移民，而是竭力'冲淡'俄国的气氛，竭力把更多的不安分的农民打发到西伯利

---

① Азиатская Россия. т. I. изд. Переселенческого управления. СПб.，1914. стр. 524.
② В. И. Ленин. Соч. т. 19. стр. 46.

亚去。"①

为了说明1905年以后政府移民西伯利亚政策的失败，列宁指出，1911年移民人数骤降，从西伯利亚倒流的移民数量逐年提升。基于此，列宁写道："关于倒流的移民人数的资料……向我们表明，倒流的人数有了惊人的增加，1910年达到30%或40%，1911年达到60%。这个移民倒流的大浪潮，表明农民遭受到极大的灾难、破产和贫困。他们卖掉了家里的一切到西伯利亚去；而现在又不得不从西伯利亚跑回来，变成完全破产的穷光蛋了。这个完全破产的移民倒流的大浪潮极其明显地向我们表明，政府的移民政策已经完全破产。"②

在调查欧俄地区哪些省份的移民流入西伯利亚这一问题时就会发现，国内各地区迁入移民的不均衡特征明显。波克希舍夫斯基在《定居西伯利亚》一书中的数据足以证明该论断，书中列举了1896~1912年的相关移民数据（见表2-21）。

表2-21　1896~1912年各地区移民规模

地　区	具体省份/地区	移民数量（千人）	移民占比（%）
中部黑土区	奥廖尔、库尔斯克、唐波夫、沃罗涅日、奔萨、土拉、梁赞	1086.7	24.1
小俄罗斯地区	切尔尼戈夫、波尔塔瓦、波多利斯克、沃伦、基辅	1089.6	24.2
新俄罗斯地区	叶卡捷琳诺斯拉夫、塔夫里达、赫尔松、哈尔科夫、比萨拉比亚、顿河哥萨克军区	786.6	17.5
西部地区	莫吉廖夫、明斯克、斯摩棱斯克、普斯科夫、维捷布斯克、维尔纳、格罗德诺	716.6	15.9
伏尔加河沿岸地区	喀山、辛比尔斯克、萨马拉、萨拉托夫	377.9	8.4

---

① В. И. Ленин. Соч. т. 19. стр. 159.
② В. И. Ленин. Соч. т. 19. стр. 159-160.

续表

地　区	具体省份/地区	移民数量(千人)	移民占比(%)
乌拉尔地区	维亚特卡、彼尔姆、乌法、奥伦堡	250.9	5.6
中部地区	莫斯科、特维尔、雅罗斯拉夫、科斯特罗马、弗拉基米尔、卡卢加、下诺夫哥罗德	80.2	1.8
北部地区	彼得堡、诺夫哥罗德、沃洛格达、阿尔汉格尔斯克	26.8	0.6
波罗的海地区	库尔兰、利夫兰、科夫诺、爱斯特兰	31.5	0.7
高加索和伏尔加河下游地区	库班、斯塔夫罗波尔、捷列克、黑海沿岸地区、阿斯特拉罕、高加索地区	58.0	1.3
总　计		4504.8	100.0

注：波兰王国所属省份除外。
资料来源：Иркутск. 1951. стр. 172-174。

表 2-21 按地区进行划分，对流入西伯利亚地区的移民数量进行了统计。需要强调的是，1896 年之后移民的数量更大。В. В. 波克希舍夫斯基还写道：

> 整个欧俄地区的大量农民移民至西伯利亚，主要移民原因有三：一是西伯利亚地区的劳动力需求特别高；二是村社逐步解体，导致农民可离开村社迁移至其他地区；三是大量居民迁移可增强西伯利亚地区与欧俄各省间的社会经济联系。在这种情况下，铺设经过西伯利亚地区的新线路后，移民规模更大，与欧俄南方"草原"省份一样，大量移民迁移至这些省份。

为更好地归纳移民数量，笔者选取了 1885~1913 年流入西伯利亚的移民人数最多的欧俄省份（见表 2-22）。

表 2-22 1885~1913 年移民至西伯利亚地区最多的欧俄省份及其移民数量

单位：千户

移民省份	移民数量	移民省份	移民数量
波尔塔瓦	421.9	奥廖尔	161.4
库尔斯克	308.5	萨马拉	157.0
切尔尼戈夫	294.7	赫尔松	156.7
沃罗涅日	237.5	维捷布斯克	141.9
哈尔科夫	220.0	维亚特卡	127.4
莫吉廖夫	214.9	奔萨	124.4
叶卡捷琳诺斯拉夫	202.7	塔夫里达	122.5
唐波夫	198.0	萨拉托夫	100.2
基辅	187.9		

资料来源：И. Л. Ямзин и В. П. Вощинин. Учение о колонизации и переселениях. М.-Л., 1926. стр. 47。

由表 2-22 中数据可知，流入西伯利亚地区的移民人数最多的三个省份为波尔塔瓦、库尔斯克和切尔尼戈夫。

1863~1913 年，高加索地区的人口数量变动也颇具代表性，笔者根据中央统计委员会的数据编制了相关表格（见表 2-23）。

表 2-23 1863~1913 年高加索地区的人口数量变动

年份	人口数量（千人）	与上一期相比人口增长状况		与 1863 年相比人口增长率（%）
		增长数量（千人）	增长率（%）	
1863	4157.9	—	—	—
1885	7284.5	3126.6	75.2	75.2
1897	9289.4	2004.9	27.5	123.4
1913	12712.2	3422.8	36.9	205.7

50 年间高加索地区的人口增长了 205.7%。高加索地区的人口增长速度明显高于欧俄地区。与西伯利亚地区不同的是，同 1897~1913 年相比，

1863~1897年高加索地区的人口增长速度更快。除人口自然增长外，欧俄各省向高加索移民的影响毋庸置疑。其中，库班省人口增长最快，1863年该地区人口数量为51.28万人，而截至1914年1月1日，该省居民数量达298.45万人，增长了4.8倍。斯塔夫罗波尔省的人口从1863年的35.67万人增加到1914年1月1日的132.9万人，增长了2.7倍。

为更好地确定高加索地区人口增长的原因，П. П. 谢苗诺夫的意见值得参考，他对1851~1897年该地区人口增加的原因描述如下：

> 高加索地区人口自然增长的作用不大，当时并入该地区的卡尔斯克省仅有30.7万人，巴统区和阿尔特温区的居民也仅为14万人，因此，如果将移民排除在外，46年内高加索地区的人口只增长了95%。①

随后，П. П. 谢苗诺夫指出，高加索大部分地区的人口增加主要源于库班省和特维尔省部分地区的开发，以及两个重要城市即巴库和第比利斯人口的急剧增加。

在库班省的人口构成中，欧俄部分省份移民的占比非常高，1897年人口普查资料足以证明该论断。②

Л. В. 马克多诺夫根据当地居民的出生地数据以及其他材料指出，1897年客籍人口占库班省人口总量的一半左右，他对18省的移民数量进行了分析，具体数据见表2-24。

迁入库班省的移民主要来自沃罗涅日、哈尔科夫、波尔塔瓦、库尔斯克、叶卡捷林诺斯拉夫、切尔尼戈夫和奥廖尔等省。正如Л. В. 马克多诺夫所述的那样："库班省82%的村镇居民来自18个农业省份。85%的家庭和60%的居民个体来自上述地区。"

迁入斯塔夫罗波尔省的移民数量也不容小觑。统计学家 И. И. 科克沙伊

---

① П. П. Семенов. Характерные выводы из первой всеобщей перепист. 1897. стр. 18.
② Л. В. Македонов. Население Кубанской области по данным вторых экземпляров листов переписи 1897 г. Екатеринодар. , 1907. стр. 577-579.

表 2-24　移民至库班省的居民户籍所在地

单位：千人

迁出省份	移民数量
沃罗涅日	118.7
哈尔科夫	112.0
波尔塔瓦	88.1
库尔斯克	83.0
叶卡捷琳诺斯拉夫	66.0
切尔尼戈夫	44.6
奥廖尔	29.7
顿河哥萨克军区	23.2
塔夫里达	20.9
唐波夫	19.1
基辅	18.9
赫尔松	18.6
萨拉托夫	15.0
梁赞	12.6
斯塔夫罗波尔	9.7
比萨拉比亚	7.8
土拉	7.5
卡卢加	5.3
18省总计	700.7

斯基对1878~1913年斯塔夫罗波尔省的人口实际增长率和自然增长率数据进行分析后指出："30~35年间，该省人口实际增长了约2.5倍，然而人口自然增长率没能超过50%，尤其是1890~1909年，当每5年间的人口自然增长率在31%~35%的区间变化时，就有大量移民涌入。一战前4年，移民浪潮明显有些减退，所以在此期间人口增长率仅为15%。"①

正如 И. И. 科克沙伊斯基所述的那样，波尔塔瓦和其他部分省份的移民大量迁入斯塔夫罗波尔。此外，斯塔夫罗波尔还有唐波夫、沃罗涅日和其他

---

① И. И. Кошайский. Эволюция хозяйственной жизни Ставропольской губернии за время 1880-1913 гг. Саратов., 1915. стр. 2-3.

中部黑土省份移民组建的村落。

值得一提的是，部分移民的生活环境特别艰苦，他们的死亡率特别高。П. П. 谢苗诺夫指出，改革后高加索地区移民的数量明显减少，为此他专门对单独移民（无家庭）、无组织的移民数量进行了分析。他指出，移民数量的减少主要源于居民大量死亡，移民人数降低的比例为5%～10%，其中孩童的死亡数量最多。移民乘坐火车、轮船，尤其是通过中转站（塞兹兰、秋明等）迁移时，人口损失量高达30%。

Н. 捷列舍夫在《作家札记》中指出，在19世纪90年代迁至西伯利亚的过程中，移民传染病感染率和死亡率达到了空前的规模。"这里大量居民死亡，移民中盛传着一句话：他们在这里无所事事，唯一的工作是埋葬孩子们。"①

以上信息和许多其他信息一样，刻画出了移民们凄凉悲惨的状态。

三 1811～1913年俄国人口密度的变化

人口总量高速增长，而各地区的人口分布不平衡，这无论是对整个国家，还是对各省份都产生了重大影响。在论述俄国人口密度问题时，应该强调的是我们核算的俄国人口密度数值针对的是整个俄国版图，因领土广袤，所以该指标非常低。然而，很多学者对这些总体指标的计算并不全面。因俄国各地区人口密度差别较大，所以笔者在研究时将考虑这些因素。

1811～1913年，欧俄50省平均人口密度的变化见表2-25。

由表2-25中数据可知，1811～1913年，欧俄50省的平均人口密度从每平方俄里9.9人增加到28.8人②，增长了191%。需着重强调的是，与

---

① Н. Телешев. Записки писателя. М., 1948. стр. 144-148.
② 应该指出的是，中央统计委员会提供的1913年欧俄地区的平均人口密度与该数值存在差异，相较而言，С. А. 诺沃谢利斯基按照中央统计委员会数据确定的平均人口密度约为每平方俄里30.2人。

1811~1863 年的人口密度增长率（44%）相比，1863~1913 年的人口密度增长率（101%）更高。

表 2-25　1811~1913 年欧俄 50 省平均人口密度变化

年份	每平方俄里人口数量(人)	与上一期相比的增长率(%)	与 1811 年相比的增长率(%)
1811	9.9	—	—
1863	14.3	44	44
1897	22.1	55	123
1913	28.8	30	191

为具体阐释各省份的人口密度变动，笔者绘制了相关表格（见表 2-26）。

表 2-26　1811~1913 年欧俄 50 省平均人口密度变动

省　份	每平方俄里人口数量(人)				1811~1913 年人口密度增长率(%)
	1811 年	1863 年	1897 年	1913 年	
莫斯科	40.8	53.7	83.1	122.8	201.0
波多利斯克	34.0	50.1	81.9	109.9	223.2
基辅	25.4	44.9	79.7	107.0	321.3
波尔塔瓦	37.9	43.8	63.4	86.5	128.2
彼得堡	14.4	26.9	53.9	80.0	455.6
库尔斯克	37.7	46.0	58.1	79.8	111.7
梁赞	36.2	38.5	48.9	75.3	108.0
哈尔科夫	28.6	33.2	52.1	71.3	149.3
土拉	45.6	42.7	52.2	69.3	52.0
比萨拉比亚	12.2	33.4	48.3	68.1	458.2
切尔尼戈夫	30.3	32.3	49.9	68.0	124.4
奥廖尔	33.2	36.0	49.5	67.3	102.7
沃伦	19.0	22.6	47.4	66.5	250.0
沃罗涅日	16.8	33.0	43.7	62.7	273.2
叶卡捷琳诺斯拉夫	15.9	20.3	37.9	62.0	289.9
格罗德诺	16.6	26.7	47.3	60.4	263.9

俄国人口的百年变迁（1811~1913）

续表

省 份	每平方俄里人口数量（人）				1811~1913年人口密度增长率（%）
	1811年	1863年	1897年	1913年	
唐波夫	24.2	33.9	45.9	60.3	149.2
赫尔松	5.4	21.0	43.9	60.2	1014.8
莫吉廖夫	25.9	22.0	40.0	58.5	125.9
维尔纳	17.0	24.3	43.2	56.4	231.8
奔萨	22.6	35.4	43.1	56.0	147.8
卡卢加	36.4	35.5	49.2	54.3	49.2
科夫诺	—	29.5	43.7	52.6	—
喀山	20.5	29.7	38.8	51.2	149.8
维捷布斯克	21.3	19.6	38.5	50.5	137.1
辛比尔斯克	14.7	27.7	35.1	47.5	223.1
弗拉基米尔	25.7	29.2	35.4	47.3	84.0
下诺夫哥罗德	22.2	28.7	35.2	45.9	106.8
萨拉托夫	4.2	23.5	32.4	44.0	947.6
斯摩棱斯克	24.1	23.1	31.0	44.0	82.6
利夫兰	15.6	23.1	31.4	43.6	179.5
特维尔	21.6	27.1	31.3	42.1	94.9
雅罗斯拉夫	29.3	31.2	34.3	41.6	42.0
塔夫里达	2.6	11.3	27.3	38.8	1392.3
明斯克	17.5	12.7	26.8	37.9	116.6
普斯科夫	15.3	18.1	29.6	37.5	145.1
库尔兰	13.3	24.1	28.4	33.6	152.6
维亚特卡	10.0	17.6	22.5	29.7	197.0
爱斯特兰	13.3	18.0	20.5	29.3	120.3
乌法	—	—	20.5	28.9	—
萨马拉	—	12.1	20.1	28.6	—
顿河哥萨克军区	1.4	6.8	17.8	26.8	1814.3
科斯特罗马	10.5	15.3	18.8	24.7	135.2
诺夫哥罗德	6.2	9.9	13.2	16.0	158.1
彼尔姆	3.8	7.3	10.3	13.8	263.2
奥伦堡	2.8	8.0	9.6	13.0	364.3
阿斯特拉罕	0.4	1.9	5.3	6.3	1475.0
沃洛格达	1.7	2.8	3.8	5.0	194.1

续表

省 份	每平方俄里人口数量（人）				1811~1913年人口密度增长率（%）
	1811年	1863年	1897年	1913年	
奥洛涅茨	1.4	2.5	3.2	4.1	192.9
阿尔汉格尔斯克	0.3	0.4	0.5	0.7	133.3

资料来源：E. Зябловский. Статистическое описание Российской империи. изд. II. СПб., 1815；Статистическкй временник Российской империи. I. СПб., 1866；Общий свод по империи результатов разработки данных первой всеобщей переписи населения, произведенной 28 января 1897 г. ч. I. СПб., 1905；Статистический ежегодник России за 1914 г. Пг., 1915。值得一提的是，1914年1月1日中央统计委员会的数据稍高于本表中数据。E. 贾布洛夫斯基关于卡卢加的数据存在错误，笔者采用了谢梅诺夫的数据，详见 П. Семеновый. СПб., 1863. т. II. стр. 446。

表2-26给出了4个年份的平均人口密度指标，即1811年、1863年、1897年和1913年数据，还列举了102年间各省人口密度的增长率。

由表2-26中数据可知，各省人口密度的差异较大。1913年，莫斯科的人口密度为每平方俄里122.8人，波多利斯克省的人口密度为每平方俄里109.9人，基辅的人口密度为每平方俄里107.0人，沃洛格达的人口密度为每平方俄里5.0人，奥洛涅茨的人口密度为每平方俄里4.1人，而阿尔汉格尔斯克的人口密度仅为每平方俄里0.7人。莫斯科与阿尔汉格尔斯克的人口密度之比为175∶1。

用部分年份的其他数据来补充上表数据更具说服力，笔者在目前所掌握资料的基础上编制了1913年欧俄50省人口密度一览表（见表2-27）。

表2-27 1913年欧俄50省的人口密度

省份分类（按每平方俄里人口数量划分）	省份数量（个）	人口数量（千人）	省份数量占比（%）
≥90人	3	12441.1	6.0
60~90人	15	47410.3	30.0
30~60人	19	38955.2	38.0

续表

省份分类（按每平方俄里人口数量划分）	省份数量（个）	人口数量（千人）	省份数量占比（%）
15~30 人	7	18774.0	14.0
<15 人	6	10194.0	12.0
总　计	50	127774.6	100.0

由表 2-27 中数据可知，1913 年仅有 13 个省的人口密度低于每平方俄里 30 人。在这些省内共居住着 2896.80 万人，占欧俄 50 省人口总量的 22.7%。人口密度在每平方俄里 60 人及以上的省份共有 18 个，这些省份共居住着 5985.14 万人，占欧俄 50 省人口总量的 46.8%。

基于此，笔者想起了马克思和恩格斯在 1855 年写的《克里木远征》一文，文中指出了俄国各地区人口密度的明显差别，还曾提及俄国中部省份人口密度较高的现象。"俄国无疑是一个人口稀少的国家，但是我们不应当忘记，中心省份——俄罗斯民族的心脏和支柱——的人口和欧洲中部的人口相等。在波兰，也就是在组成俄属波兰王国的五个省内，人口的平均密度也是如此。俄国人口最稠密的部分——莫斯科省、图拉省、梁赞省、下诺夫哥罗德省、卡卢加省、雅罗斯拉夫里省、斯摩棱斯克省和其他省——构成大俄罗斯的心脏并组成一个紧密的整体；继续向南，是人口同样稠密的小俄罗斯的一些省份——基辅省、波尔塔瓦省、切尔尼果夫省、沃罗涅日省和其他省。这样的省共有 29 个；这些省份的人口密度比德国小一半。人口稀少的只是东部和北部的一些省份和南部草原，在西部，即在旧属波兰的一些省份——明斯克省、莫吉廖夫省和格罗德诺省——的部分地区，由于布格河（波兰的）和德涅斯特河之间的广阔的沼地，人口也很稀少。"①

各省人口密度数据并不能完全说明全国人口密度指标的差异性。各省疆域的差异也是重要的参考因素，部分省份土地面积辽阔，部分省份领土

---

① К. Маркс., Ф. Энгельс. Соч. т. X. стр. 216-217.

面积狭小，它们在人口密度上有着非常明显的差别。因此，笔者认为对很多问题的研究还有待进一步加强，进一步细化各省指标十分有必要，下文就以彼尔姆省为例研究该问题。1860年，彼尔姆省各县城的人口密度见表2-28。

表2-28 1860年彼尔姆省各县城的人口密度

单位：人

县　城	每平方俄里人口数量
伊尔比特	19.2
奥汉斯克	16.0
叶卡捷琳堡	15.9
沙德林斯克	15.8
昆古尔	12.15
卡梅什洛夫	11.9
奥辛斯基	10.1
克拉斯诺乌菲姆斯克	7.55
彼尔姆	7.5
索利卡姆斯克	8.5
上图里耶	3.1
切尔登	1.3

伊尔比特县和奥汉斯克县的人口密度超过切尔登县。Х. 摩泽尔指出："无论是全省，还是每个县城的人口密度均不均衡。北部、东北部和西北部地区人口数量通常非常稀少，上图里耶县、切尔登县和索利卡姆斯克县的部分地区至今还没有任何固定居民点，而南部、东南部和西南部地区的人口却十分稠密。"①

除彼尔姆外，笔者还整理了科斯特罗马省的数据，1867年科斯特罗马省各县城的人口密度见表2-29。

---

① Х. Мозель. Пермская губерния. СПб., 1864. стр. 289-290.

表 2-29　1867 年科斯特罗马省各县城的人口密度

单位：人

县　城	每平方俄里人口数量
涅列赫塔	40.1
尤里耶夫	30.6
科斯特罗马	30.2
基涅什马	25.3
布伊	24.2
加利奇	23.7
丘赫洛马	15.3
索利加利奇	14.0
马卡里耶夫	10.7
瓦尔纳维诺	9.9
科洛格里夫	7.4
韦特卢日斯基	5.8

资料来源：Статистическое обозрение Костромской губернии на основании переписи 1867 г.；Материалы для статистики Костромской губернии. вып Ⅲ. Кострома., 1875. стр. 141-147。

科斯特罗马省人口密度较高的是 4 个西南县城，它们均属于伏尔加河沿岸工业区，很多外地工人在此处务工。人口密度较低的东部县城主要位于荒漠和森林地带。涅列赫塔县每平方俄里的人口数量为 40.1 人，而韦特卢日斯基县仅为 5.8 人。

梁赞省的人口密度也颇具代表性，1912 年 1 月 1 日，该省各县城的人口密度指标见表 2-30。

梁赞省的人口密度差异巨大，斯科平县的人口密度为每平方俄里 106.6 人，卡西莫夫斯基县的人口密度为每平方俄里 47.5 人。

根据相关数据，笔者简要总结高加索、西伯利亚和中亚地区的人口密度。[①] 1863 年高加索地区每平方俄里的人口数量为 10.8 人，1897 年为 22.6 人，

---

① Статистический временник Российской империи. Ⅰ. СПб., 1866；Общий свод по империи результатов разработки данных первой всесоюзной переписи населения, произведенной 18 января 1897 г. ч. Ⅰ. СПб., 1905；Статистический ежегодник России 1914 г. Пг., 1915.

表 2-30　1912 年 1 月 1 日梁赞省各县城的人口密度

单位：人

县　城	每平方俄里人口数量
斯科平	106.6
米哈伊洛夫斯基	86.1
拉年堡	79.3
里亚日斯基	77.5
普龙斯基	77.0
扎赖斯克	76.1
梁赞	72.5
丹科夫	66.7
萨波若克	62.9
叶戈里耶夫	59.4
斯帕斯基	57.2
卡西莫夫斯基	47.5

资料来源：Обзор Рязанской губернии за 1911 г. Рязань. 1913. стр. 10。

1913 年为 31.3 人。无论是因人口自然增长，还是因移民大量涌入，很多省份的人口密度都大幅增加。基于此，1863 年库班省每平方俄里的人口数量为 6.2 人，而 1913 年每平方俄里的人口数量为 35.8 人。斯塔夫罗波尔省的相应数据分别为 5.0 人和 27.8 人。

西伯利亚地区一直人烟稀少。1863 年，该地区每平方俄里的人口数量为 0.35 人，1897 年每平方俄里的人口数量为 0.53 人，1913 年每平方俄里的人口数量为 0.9 人。在草原和中亚地区，1913 年每平方俄里的人口数量为 3.6 人。

总体而言，1811~1913 年，俄国人口增长了 2.55 倍。1913 年，俄国人口数量增至 1.55 亿人。[①]

1863~1913 年，欧俄地区的人口增长率接近 1 倍（99%），超过 1811~1863 年的人口增长率（46.3%）。

---

① 1913 年数据不含波兰和芬兰。

显然，一些统计学家和历史学家有关改革之前俄国人口高速增长的论断是错误的。① 错误的根源在于这一时期人口死亡率较低。据笔者的计算，1811~1863 年，俄国人口的年均增长率为 7.3‰。

与其他大多数欧洲国家相比，整个研究时期内的俄国人口增长率较高。改革之前俄国人口死亡率明显降低，这是俄国人口高出生率的结果。

笔者的研究也证明，在一些因素（移民规模扩大、领土扩张、各地区人口自然增长率的差异）的作用下，俄国很多地区的人口增长率出现了很大的波动。1811~1913 年，欧俄 50 省的人口数量增长了近 2 倍，新俄罗斯地区的人口数量增长了 7.6 倍，乌拉尔地区和伏尔加河下游诸省的人口数量增长了 3.4 倍，莫斯科工业区的人口数量增长了 1.1 倍。各省份的人口增长率差别很大。在研究期内，顿河哥萨克军区的人口数量增加了 14.5 倍，赫尔松的人口数量增长了 9.1 倍，而土拉的人口数量仅增长了 70%，雅罗斯拉夫的人口数量增长更少，仅增长了 30%。

西伯利亚和高加索地区的人口增长率远超欧俄 50 省的平均增长率。1863~1913 年，西伯利亚和高加索地区的人口增长了 2 倍。

由于上述各地区和省份的人口数量变动差异很大，所以本章内容对确定研究时期内特别是改革后俄国人口数量的变动特征十分重要。

---

① A. 科尔尼洛夫在《19 世纪俄国简史》（Ч. III. М., 1914. стр. 24-25）中写道："事实上，19 世纪上半叶俄国人口的实际增长率并不逊色于 19 世纪下半叶，只是在此期间发生了许多改变人口增长进程的历史事件，其中战争和疾病的影响最大，诸如 1812 年的卫国战争（拿破仑战争），以及此后的两次霍乱和多年歉收。如果排除这些因素，此期间的人口增长率甚至高于 1861 年农奴制改革之后的部分年份。"

第二部分
19世纪和20世纪初俄国城市人口的变动和形成过程

城市人口显著增加是俄国资本主义发展过程中最典型的现象之一。农奴制改革后城市人口激增。列宁在《俄国资本主义的发展》一书中指出了1863~1897年城市发展的规模,他写道:"大工业中心数量激增和一系列新中心的形成是改革后最典型的特征之一。"① 1811~1913年,城市人口增长率高于俄国人口总增长率。如果说1811~1913年俄国人口总量增长了2.55倍,那么在此时期城市人口增长了7倍。

为更好地描述俄国城市人口变动,笔者不但对城市人口总体数据进行了研究,还尽可能地分析各地城市人口的差异。

---

① В. И. Ленин. Соч. т. 3. стр. 493.

第3章
1811~1913年俄国城市人口数量变动的一般特征

笔者首先对1811~1913年欧俄地区（不含波兰，下同）城市人口的变动进行分析，其中1811~1863年数据见表3-1。

表3-1 1811~1863年欧俄地区城市人口数量变动

年份	城市人口数量（千人）	与1811年相比的增长率(%)
1811	2765	—
1825	3329	20.4
1840	4666	68.8
1856	5684	105.6
1863	6105	120.8

资料来源：К. Герман. Статистические исследования относительно Российской империи. ч. I. СПб., 1819; Статистическое изображение городов и посадов Российской империи за 1825 г.; Статистические таблицы о состоянии городов Российской империи. СПб., 1842; Статистические таблицы Российской империи за 1856 г. СПб., 1858; Статистический временник Российской империи. т. I. СПб., 1866。

1811~1863年，欧俄地区城市人口数量增加了334万人，增长了120.8%。其中，1825~1840年城市人口数量的增加最为显著，增长率达 40.2%。①

1863~1913 年欧俄地区的城市人口增长速度更快（见表 3-2）。

表 3-2 1863~1913 年欧俄地区城市人口数量变动

年份	城市人口数量（千人）	与 1863 年相比的增长率（%）
1863	6105	—
1885	9964.8	63.2
1897	12064.8	97.6
1909	14977.9	145.3
1913	18596.8	204.6

资料来源：Статистический временник Российской империи. СПб., 1866; Сборник сведений по России за 1884-1885 гг. СПб., 1887; Окончательно установленное при разработки переписи наличное население городов. СПб., 1905; Ежегодник России за 1909 г. СПб., 1910; Статистический ежегодник России за 1914 г. Пг., 1915。

1863~1913 年，欧俄地区的城市人口数量增长了 2 倍多。1863~1897 年，城市人口增加了 595.98 万人，而 1897~1913 年，欧俄地区的城市人口增加了 653.2 万人。

1811 年，欧俄地区的城市人口总量为 276.5 万人，截至 1913 年，欧俄地区的城市人口总量为 1859.68 万人。由此可见，1811~1913 年欧俄地区的城市人口增加了 1583.18 万人，增长了 5.73 倍。在此时期，欧俄地区的城市人口增长率远超该地区总人口的增长率。

1867~1913 年，俄国城市人口数量变动见表 3-3。

1867~1913 年 46 年间，俄国城市人口数量从 739.53 万人增加至 2327.72 万人，增长 214.8%。

---

① П. 米留科夫对 1796 年、1812 年、1835 年和 1851 年的城市人口数量进行了核算，但其数据有待考证，他对此时期俄国城市人口数量的核算有些过低。与当时很多学者一样，П. 米留科夫只对部分年份城市人口的总量数据进行了核算，而有些学者核算的只是城市各阶层的数量，难免会有遗漏。参见 П. Милюков. Очерки по истории русской культуры. ч. I. изд. V. СПб., 1904. стр. 82。

表3-3 1867~1913年俄国城市人口数量变动

地 区	城市人口数量(千人)					人口数量增长率(%)		
	1867年	1885年	1897年	1908年	1913年	1867~1897年	1897~1913年	1867~1913年
欧俄50省	6543.4	9964.8	12064.8	14977.9	18596.8	84.4	54.1	184.2
高加索	424.9	669.1	1200.2	1449.7	1878.0	182.5	56.5	342.0
西伯利亚	244.5	345.1	496.6	817.3	1193.6	103.1	140.4	388.2
中亚	182.5	651.8	934.4	1270.2	1608.8	412.0	72.2	781.5
总计/平均	7395.3	11630.8	14696.0	18515.1	23277.2	98.7	58.4	214.8

资料来源：1897年数据源于第1次人口普查；Статический временник Российской империи. т. II. вып. I. СПб., 1871; Сборник сведений по России за 1884 - 1885 гг. СПб., 1887; Окончательно установленное при разработке переписи наличное население городов. СПб., 1905; Ежегодник России за 1909 г. СПб., 1910; Статический ежегодник России 1914 г. Пг., 1915.

值得一提的是，俄国城市人口的增速明显高于俄国人口的总增速。1897~1913年，俄国城市人口数量增加了858.12万人，增长58.4%，同期俄国人口总量仅增长了33.7%。

列宁在其知名著作《俄国资本主义的发展》中指出，1860~1890年，西伯利亚、中亚和高加索的城市人口增长速度过高，后续时期也出现了同样的特征。[①]

基于此，笔者核算的1811~1913年俄国城市人口数量完全合理。

K. 赫尔曼在分析相关数据后指出："1811年，各城市共有居民2859827人。"[②] 他还写道："所有城市人口可能增至300万人，但不会超过这个数值。"如果我们把第一个数字与中央统计委员会的人口数据相对比就会发现，1811~1913年俄国城市人口增长了7.14倍。基于此，可以认为102年间俄国城市人口增长了约7倍。

值得一提的是，如果考虑到笔者没有掌握的1811年并入俄国城市的人

---

① В. И. Ленин. Соч. т. 3. стр. 521.
② К. Герман. Статистические исследования относительно Российской империи. ч. I. СПб., 1819. стр. 306.

口资料，那么核算后的数据还会略低于人口实际数量。

在研究期内，工业对城市人口增长的影响十分显著。从19世纪初至1913年，俄国大工厂内的工人数量由20万人增长到300万~310万人。①

但需要强调的是，据1914年初的相关统计数据，城市人口的绝对数量及其在总人口中的占比仍不高。

我们发现社会主义社会则是另一番景象。

1811~1913年俄国城市人口约增加了2000万人，而1926年苏联的城市人口就达2630万人，1940年和1956年则分别达到6060万人和8700万人。②

在研究欧俄地区城市人口数量变动的相关资料后，笔者还审查了一些大城市的人口变动指标，1811~1913年欧俄50省部分大城市人口的变动数据见表3-4。

表3-4 1811~1913年欧俄50省部分大城市人口的变动

城市	人口数量（千人）					增长倍数		
	1811年	1840年	1863年	1897年	1913年	1811~1863年	1863~1913年	1811~1913年
敖德萨	11.0	60.1	119.0	403.8	499.5	9.8	3.2	44.4
罗斯托夫	4.0	12.6	29.3	119.5	172.3	6.3	4.9	42.1
萨马拉	4.4	13.7	34.1	90.0	143.8	6.8	3.2	31.7
辛菲罗波尔	2.5	12.9	17.1	49.1	69.6	5.8	3.1	26.8
察里津	3.8	4.4	8.4	55.2	100.8	1.2	11.0	25.5
尼古拉耶夫	4.2	28.7	64.6	92.0	103.5	14.4	0.6	23.6
叶卡捷琳诺斯拉夫	8.6	8.5	19.9	112.8	211.1	1.3	9.6	23.6
哈尔科夫	10.4	29.4	52.0	174.0	244.7	4.0	3.7	22.5
基辅	23.3	47.4	68.4	247.7	520.5	1.9	6.6	21.3

① Нашу работу формирование промышленного пролетариата в России. М., 1940.
② Народное хозяйство СССР. М., Госстатиздат, 1956. стр. 17.

续表

城市	人口数量（千人）					增长倍数		
	1811年	1840年	1863年	1897年	1913年	1811~1863年	1863~1913年	1811~1913年
彼尔姆	3.1	12.0	19.2	45.2	68.1	5.2	2.5	21.0
奥伦堡	5.4	14.6	27.6	72.4	100.1	4.1	2.6	17.5
里加	32.0	60.0	77.5	282.2	558.0	1.4	6.2	16.4
卡缅涅茨-波多利斯基	3.6	14.7	20.7	35.9	49.9	4.8	1.4	12.9
维亚特卡	4.2	11.0	14.7	25.0	47.0	2.5	2.2	10.2
新切尔卡斯克	6.7	17.6	18.1	52.0	69.1	1.7	2.8	9.3
乌法	9.2	16.5	16.5	49.3	99.9	0.8	5.1	9.9
赫尔松	9.0	22.6	40.1	59.1	96.2	3.5	1.4	9.7
日托米尔	8.2	16.7	38.4	65.9	86.4	3.7	1.3	9.5
明斯克	11.2	23.6	30.1	90.9	116.7	1.7	2.8	9.4
别尔季切夫	7.4	35.6	53.2	53.4	75.3	6.2	0.4	9.2
莫吉廖夫	5.8	17.9	48.2	43.1	54.2	7.3	0.1	8.3
塔甘罗格	7.4	22.5	42.4	51.4	68.4	4.7	0.6	8.2
萨拉托夫	26.7	42.2	84.4	137.1	235.3	2.2	1.8	7.8
切尔尼戈夫	4.5	11.1	10.6	27.7	36.3	1.4	2.4	7.1
下诺夫哥罗德	14.4	31.9	41.5	90.1	111.6	1.9	1.7	6.8
科斯特罗马	10.1	13.5	21.4	41.4	68.7	1.1	2.2	5.8
莫斯科	270.2	349.1	462.5	1038.6	1762.7	0.7	2.8	5.5
维捷布斯克	16.9	17.9	27.9	65.9	108.2	0.7	2.8	5.4
波尔塔瓦	10.1	16.0	31.3	53.7	65.1	2.1	1.1	5.4
梁赞	7.8	19.0	22.3	46.1	49.4	1.9	1.2	5.3
彼得堡	335.6	470.2	539.5	1264.9	2118.5	0.6	2.9	5.3
斯摩棱斯克	12.4	11.0	23.1	47.0	74.1	0.9	2.2	5.0
弗拉基米尔	5.7	12.0	14.7	28.5	32.7	1.6	1.2	4.7
格罗德诺	10.5	16.6	26.2	46.9	59.2	1.5	1.3	4.6
雷瓦尔	17.6	24.0	29.4	64.6	96.1	0.7	2.3	4.5
奔萨	14.8	19.5	27.3	60.0	78.9	0.8	1.9	4.3
雅罗斯拉夫	23.8	34.9	27.7	71.6	111.5	0.2	3.0	3.7
诺夫哥罗德	6.3	16.8	17.7	25.7	28.2	1.8	0.6	3.5
沃洛格达	9.6	13.1	19.0	27.7	41.3	1.0	1.2	3.3

续表

城市	人口数量(千人)					增长倍数		
	1811年	1840年	1863年	1897年	1913年	1811~1863年	1863~1913年	1811~1913年
沃罗涅日	22.1	43.8	40.9	80.6	93.7	0.9	1.3	3.2
唐波夫	16.8	16.8	36.0	48.0	71.2	1.1	1.0	3.2
米塔瓦	10.8	20.3	22.8	35.1	45.6	1.1	1.0	3.2
辛比尔斯克	13.3	17.7	24.9	41.7	55.2	0.9	1.2	3.2
阿斯特拉罕	37.8	45.9	42.8	112.9	154.5	0.1	2.6	3.1
奥廖尔	24.6	32.6	35.0	69.7	96.2	0.4	1.7	2.9
库尔斯克	23.5	30.5	28.6	75.7	87.8	0.2	2.1	2.7
普斯科夫	9.3	10.3	16.8	30.5	34.1	0.8	1.0	2.7
特维尔	17.5	17.1	28.5	53.5	63.9	0.6	1.2	2.7
维尔纳	56.3	54.5	69.5	154.5	203.8	0.2	1.9	2.6
喀山	53.9	41.3	63.1	130.0	194.2	0.2	2.1	2.6
彼得罗扎沃茨克	4.7	5.1	11.4	12.5	16.4	1.4	0.4	2.5
阿尔汉格尔斯克	11.0	9.6	20.2	20.9	36.9	0.8	0.8	2.4
土拉	52.1	51.7	56.7	114.7	139.7	0.1	1.5	1.7
卡卢加	23.1	35.0	34.7	49.5	56.3	0.5	0.6	1.4

资料来源：К. Герман. Статистические исследования относительно Российской империи. ч. I. СПб., 1819；Стастические таблицы о состоянии городов Российской империи. СПб., 1842；Статистический временник Российской империи. т. I. СПб., 1866；Окончательно установленное при разработке переписи наличное население городов. СПб., 1905；Стастический ежегодник России за 1914 г. Пг., 1915。

笔者在编制表格过程中选取了5个比较有代表性的年份，即1811年、1840年、1863年、1897年和1913年54个大城市的人口资料，还计算出了1811~1863年、1863~1913年和1811~1913年城市人口的增长率。除省城之外，表3-4中还列举了其他一些大城市的数据，如敖德萨、尼古拉耶夫、察里津、塔甘罗格和别尔季切夫等。

由表3-4中数据可知，1811~1863年俄国各城市的人口增速差异很大。在上述时期尼古拉耶夫的人口增长了14.4倍，敖德萨、莫吉廖夫和罗斯托夫的人口分别增长了9.8倍、7.3倍和6.3倍。同一时期，喀山、雅罗斯拉夫、阿斯特拉罕和土拉的人口增长率不高于20%。

1863～1913 年，欧俄城市人口总体增长 2.05 倍，而各城市的人口增长十分不均衡。在部分大城市人口增长 3～9 倍的情况下（叶卡捷琳诺斯拉夫、基辅和哈尔科夫的城市人口分别增长了 9.6 倍、6.6 倍和 3.7 倍），也有一些城市的人口增长并不显著（如莫吉廖夫增长了 12%，彼得罗扎沃茨克和诺夫哥罗德分别增长了 44% 和 59%）。

1863～1913 年，人口高速增长的地区是国家大型工商业中心，如彼得堡、莫斯科、基辅、哈尔科夫、里加和叶卡捷琳诺斯拉夫等城市。

关于 1885～1897 年俄国城市人口数量的变动，В.Г. 米海洛夫斯基写道："从 19 世纪 80 年代中期开始，南方采矿中心叶卡捷琳诺斯拉夫和亚历山德罗夫斯克·格鲁舍夫斯基发展迅速。叶卡捷琳诺斯拉夫的人口增长了 1.5 倍还多……亚历山德罗夫斯克·格鲁舍夫斯基成为顿涅茨克煤田的采煤中心，其人口也增加了 1 倍多。上述城市快速发展的主要原因是俄国南部钢铁和煤炭工业的飞速发展，该现象在俄国其他地区也存在。"①

帝国主义时代俄国城市人口的数量增长更快，主要原因也是工业的快速发展。

研究大城市人口数量变动具有重要的历史意义。在革命运动中许多大型工业城市具有主导作用。列宁在《1905 年革命报告》中指出："城市愈大，无产阶级在斗争中的作用也就愈大。"②

笔者核算了 28 个人口超 10 万的城市人口数量变动状况，具体数据见表 3-5。

表 3-5 中列出了 4 个年份即 1811 年、1863 年、1897 年和 1913 年的数据，可据此研究俄国城市人口的变化规模。

---

① Сборник статей по вопросам, относящимся к жизни русских и иностранных городов. вып. VI. М., 1897.
② В. И. Ленин. Соч. т. 23. стр. 232.

俄国人口的百年变迁（1811~1913）

表 3-5　1811~1913 年俄国超大城市的人口数量变动

城市	人口数量（千人）				增加倍数			
	1811年	1863年	1897年	1913年	1811~1863年	1863~1897年	1897~1913年	1811~1913年
彼得堡	335.6	539.5	1264.9	2118.5	0.6	1.3	0.7	5.3
莫斯科	270.2	462.5	1038.6	1762.7	0.7	1.2	0.7	5.5
里加	32.0	77.5	282.2	558.0	1.4	2.6	1.0	16.4
基辅	23.3	68.4	247.7	520.5	1.9	2.6	1.1	21.3
奥德萨	11.0	119.0	403.8	499.5	9.8	2.4	0.2	44.4
梯弗里斯	29.9*	60.8	159.6	307.3	1.0	1.6	0.9	9.3
哈尔科夫	10.4	52.0	174.0	244.7	4.0	2.3	0.4	22.5
萨拉托夫	26.7	84.4	137.1	235.7	2.2	0.6	0.7	7.8
巴库	—	13.9	111.9	232.2	—	7.1	1.1	—
叶卡捷琳诺斯拉夫	8.6	19.9	112.8	211.1	1.3	4.7	0.9	23.5
维尔纳	56.3	69.5	154.5	203.8	0.2	1.2	0.3	2.6
喀山	53.9	63.1	130.0	194.2	0.2	1.1	0.5	2.6
罗斯托夫	4.0	29.3	119.5	172.3	6.3	3.1	0.4	42.1
阿斯特拉罕	37.8	42.8	112.9	151.1	0.1	1.6	0.3	3.0
伊万诺沃-沃兹涅先斯克	5.0	11.0	54.2	147.4	1.2	3.9	1.7	28.5
萨马拉	4.4	34.1	90.0	143.8	6.8	1.6	0.6	31.7
土拉	52.1	56.7	114.7	139.7	0.1	1.0	0.2	1.7
奥姆斯克	4.6	19.5	37.3	134.8	3.2	0.9	2.6	28.3
基什涅夫	46.2**	94.1	108.5	128.2	—	0.2	0.2	1.8
明斯克	11.2	30.1	90.9	116.7	1.7	2.0	0.3	9.4
托木斯克	8.6	21.0	52.2	114.7	1.4	1.5	1.2	12.3
下诺夫哥罗德	14.4	41.5	90.1	111.2	1.9	1.2	0.2	6.7
雅罗斯拉夫	23.8	27.7	71.6	111.2	0.2	1.6	0.6	3.7
维捷布斯克	16.9	27.9	65.9	108.5	0.7	1.4	0.6	5.4
尼古拉耶夫	4.2	64.6	92.0	103.5	14.4	0.4	0.1	23.6
叶卡捷琳诺达尔	4.3***	9.5	65.6	102.2	1.2	5.9	0.6	22.8
察里津	3.8	8.4	55.2	100.8	1.2	5.6	0.8	25.5
奥伦堡	5.4	27.6	72.4	100.1	4.1	1.6	0.4	17.5
总计/平均	1104.6	2176.3	5510.1	9074.5	1.0	1.5	0.6	7.2

* 1825 年数据；** 1840 年数据；*** 1825 年数据。

1811~1913年，上述大型城市的人口数量增长了7.2倍，其增速高于俄国其他城市的人口增速。需着重强调的是，在第一个时段（1811~1863年），上述城市的人口增加了1倍，在第二个时段（1863~1913年）人口增加了3.2倍。就单独城市而言，工业区和移民区城市的人口增长更为迅猛。

应该指出的是，在某种程度上，单纯考虑俄国社会经济的发展特征很难确定城市人口的实际增长率。关于工业人口的增长，尤其是部分地区的人口增长规模，列宁写道："只有当我们面前的地区已经住满了人而且全部土地都已被人占用的时候，才能看到纯粹形态的工业人口增加的现象。这个地区的被资本主义从农业中排挤出来的人口没有其他的出路，只有迁移到工业中心去，或者迁移到其他地域去。

但是，如果我们面前的那个地区尚未全部土地被人占用，尚未完全住满人，那么，情况就根本不同了。这个地区的人口，从人烟稠密的地方的农业中被排挤出来以后，可以转移到这个地区的人烟稀少的那部分地区去'耕种新的土地'。于是有农业人口的增长，这种增长（在某一时期内）并不比工业人口的增长慢，如果不是更快的话。在这种场合下，我们看见两种不同的过程：（1）资本主义在旧的人烟稠密的地域或这一地域的一部分地区的发展；（2）资本主义在'新的土地'上的发展。第一种过程表现了已经形成的资本主义关系的进一步发展，第二种过程表现了新地区中新的资本主义关系的形成。第一种过程就是资本主义向深度的发展，第二种过程就是资本主义向广度的发展。显然，把这两种过程混淆起来，就必然会得出关于人口离开农业转向工商业过程的错误认识。

改革后的俄国向我们展现的，正是这两种过程的同时出现。在改革后时代初期，即在60年代，欧俄南部与东部边疆地区是人烟相当稀少的地区，因而俄国中部农业区域的人口就象巨流般地向这里移来。新的土地上新的农业人口的形成，在某种程度内也掩盖了与之平行进行的人口由农业向工业的转移。为了根据城市人口的资料来清楚地说明俄国的这种特点，必须把欧俄的50个省分成几个类别。"① 具体分类见表3-6。

---

① В. И. Ленин. Соч. т. 3. стр. 493-494.

表 3-6　1863 年、1897 年和 1913 年欧俄 50 省人口总量和城市人口数量

单位：个、千人

省份类别	省份数量	1863年 总计	1863年 农村人口	1863年 城市人口	1897年 总计	1897年 农村人口	1897年 城市人口	1913年 总计	1913年 农村人口	1913年 城市人口
I. 首都	2	2738.4	1680.0	1058.4	4542.6	1986.5	2556.1	6727.8	2498.7	4229.1
II. 工业和非农业中心	9	9890.7	9165.6	725.1	12475.4	11372.0	1103.4	16345.0	14808.7	1536.3
I 和 II 类总计	11	12629.1	10845.6	1783.5	17018.0	13358.5	3659.5	23072.8	17307.4	5765.4
III 中部农业区、小罗斯地区和伏尔加河中游地区	13	20491.9	18792.5	1699.4	27984.9	25187.5	2797.4	38295.4	34334.7	3960.7
IV. 新罗斯地区、伏尔加河下游地区和东部地区	9	9540.3	8472.6	1067.7	18346.4	15861.3	2485.1	26179.4	22359.6	3819.8
I~IV 类总计	33	42661.3	38110.7	4550.6	63349.3	54407.3	8942.0	87547.6	74001.7	13545.9
V. 波罗的海地区	3	1812.3	1602.6	209.7	2386.1	1772.5	613.6	3049.5	2039.9	1009.6
VI. 西部地区	6	5548.5	4940.3	608.2	10062.8	8879.0	1183.8	13435.7	11691.5	1744.2
VII. 西南部地区	3	5483.7	4982.8	500.9	9567.0	8639.1	927.9	13038.8	11465.5	1573.3
VIII. 乌拉尔地区	2	4359.2	4216.5	142.7	6025.1	5750.1	275.0	8004.2	7616.4	387.8
IX. 北部地区	3	1555.5	1462.5	93.0	2052.5	1930.0	122.5	2700.7	2512.8	187.9
总计	50	61420.5	55315.4	6105.1	93442.8	81378.0	12064.8	127776.5	109327.8	18448.7

列宁列出 1863 年和 1897 年欧俄 9 类省份的城市人口数据。我们用 1913 年各省农村人口和城市人口总量的相关数据来补充列宁的数据，在此基础上计算出相应的指标，具体数据见表 3-7。

应该强调的是，中央统计委员会对 1913 年欧俄 50 省总人口和农业人口的数量估计过高。

列宁在阐释 1863~1897 年俄国人口变化时写道："就我们感兴趣的问题来说，最有意义的是下面 3 个地区的资料：（1）非农业的工业地区（前两类的 11 个省，其中有两个首都省）。这是人口向其他地区迁移很少的地区。（2）中部农业地区（第 3 类的 13 个省）。人口从这个地区移出的非常多，部分是移到前一地区，主要是移到下一地区。（3）农业边疆地区（第 4 类的 9 个省）——这是改革后时代的移民地区。从表中可以看到，所有这 33 个省城市人口的百分比，同整个欧俄城市人口的百分比比较起来，相差甚小。

在第一个地区，即非农业的或工业的地区，我们看到城市人口百分比增长得特别迅速：从 14.1% 增长到 21.1%。农村人口的增长在这里则很慢，——差不多比整个俄国慢一半。相反，城市人口的增长则大大超过平均数（105%与97%之比）。如果拿俄国同西欧工业国家比较（象我们常常做的那样），那就必须只拿这一地区同西欧工业国家比较，因为只有这一地区是同工业资本主义国家的条件大体相同的。

在第二个地区，即中部农业地区，我们看到另一种情景。城市人口的百分比在这里很低，增长得比平均速度慢些。从 1863 年到 1897 年，城市人口与农村人口的增加在这里都比俄国平均增加数低得多。产生这种现象的原因，是由于移民象巨流般地从这一地区去到边疆地区。根据瓦·米海洛夫斯基先生的计算，从 1885 年到 1897 年，从这里移出约 300 万人，即人口总数的 1/10 强。

在第三个地区，即边疆地区，我们看到城市人口百分比的增加稍微低于平均增加数（从11.2%增加到13.3%，即 100 与 118 之比，而平均增加数则是从9.94%增加到12.76%，即 100 与 128 之比）。然而城市人口的增长在这里不仅不比平均数低些，而且比平均数高得多（130%与97%之比）。可见，

表 3-7　1863~1913 年欧俄 50 省城市人口和农村人口增长率

单位：%

省份类别	1863~1897 年人口增长率			1897~1913 年人口增长率			1863~1913 年人口增长率		
	总计	农村人口	城市人口	总计	农村人口	城市人口	总计	农村人口	城市人口
I. 首都	65.9	18.2	141.5	48.1	25.8	65.5	145.7	48.7	299.6
II. 工业和非农业中心	26.1	24.1	52.2	31.0	30.2	39.2	65.3	61.6	111.9
I 和 II 类平均	34.8	23.2	105.2	35.6	29.6	57.5	82.7	59.6	223.3
III. 中部农业区、小罗斯地区和伏尔加河中游地区	36.6	34.0	64.6	36.8	36.3	41.6	86.9	82.7	133.1
IV. 新罗斯地区、伏尔加河下游地区和东部地区	92.3	87.2	132.8	42.7	41.0	53.7	174.4	163.9	257.8
I~IV 类平均	48.5	42.8	96.5	38.2	36.0	51.5	105.2	94.2	197.7
V. 波罗的海地区	31.7	10.6	192.6	27.8	15.1	64.5	68.3	27.3	381.4
VI. 西部地区	81.4	79.7	94.6	33.5	31.7	47.3	142.2	136.7	186.8
VII. 西南部地区	74.5	73.4	85.2	36.3	32.7	69.6	137.8	130.1	214.1
VIII. 乌拉尔地区	38.2	36.4	92.7	32.8	32.5	41.0	83.6	80.6	171.8
IX. 北部地区	32.0	32.0	31.7	31.6	30.2	53.4	73.6	71.8	102.0
平　均	52.1	47.1	97.6	36.7	34.3	52.9	108.0	97.6	202.2

注：I. 彼得堡和莫斯科；II. 弗拉基米尔、卡卢加、科斯特罗马、下诺夫哥罗德、诺夫哥罗德、普斯科夫、斯摩棱斯克、特维尔和雅罗斯拉夫；III. 沃罗涅日、喀山、库尔斯克、奥廖尔、奔萨、波尔塔瓦、梁赞、萨拉托夫、辛比尔斯克、坦波夫、土拉、哈尔科夫、切尔尼戈夫；IV. 阿斯特拉罕、比萨拉比亚、顿河哥萨克军区、叶卡捷琳诺斯拉夫、奥伦堡、萨马拉、塔夫里达、赫尔松、乌法；V. 库尔兰、利夫兰和爱斯兰；VI. 维尔纳、维捷布斯克、格罗德诺、明斯克和莫吉廖夫；VII. 沃伦、波多利斯克和基辅；VIII. 维亚特卡和彼尔姆；IX. 阿尔汉格尔斯克、沃洛格达和奥洛涅茨。

资料来源：列宁的著作（Соч. т. 3. стр. 495），1897 年人口普查数据，以及相关统计数据。

人口异常急剧地离开农业而转向工业，不过这一点却被农业人口因有移民而大量增加的现象掩盖了：在这一地区内，农村人口增加了87%，而俄国的平均增加数则为48.5%。就个别省份看来，这种人口工业化过程被掩盖的现象还更加明显。"①

列宁对1863~1897年各地城市人口增长的大体特征进行了描述。笔者也注意到了1863~1913年的人口增长指标。在第一个地区，城市人口占比由1863年的14.1%增长至1913年的25%。农村人口的增长慢于平均增长率，1863~1913年，农村人口和城市人口分别增长59.6%和223.3%。在第二个地区，城市人口占比不高，其数值为8.3%，这个地区的人口总增长率低于全俄人口平均增长率。在第三个地区，研究期内城市人口的增长速度超过平均值，1913年该地区城市人口的占比为14.6%。1863~1913年，该地区农村人口大幅增长163.9%，此时全俄人口平均增速为97.6%。综上所述，该地区部分城市（敖德萨、萨马拉、奥伦堡等）人口增长显著。

笔者对1811~1913年欧俄地区城市人口占比进行了核算（见表3-8）。

表 3-8 1811~1913 年欧俄地区城市人口占比

单位：千人，%

年份	人口总量	城市人口数量	城市人口占比
1811	41805.6	2765.0	6.61
1838	48825.4	4527.0	9.27
1863	61175.9	6105.0	9.98
1885	81725.2	9964.8	12.19
1897	93442.9	12049.3	12.89
1913	121780.0	18586.8	15.26

资料来源：1913年欧俄地区人口数量源于С. А. 诺沃谢利斯基的数据，其他相关文献为Обзор главнейших данных по демографии и санитарной статистике России. Пг., 1916；城市人口数量源于1914年中央统计委员会数据。

笔者所列的城市与俄国行政规划基本相一致。由表3-8中数据可知，1811~1913年，城市人口占比由6.61%提升至15.26%，改革后城市人口增速更快。

---

① В. И. Ленин. Соч. т. 23. стр. 494-496.

需要强调的是，1913 年前，城市人口比重的相关数据源于中央统计委员会，该委员会对欧俄城市人口总量进行了核算，前文已提及，此数值评估过高。因中央统计委员会数据没有考虑到可列入城市的众多居民点，所以笔者核算出的城市人口比重可能略低于实际数值。

部分学者的数据也可作为修正表 3-8 中数据的参考。B. 谢苗诺夫-天山斯基认为，在核算城市人口数量时，应将未被列入官方城市目录的一部分居民点纳入核算数据之中，工商业村镇就是这类居民点的代表。[①] 在进行一系列的核算之后，他指出，欧俄地区（包括高加索山前地带，但外乌拉尔和芬兰除外）1897 年城市人口数量达 1463.8 万人，占总人口的 13%，而笔者确认的数据为 1625.7 万人[②]，占比为 15%。因此，如果我们采用 B. 谢苗诺夫-天山斯基的修正值，那么截至 1913 年，城市人口占总人口的比重不是 15.26%，而是 17.3%。

部分学者认为，可将人口数量超过 1 万人的居民点也纳入城市人口行列，那么很多数值就需修正。1897 年人口普查数据显示，此类居民点的数量共有 148 个，这些居民点内共居住着 201.06 万人[③]，占总人口的 1.7%。如果将上述人口加入城市人口行列，那么 1913 年俄国城市人口的占比则为 17%。

部分学者对人口普查数据的修订可以借鉴，列宁也证明了这一点。列宁曾写道："除了城市以外，具有工业中心性质的，第一是城市近郊，它们并非总与城市算在一起，它们包括日益扩大的大城市周围地区；第二是工厂村镇。这种工业中心在城市人口百分比极小的工业省内特别多。上面所举的各个地区城市人口资料表表明，在 9 个工业省中，城市人口百分比在 1863 年为 7.3%，在 1897 年为 8.6%。问题在于，这些省的工商业人口，主要并非集中于城市，而是集中于工业村。在弗拉基米尔、科斯特罗马、下诺夫哥罗德及其他各省的'城市'中间，有不少城市的居民人数是不到 3000、2000 甚至 1000 的，而许多'村庄'单是工厂工人就有 2000、3000 或 5000。《雅

---

① В. Семенов-Тяншанский. Город и деревня в Европейской России. СПб., 1910. стр. 74-77.
② 原著如此，具体核算过程不详。——译者注
③ 县城内的城市和居民点有 2000 名或更多居民，详见 1897 年俄国第一次人口普查数据。

罗斯拉夫尔省概述》的编者说得对（第 2 编第 191 页），在改革后时代，'城市开始更加迅速地增长，同时还有一种新类型的居民点在增长，这是一种介乎城市与乡村之间的中间类型的居民点，即工厂中心'。上面已经举出了关于这些中心的巨大增长以及它们所集中的工厂工人人数的资料。我们看到，这种中心在整个俄国是不少的，不仅在各工业省，而且在南俄都是这样。在乌拉尔，城市人口的百分比最低，在维亚特卡与彼尔姆两省，1863年为 3.2%，1897 年为 4.7%，但是请看下面'城市'人口和工业人口相应数量的例子。在彼尔姆省克拉斯诺乌菲姆斯克县，城市人口为 6400 人（1897 年），但是根据 1888—1891 年地方自治局人口调查，该县工厂地带的居民为 84700 人，其中有 56000 人完全不从事农业，只有 5600 人主要靠土地取得生活资料。在叶卡捷琳堡县，根据地方自治局人口调查，65000 人是无土地的，81000 人则只有割草场。这就是说，单是这两个县的城市以外的工业人口，就比全省的城市人口还要多（1897 年为 195600 人！）。"[①]

在以上数据的基础之上，笔者对 1913 年欧俄 50 省的城市人口占比重新进行核算，具体数据见表 3-9，这些数据的主要来源仍是中央统计委员会文献。

城市人口占比排在前两位的省份是首都省份，即彼得堡省（73.9%）和莫斯科省（52.9%）。城市人口比重较高的省份有利夫兰省（39.1%）和赫尔松省（29.9%）等。城市人口占比排在后三位的省份是沃罗涅日省（5.7%）、沃洛格达省（5.4%）和维亚特卡省（3.4%）。

表 3-9　1913 年欧俄 50 省城市人口数量及占比

单位：千人，%

省　份	城市人口数量	占比
彼得堡	2328.9	73.9
莫斯科	1900.2	52.9
利夫兰	682.2	39.1
赫尔松	1118.6	29.9

---

① В. И. Ленин. Соч. т. 23. стр. 497-498.

俄国人口的百年变迁（1811~1913）

续表

省　份	城市人口数量	占比
库尔兰	215.3	27.0
塔夫里达	417.2	22.9
爱斯兰特	112.1	22.1
格罗德诺	371.6	18.1
基辅	863.3	18.0
维捷布斯克	326.2	16.7
雅罗斯拉夫	207.6	16.0
萨拉托夫	518.0	15.8
哈尔科夫	536.4	15.7
比萨拉比亚	411.1	15.5
叶卡捷琳诺斯拉夫	516.5	14.9
阿斯特拉罕	187.9	14.3
维尔纳	289.2	13.9
弗拉基米尔	276.6	12.6
奥伦堡	267.2	12.3
阿尔汉格尔斯克	58.0	12.0
土拉	225.1	11.9
奥廖尔	320.0	11.6
顿河哥萨克军区	417.2	10.8
切尔尼戈夫	336.8	10.8
莫吉廖夫	264.9	10.7
波尔塔瓦	403.4	10.6
科夫诺	195.1	10.5
斯摩棱斯克	219.0	10.1
喀山	280.1	9.8
明斯克	297.2	9.8
奔萨	187.1	9.8
卡卢加	132.8	9.0
库尔斯克	290.5	8.9
波多利斯克	357.7	8.8
下诺夫哥罗德	179.9	8.7
唐波夫	304.4	8.6
沃伦	352.3	8.4
奥洛涅茨	36.1	7.8

续表

省　份	城市人口数量	占比
科斯特罗马	139.0	7.6
特维尔	179.2	7.5
辛比尔斯克	151.5	7.3
梁赞	200.0	7.2
诺夫哥罗德	110.1	6.6
普斯科夫	92.1	6.5
萨马拉	242.2	6.4
彼尔姆	253.8	6.3
乌法	187.9	6.1
沃罗涅日	207.4	5.7
沃洛格达	93.8	5.4
维亚特卡	134.0	3.4
欧俄50省总计/平均	18394.7	15.3

资料来源：根据《1914年俄国统计年鉴》编制。

笔者还列出了高加索和西伯利亚地区的相关指标，具体数据见表3-10和表3-11。

表3-10　1913年高加索地区城市人口数量及占比

单位：千人，%

省　份	城市人口数量	占比
黑海沿岸各省	74.2	48.6
巴统	54.5	29.8
梯弗里斯	396.5	29.2
巴库	298.0	27.1
捷列克	234.1	18.6
达吉斯坦	51.0	12.6
伊丽莎白斯克	137.5	12.6
埃里汪斯克	103.5	10.2
库班	245.5	8.2
库塔伊西	82.8	7.8
斯塔夫罗波尔	82.0	6.2
高加索地区总计/平均	1759.6	14.5

由表 3-10 中数据可知，截至 1913 年，高加索地区的城市人口比重接近欧俄 50 省的城市人口比重。在工业较为发达的省份，如巴统省和巴库省，城市人口占比较高，为 27%~30%；城市人口占比排在后三位的省份为库班省、库塔伊西省和斯塔夫罗波尔省（6%~9%）。

表 3-11 1913 年西伯利亚地区城市人口数量及占比

单位：千人，%

省 份	城市人口数量	占比
滨海省	199.7	32.9
阿穆尔省	69.3	27.7
后贝加尔斯克省	144.3	15.3
伊尔库斯克省	113.6	15.1
叶尼塞斯克省	142.9	14.4
托木斯克省	352.0	8.8
堪察加省	3.0	7.5
托博尔斯克省	152.2	7.4
雅库特省	15.1	4.6
萨哈林省	1.5	4.5
西伯利亚地区总计/平均	1193.6	11.9

资料来源：根据《1914 年俄国统计年鉴》编制。

截至 1913 年，西伯利亚地区城市人口总量为 119.36 万人。西伯利亚地区城市人口的占比为 11.9%，该数值低于全国城市人口占比的平均数。需着重强调的是，滨海省和阿穆尔省城市人口的占比在西伯利亚地区排在前两位，雅库特省和萨哈林省的城市人口占比排在后两位。

笔者还按日期整理了有关俄国城市人口规模和分布的相关数据，不同时段城市人口数量略有差异。1811~1913 年，俄国城市人口的数量增加了 7 倍。如果在 1811 年，将人口超 2 万人的城市认定为大城市，那么在 1863 年，大城市的标准是人口为 5 万人以上的居民点。

笔者将 1811 年俄国城市划分为如下种类（见表 3-12）。

表 3-12 1811 年俄国各类不同人口规模的城市数量和人口数量及其占比

城市规模	城市		人口	
	数量（个）	占比（%）	数量（千人）	占比（%）
≥70000 人	2	0.3	605.8	20.6
30000~70000 人	5	0.8	232.1	7.9
10000~30000 人	30	4.8	467.1	15.9
5000~10000 人	91	14.4	622.9	21.2
2000~5000 人	233	37.0	737.5	25.1
1000~2000 人	141	22.4	205.2	7.0
<1000 人	128	20.3	68.5	2.3
总 计	630	100.0	2939.1	100.0

资料来源：К. Герман. Статистические исследования относительно Российской империи. часть I. О народонаселении. Пг., 1819。

几乎一半的人口（46.3%）集中于两类城市，即人口数量为 5000~10000 人和 2000~5000 人的城市。在 2 个首都和 5 个人口规模为 30000~70000 人的大城市中居住着 83.8 万名居民，占城市人口总量的 28.5%。笔者计算后发现，1811 年，128 个城市（占城市总数的 20.3%）的人口数量不超过 1000 人，而这类城市中的城市人口占比仅为 2.3%。1811 年，共有 14 个城市的人口数量超过 2 万人，具体数据见表 3-13。

由表 3-13 中数据可见，1811 年，彼得堡和莫斯科的人口数量比其他 12 个大城市的人口总和还多。

1825 年，拥有超 2 万名居民的城市数量增加到 18 个，人口总数为 117.04 万人。① 据不完全统计，1847 年，这样的城市已达 31 个，人口总量为 182.1 万人。②

1863 年，俄国城市人口超过 600 万人，人口规模超过 5 万人的特大城市数量达 14 个，它们的人口数量总计为 174.7 万人，具体数据见表 3-14。

---

① Статистическое изображение городов и посадов Российской империи 1825 г. СПб., 1830.
② Стастические таблицы о состоянии городов Российской империи 1847 г. СПб., 1852.

表 3-13　1811 年俄国大城市的人口数量

单位：千人

城市	人口数量
彼得堡	335.6
莫斯科	270.2
维尔纳	56.3
喀山	53.9
土拉	52.1
阿斯特拉罕	37.8
里加	32.0
萨拉托夫	26.7
奥廖尔	24.6
雅罗斯拉夫	23.8
库尔斯克	23.5
基辅	23.3
卡卢加	23.1
沃罗涅日	22.1
总　计	1005.0

资料来源：1811 年莫斯科人口数量参见 Главнейшие предварительные данные переписи г. Москвы 6-го марта 1912 г. М., 1913. стр. 38。

表 3-14　1863 年俄国特大城市的人口数量

单位：千人

城市	人口数量
彼得堡	539.5
莫斯科	351.6
奥德萨	119.0
基什涅夫	94.1
萨拉托夫	84.5
里加	77.5
基辅	68.4
尼古拉耶夫	64.6
喀山	63.1
维尔纳	62.2
梯弗里斯	60.8
土拉	56.8
别尔季切夫	53.2
哈尔科夫	52.0
总　计	1747.3

资料来源：Статистический временник Российской империи I. СПб., 1866。

1863 年，仅彼得堡、莫斯科和敖德萨的人口数量超过了 10 万人。由 1869 年和 1871 年人口调查数据基本可确认，1863 年莫斯科和彼得堡的人口数量评估值过低。

从其他很多资料也可看出 1885 年俄国各类城市人口的增长状况，具体数据见表 3-15。

表 3-15　1885 年俄国各类城市的人口数量

城市人口	城市		人口	
	数量（个）	占比（%）	数量（千人）	占比（%）
≥200000 人	4	0.3	2309.1	16.8
100000~200000 人	9	0.7	1232.8	9.0
50000~100000 人	23	1.8	1446.3	10.5
35000~50000 人	28	2.2	1130.0	8.2
20000~35000 人	65	5.1	1725.2	12.5
10000~20000 人	164	12.9	2293.3	16.7
5000~10000 人	291	22.8	2007.0	14.6
2000~5000 人	366	28.7	1208.9	8.8
<2000 人	324	25.4	403.6	2.9
总　　计	1274	100.0	13756.2	100.0

资料来源：1884~1885 年俄国公开出版的统计信息。

1885 年，俄国共有 13 个城市的人口超 10 万人。俄国全部城市人口的 57% 居住在 129 个城市中，每个城市的人口数量均超过 2 万人。690 个城市村镇（人口不超过 5000 人）的人口占比为 11.7%。

大城市的人口增长最为迅速，1860~1897 年，808 个城市的数据均可证明这一点，详见 В. 波克罗夫斯基和 Д. 里希特的数据。[①]

俄国城市人口主要分布在超大城市，表 3-16 也可证明该论断。

由表 3-16 中数据可知，1860~1897 年俄国 808 个城市的人口共增长了 753.28 万人，其中 155 个城市的人口均超过 2 万人，这些城市的人口增加了 592.08 万人，占 808 个城市人口增长总量的 78.6%。

---

① Энциклопедический словарь Брокгауз и Ефрон. т. XXVII. стр. 82.

表 3-16　1860~1897 年俄国各类城市人口增长状况

城市人口规模	城市数量（个）	人口增长量（人）	人口增长率（%）
<1000 人	18	538	5
1000~5000 人	232	100754	16
5000~10000 人	244	553268	45
10000~20000 人	159	957529	78
20000~50000 人	102	1476336	96
50000~100000 人	34	1246233	129
≥100000 人	19	3198190	123
总计/平均	808	7532848	92

笔者根据 1897 年第一次人口普查数据编制了俄国城市人口分布表（见表 3-17）。

表 3-17　1897 年俄国城市人口分布

城市人口规模	城市		人口	
	数量（个）	占比（%）	数量（千人）	占比（%）
≥200000 人	7	0.7	4235.0	25.1
100000~200000 人	12	1.3	1591.2	9.4
50000~100000 人	36	3.9	2348.8	13.9
35000~50000 人	27	2.9	1157.9	6.9
20000~35000 人	85	9.1	2203.8	13.1
10000~20000 人	179	19.2	2450.3	14.5
5000~10000 人	273	29.3	1981.6	11.8
2000~5000 人	216	23.1	772.0	4.6
<2000 人	98	10.5	114.1	0.7
总　　计	933	100.0	16854.7	100.0

资料来源：Первая всеобщая перепись населения Российской империи 1897 г. Вып. V. СПб., 1905。

由表 3-17 中数据可知，人口规模在 20 万人及以上的 7 个城市中居住着 423.5 万人，占城市人口总量的 25.1%。如果将人口规模在 20 万人及以上的7个城市、人口规模为100000~200000人的12个城市、人口规模为50000~100000人的36个城市一同核算,那么在这55个城市中居住着817.5万人,占城市人口总量的48.4%。

上述数据足以证明大城市的人口集中过程。与此同时,还有314个人口低于5000人的小城市(其中98个城市人口低于2000人)。这些城市的居民总量为88.6万人,占城市人口总量的5.3%。

1811~1897年,俄国大城市的数量明显增加,具体数据见表3-18。

表3-18　1811~1897年俄国人口超50000人的城市

年份	城市数量(个)	人口数量(千人)
1811	5	768.1
1863	14	1747.3
1897	52	7125.6

由表3-18中数据可知,1811~1897年,大城市的人口数量增加了8.3倍。大城市的人口增长速度超过俄国城市总人口的增长速度。

笔者并未掌握1897年之后几年各类城市人口的分布资料,但可大致梳理其趋势。毋庸置疑,19世纪末20世纪初,俄国小城市和农村的小商品生产者破产后纷纷涌入大城市,大城市的人口进一步增长,很多数据均可证实该论断。

《1897年、1917年、1920年和1923年俄国和苏维埃联邦社会主义共和国欧洲部分人口普查中的城市人口》[①] 整理了1897~1917年城市人口的变化资料。虽然这些资料与城市人口总量的关系不大,只论述了特定城市的人口规模,但根据这些资料足可确定城市人口增速与城市规模间的关系,具体数据见表3-19。

---

① Бюллетень Центрального статистического управления. 1923. Всероссийская городская перепись. М., 1923.

表 3-19　1917 年俄国城市和城市人口数量

城市人口规模	城市数量(个)	与 1897 年相比增长率(%)
≥50000 人	14	64.8
10000~50000 人	76	47.1
<10000 人	205	28.3
总计/平均	295	47.8

由表 3-19 中数据可知，上述 20 年间在人口不少于 5 万人的大城市之中，人口增长了 64.8%，在人口少于 1 万人的城市之中，人口增长了 28.3%。

1913 年，根据大城市的人口数据资料足以判断俄国城市人口的集中规模。1913 年，俄国（不含波兰和芬兰）人口不少于 10 万人的大城市数量见表 3-20。

表 3-20　1913 年俄国人口不少于 10 万人的城市

城市	人口数量(千人)	城市	人口数量(千人)
彼得堡	2118.5	伊万诺沃-沃兹涅先斯克	147.4*
莫斯科	1762.7	萨马拉	143.8
里加	558.0	土拉	139.7
基辅	520.5	奥姆斯克	134.8
敖德萨	499.6	基什涅夫	128.2
梯弗里斯	307.3	明斯克	116.7
塔什干	271.9	托木斯克	114.7
哈尔科夫	244.7	下诺夫哥罗德	111.6
萨拉托夫	235.7	雅罗斯拉夫	111.2
巴库	232.2	维捷布斯克	108.2
叶卡捷琳诺斯拉夫	211.1	尼古拉耶夫	103.5
维尔纳	203.8	叶卡捷琳诺达尔	102.2
喀山	194.2	察里津	100.8
罗斯托夫	172.3	奥伦堡	100.1
阿斯特拉罕	151.5	总　计	9346.9

* 1917 年数据。

资料来源：Статистический ежегодник за 1914 г. изд. ЦСК, 1915. стр. 135-136。

在这些城市中生活着 934.7 万人，约占城市人口总量的 40%。除彼得堡（211.85 万人）和莫斯科（176.27 万人）外，上述城市中里加（55.8 万人）、基辅（52.05 万人）和敖德萨（49.96 万人）的人口数量较大。

这些数据无疑证明了列宁在《俄国资本主义的发展》一书中的论断，即大工商业中心的城市人口的增加，比整个城市人口的增加要快得多。①

笔者将研究时期内莫斯科和彼得堡的人口数据与欧俄 50 省城市人口总量的相关数据进行了对比，为了突出差异性，笔者选取了 5 个具有代表性的年份，具体数据见表 3-21。

表 3-21 莫斯科和彼得堡城市人口数量变动

单位：千人，%

年份	欧俄 50 省	莫斯科	彼得堡	莫斯科和彼得堡	莫斯科和彼得堡占比
1811	2854	270.2	335.6	605.8	21.2
1840	4666	349.1	470.2	819.3	17.6
1863	6105	462.5	539.5	1002.0	16.4
1897	12049.3	1038.6	1264.9	2303.5	19.1
1913	18596.8	1762.7	2118.5	3881.2	20.9

由表 3-21 中数据可知，1913 年莫斯科和彼得堡的城市人口数量约占欧俄 50 省城市人口总量的 1/5。

为突出大城市的作用，笔者整理了 1765~1864 年彼得堡人口数量变动数据（见表 3-22）。

1765~1864 年，彼得堡的人口由 15.03 万人增加至 53.91 万人，增长了 2.59 倍。1800~1825 年，彼得堡的人口增长显著，增长了 20 多万人。

---

① В. И. Ленин. Соч. т. 3. стр. 490.

表 3-22 1765~1864 年彼得堡人口数量变动

年份	人口数量（千人）	与 1765 年相比增长率(%)
1765	150.3	—
1780	174.8	16
1789	217.9	45
1800	220.2	47
1812	308.5	105
1817	363.9	142
1825	424.7	183
1833	442.9	195
1837	468.8	212
1850	487.3	224
1852	532.2	254
1858	494.7	229
1864	539.1*	259

* 1864 年人口可能估计过高。
资料来源：本表编制的依据是1922年出版的《彼得格勒统计汇编》，此外还使用了1864年彼得堡第一次人口调查时期中央统计委员会的相关资料。

彼得堡人口快速增长的主要原因之一是各省外出务工人员的大量涌入。基于此，彼得堡的人口自然变动指标堪忧，1764~1860 年，彼得堡平均每1000 人中有 28.4 人为新生人口、31.8 人为死亡人口，人口自然减员为 3.4 人。[①] 1841~1850 年和 1851~1860 年，相关指标也不好。个别年份，彼得堡的真实死亡率很高（1848 年为 65.5‰、1855~1856 年为 52‰~52.5‰、1865 年为 55.9‰）。

此外，笔者还对彼得堡农奴制改革之后的相关数据进行了分析，具体内容见表 3-23。

---

① Статистический сборник по Петербургу и Петербургской губернии. 1922.

第3章　1811~1913年俄国城市人口数量变动的一般特征

表3-23　1864~1917年彼得堡人口数量变动

时期	人口数量（千人）	与1864年相比的增长率（%）
1864年	539.1	—
1869年12月10日	668.0	24
1881年12月15日	928.0	72
1890年12月12日	1033.6	92
1897年1月1日	1264.7	135
1900年12月15日	1439.6	167
1910年12月15日	1905.6	253
1914年年中	2217.5	311
1917年年中	2300.0	327

资料来源：Статистический ежегодник 1918-1920 гг. Вып. II. изд. ЦСУ, 1922. стр. 342; Статистический сборник по Петрограду и Петроградской губернии. 1922。

彼得堡的人口增长速度十分迅猛。1864~1917年，彼得堡的人口由53.91万人增加到230万人，增长了327%。[①]

1869~1917年不同时期，彼得堡的人口年均增长量见表3-24。

表3-24　1869~1917年不同时期彼得堡的人口年均增长量

年份	年均增长量（千人）
1869~1881	22
1881~1897	21
1897~1917	52

З. Г. 弗伦克尔在《列宁格勒的人口和公共设施》一文中，对革命前彼得堡的人口增长原因进行了分析，他指出："大量居民涌入决定了这个城市的发展走向，足以抵偿80年代中期之前因死亡率超过出生率而导致的人口

---

① 必须要强调的是，依照该数据，1864~1869年彼得堡人口数量几乎增加了13万人，但实际上这5年间人口不可能增长这么多。笔者认为，1869年关于彼得堡的人口调查数据可靠性较高，所以1864年的数据可能估计过低。

锐减。从 1885 年开始，人口自然增长也是首都的人口数量增加的原因之一，此时城市居民的出生率超过死亡率。"①

笔者参考了 З. Г. 弗伦克尔和其他相关著作，在此基础上确定了 19 世纪末 20 世纪初彼得堡的人口自然增长规模，具体数据见表 3-25。

表 3-25　19 世纪末 20 世纪初彼得堡的人口自然增长规模

年份	人口自然增长规模（人）
1885~1889	14746
1890~1894	27204
1895~1899	26680
1900~1904	45282
1905~1909	38071
1910~1914	53306

虽然在上述时期内彼得堡的人口自然增长量（绝对值）明显增加，但彼得堡人口数量增加的主要原因仍是外来人口的大量流入。

就改革后而言，人口变动最明显的特征之一是大城市郊区人口的数量快速增加，彼得堡郊区尤为突出（见表 3-26）。

表 3-26　1881~1910 年彼得堡城市及郊区人口数量变动

年份	人口数量（千人）			郊区人口占比（%）
	城市	郊区	总计	
1881	861.3	66.7	928.0	7.2
1890	954.4	79.2	1033.6	7.7
1897	1130.4	134.5	1264.9	10.6
1900	1248.1	191.5	1439.6	13.3
1910	1597.0	308.6	1905.6	16.2

---

① З. Г. Френкель. Петроград периода войны и революции. 1923. стр. 151-155.

由表3-26中数据可知,29年间,彼得堡城市和郊区居民的数量增长超1倍。

笔者还对莫斯科的人口变动状况进行了研究,具体数据见表3-27。

表3-27 1785~1858年莫斯科城市人口数量变动

年份	人口数量(千人)	与1785年相比的增长率(%)
1785	188.7	—
1811	270.2	43
1825	241.5	28
1830	305.6	62
1835	335.8	78
1840	349.1	85
1847	353.3	87
1858	377.8	100

资料来源:Главнейшие предварительные данные переписи г. Москвы 6-го марта 1912 г. М., 1913. стр. 38。

1785~1858年,莫斯科市的人口增加了1倍,从18.87万人增加到37.78万人。1812年,因俄法战争和莫斯科大火,随后几年间人口数量有所减少。《莫斯科战时统计消息》曾对1814年初莫斯科居民的数量进行统计,当时共有男性10.25万人和女性5.95万人,总计16.2万人。[1] 1816年8月,莫斯科共有12.19万名男性和4.46万名女性,总计16.65万人。[2] 1825年,莫斯科的人口数量还未达到战前(1811年)水平。1825~1830年,莫斯科市居民的数量才开始快速增加。

归根结底,影响莫斯科市各年度人口变动的主要指标仍是社会经济因素。

根据内务部杂志上刊登的相关数据,1830~1843年,因莫斯科商业

---

[1] Сын Отечества. 1814. ч. 17. № 39.
[2] Сын Отечества. 1817. ч. 36.

和工场手工业的发展，每年甚至每个月（个别时期）人口数量都会变化，城市居民数量有时会增加至 40 万人，有时也会减少到 30 万人。[①]需着重强调的是，正如杂志中所描述的那样，随后十年，莫斯科的人口数量经常出现巨大波动。粮食歉收对首都工业和全体工人的生活质量均有重大影响，如 1842 年，大工厂的工人、技工院校的手艺人，以及所有相关工作人员减少了 69712 人。尽管如此，据警察局的相关数据，十年间莫斯科的人口平均数为 34 万人，包括 209000 名男性和 131000 名女性。

笔者在人口调查和人口普查数据基础上对改革后莫斯科的人口数量变动进行了分析，具体数据见表 3-28。

表 3-28　1871 年至 1917 年 9 月莫斯科人口数量变动

时期	人口数量（千人）	与 1871 年相比的增长率（%）
1871 年	602.7	—
1882 年	753.5	25
1897 年	1038.6	72
1902 年	1174.7	95
1907 年	1345.7	123
1912 年	1617.7	168
1913 年	1762.7	192
1917 年 9 月	1854.4	208

资料来源：Стастический ежегодник г. Москвы и Московской губернии. вып. II. 1927. стр. 9。

1871 年至 1917 年 9 月，莫斯科市的人口数量增长了 2 倍多，由 60.27 万人增加到 185.44 万人。1897 年至 1917 年 9 月莫斯科的人口增长也十分显著，20 年间增加了 81.58 万人。笔者研究后发现，1871～1917 年不同时期莫斯科市的人口绝对数量均在增加，具体数据见表 3-29。

[①] Журнал Министерства внутренних дел. 1844. ч. 7. стр. 421.

表 3-29　1871~1917 年不同时期莫斯科人口年均增长量

时期	年均增长量(千人)
1871~1882 年	15
1882~1897 年	19
1897~1907 年	31
1907 年至 1917 年 9 月	51

1907 年至 1917 年 9 月,莫斯科市人口年均增长量为 5.1 万人,伟大的十月社会主义革命来临之前,莫斯科的人口数量达 185.44 万人。

在莫斯科市政局出版的著作中也公布了有关 1872~1911 年莫斯科人口年均增长量的相关数据[①],并将其分成居民自然增长和外来移民增长两部分,具体数据见表 3-30。

表 3-30　1872~1911 年莫斯科人口增长

单位:人

增长方式	1872~1881 年	1882~1896 年	1897~1901 年	1902~1906 年	1907~1911 年
自然增长	1752	3209	5271	8904	13450
外来移民	13398	15799	21945	25311	40800
总　计	15150	19008	27216	34215	54250

由表 3-30 中数据可知,虽然莫斯科自然增长的人口数量逐年提升,但其在莫斯科增加人口中的占比并不是很高。由 1902~1911 年数据可知,自然增长人口的占比仅为 1/4 左右。

随着大工业的快速发展,城市工人数量快速增加。笔者在很多著作中均发现了有关莫斯科郊区人口的相关数据。

В.Г.米哈伊洛夫斯基公布了 1871~1917 年莫斯科城市和郊区人口的相关数据,具体内容见表 3-31。

---

① Современное хозяйство города Москвы. М., 1913. стр. 14.

表 3-31　1871~1917 年莫斯科城市和郊区人口数量变动

时期	人口数量(千人)			郊区人口占比(%)
	城市	郊区	总计	
1871 年	262	340	602	56.5
1882 年	316	437	753	58.0
1897 年	357	685	1042	65.7
1902 年	357	822	1179	69.7
1907 年	383	967	1350	71.6
1912 年	436	1182	1618	73.1
1915 年	519	1465	1984	73.8
1917 年 1~2 月	514	1530	2044	74.9
1917 年 12 月 17 日	446	1409	1855	76.0

资料来源：В. Г. Михайловский. Записка о будущем населении Москвы и его распределении. Материалы к проектированию III очереди канализации г. Москвы. вып. II. М., 1926. стр. 55-57。

1871 年至 1917 年 12 月 17 日，莫斯科城市和郊区人口数量总体呈增加趋势，其中郊区人口占比不断提升，且提升速度很快，由 56.5% 增加到 76.0%。

莫斯科郊区的人口增长率明显高于莫斯科城市人口的增长率。[①]

---

① Пригороды и поселки Московской губернии. Экономическо-статистический сборник. вып. VI. М., 1913. стр. 59.

第4章
俄国城市人口的形成过程

在本章中，笔者系统地整理了描述城市人口形成过程的主要材料，这些材料包括城市人口的阶层分布、城市人口总体增长过程中外来人口的作用、外来人口的来源地及其在城市的居住时间。值得一提的是，除一般性指标外，笔者还试图提供一些较大城市人口的详细数据和资料，借此突出研究重点。

一 城市人口的阶层构成

在研究俄国城市人口形成过程时，城市人口的阶层构成首先引起了笔者的研究兴趣。这些指标对阐释19世纪初以来俄国城市人口的社会结构十分重要。笔者查阅了1811~1897年众多城市人口的相关资料，还分析了1897年之后首都和其他一些城市人口的资料。

K. 赫尔曼相关著作中含有19世纪初俄国城市人口分布的详细信息①，在这些数据的基础上，笔者编制了表4-1。

在编制表格时，笔者也尽可能纠正了K. 赫尔曼计算中的部分错误。

在研究城市人口构成时应该提及"军人"和"其他"阶层，在K. 赫尔

---

① К. Герман. Указ соч. ч. I. СПб., 1819. стр. 303-304.

曼的著作中我们也找到了一些语句，"在这些表格中两类城市人口应与其他城市人口区分开来"。

表4-1 1811年俄国城市人口的阶层构成

阶　层	人口数量（千人）	占城市人口的比例（%）
贵　族	112.2	4.2
宗教人员	53.2	2.0
商　人	201.2	7.4
小市民	949.9	35.1
军　人	176.3	6.5
仆　人	195.3	7.2
其　他*	1017.7	37.6
总　计	2705.8	100.0

*在"其他"阶层中，不同类型的农民占主导地位。

值得一提的是，这里提及的军人并不是前线部队中的军人，而是内部警卫、警察、保卫各办公部门和公共场所的士兵，以及在城市内居住的各阶层未退役士兵。"其他"一栏中的居民泛指外国人，农民，从事特殊行业、生活在城市内的居民，以及非贵族和军官出身的文员和公务员。[①]

为更好地研究城市人口构成，笔者对1840年俄国城市人口阶层的数据进行了分析，具体数据见表4-2。

表4-2 1840年俄国城市人口的阶层构成

阶　层	人口数量（千人）	占城市人口的比例（%）
贵族和官员	246.5	5.0
宗教人员	53.2	1.1
荣誉市民	4.8	0.1

---

① О народонаселении. ч. Ⅰ. СПб., 1819. стр. 271.

续表

阶 层	人口数量（千人）	占城市人口的比例（%）
商 人	219.4	4.5
小市民和工商业者	2284.2	46.8
其 他	2078.9	42.5
总 计	4887.0	100.0

资料来源：данные, опубликованных в Статистических таблицах о состоянии городов Российской империи, составленных в статистическом отделении Совета Министерства внутренних дел. СПб., 1842。

由表4-2中数据可知，1840年城市人口中荣誉市民、商人、小市民和工商业者的占比为51.4%，而1811年商人、小市民的占比为42.5%。

笔者认为，这些数据还不够完整，但在当时的俄国，很大一部分城市人口没有准确的阶层划分。

值得一提的是，随后几年城市人口的阶层构成发生了变化。А. 布希纳在《1858年俄国人口状况》中公布了中央统计委员会的材料[1]，并按照阶层属性对城市人口的阶层构成进行了分析，具体数据见表4-3。

表4-3　1858年欧俄城市人口的阶层构成

阶 层	人口数量（千人）	占城市人口的比例（%）
贵族和官员	291.7	5.2
僧 侣	91.7	1.6
市 民	3051.6	54.7
农 民	1128.9	20.2
军 人	786.7	14.1
异族人	2.3	0
不属于上述阶层的人	193.0	3.5
外国人	37.0	0.7
总 计	5582.9	100.0

---

[1] Статистические таблицы Российской империи, издаваемые Центральным статистическим комитетом, . вып. Ⅱ. СПб., 1863. стр. 276-291.

由表 4-3 中数据可知，已知阶层属性的市民（荣誉市民、商人、小市民、车间工人等）共有 305.16 万人，占城市总人口的 54.7%。军人阶层共有 78.67 万人，占城市总人口的 14.1%。

A. 布希纳认为，城市总人口中至少有 112.89 万名农民，该阶层占城市人口总量的 20.2%。他认为，城市中农民数量快速增加的原因是大工业的快速发展，工人需求量大增。值得一提的是，不同地区城市内农民的数量各异，笔者选取部分省份进行了分析，这些省份中农民的占比均超过 20%，具体数据见表 4-4。

表 4-4 部分省份城市人口中农民的占比

省 份	农民占比（%）
哈尔科夫	56.48
奔萨	49.87
莫斯科	48.37
彼得堡	44.51
彼尔姆	36.88
波尔塔瓦	31.39
辛比尔斯克	24.71
喀山	23.29
切尔尼戈夫	23.12
下诺夫哥罗德	22.24
萨拉托夫	20.09

笔者还掌握了 1858 年俄国城市人口的阶层和性别分布数据，具体数据见表 4-5。

表 4-5 1858 年俄国城市人口的阶层和性别分布

阶层	男性（千人）	女性（千人）	男性和女性（千人）	1000 个男性对应的女性数量（人）
贵族和官员	151.8	139.9	291.7	922
僧侣	46.2	45.5	91.7	985
市民	1491.3	1560.3	3051.6	1046
农民	645.9	483.0	1128.9	748
军人	567.4	219.3	786.7	386

续表

阶层	男性（千人）	女性（千人）	男性和女性（千人）	1000个男性对应的女性数量（人）
异族人	1.2	1.1	2.3	917
不属于上述阶层的人	113.5	79.5	193.0	700
外国人	23.0	14.9	37.9	648
总计/平均	3040.3	2543.5	5583.8	836

资料来源：Статистические таблицы Российской империи, издаваемые Центральным статистическим комитетом. вып. II. СПб., 1863。

由表4-5中数据可知，在所有城市人口中，每1000名男性对应着836名女性。然而，城市不同阶层的情况各异。例如，市民（商人、荣誉市民、小市民、车间和手工作坊工人）中每1000名男性对应1046名女性，农民中每1000名男性对应748名女性，军人中每1000名男性对应386名女性。

1897年第一次人口普查资料中含有俄国全部城市人口的阶层属性，因此该数据最具代表性，具体数据见表4-6。

表4-6 1897年俄国城市人口的阶层构成

阶 层	人口数量（千人）	占比（%）
贵 族	1048.6	6.2
僧 侣	166.0	1.0
荣誉市民	183.9	1.1
商 人	225.6	1.3
小市民	7449.3	44.3
农 民	6526.1	38.8
哥萨克	171.9	1.0
异族人	619.1	3.7
不属于上述阶层的人	191.1	1.1
外国人	247.3	1.5
总 计	16828.9	100.0

注：本表根据1897年1月28日进行的俄国第一次人口普查数据编制。
资料来源：Общий свод по империи результатов разработки данных первой всеобщей переписи населения, произведенной 28 января 1897 г. т. I. СПб., 1905. стр. 160-163。

以上数据表明，1897年，城市人口中农民、哥萨克和异族人的数量明显增加。这三个群体占城市人口总量的43.5%。

如果仔细研究城市居民的性别指标，就可确定城市人口中男性占主导地位，这在很大程度上是农民和相关群体大量涌入的结果，具体数据见表4-7。

表4-7　1897年俄国城市人口的阶层和性别分布

阶　层	男性(千人)	女性(千人)	男性和女性(千人)	1000个男性对应的女性数量(人)
贵　族	499.4	549.2	1048.6	1100
宗教人员	85.3	80.7	166.0	946
荣誉市民	96.4	87.5	183.9	908
商　人	109.9	115.2	225.1	1048
小市民	3612.9	3836.4	7449.3	1062
农　民	3820.6	2705.5	6526.1	708
哥萨克	101.7	70.2	171.9	690
异族人	341.7	277.4	619.1	812
不属于上述阶层的人	94.1	97.0	191.1	1031
外国人	150.1	97.2	247.3	648
总计/平均	8912.1	7916.3	16828.4	888

注：本表根据1897年1月28日进行的俄国第一次人口普查数据编制。

资料来源：Общий свод по империи результатов разработки данных первой всеобщей переписи населения, произведенной 28 января 1897 г. т. I. СПб., 1905. стр. 160-163。

由表4-7中数据可知，在城市人口中数量最多的农民群体中，每1000名男性对应着708名女性。究其原因，是因为在城市工商企业中务工的农民并未举家迁移至城市。

除了上述指标外，莫斯科和彼得堡的人口阶层分布也颇为有趣。值得注意的是，俄国最大工商业中心的人口阶层构成与其他城市明显不同。

《莫斯科统计描述》曾公布了1788~1794年、1834~1840年莫斯科人口的阶层构成数据①，具体数据见表4-8。

---

① Статистическое описание Москвы. ч. I. М., 1841. стр. 262-264.

表 4-8　1788~1794 年、1834~1840 年莫斯科人口的阶层构成

阶　层	人口数量（千人）		占全体人口的比例（%）	
	1788~1794 年	1834~1840 年	1788~1794 年	1834~1840 年
贵　族	8.6	15.7	4.9	4.7
僧　侣	3.6	8.2	2.0	2.5
底层官员和平民知识分子	17.6	27.7	10.1	8.3
商　人	11.9	17.8	6.8	5.3
小市民和手工业者	9.1	75.3	5.2	22.5
军　人	7.0	33.7	4.0	10.1
农　民	53.7	84.5	30.7	25.2
奴　仆	61.3	67.0	35.0	20.0
外国人	2.2	4.8	1.3	1.4
总　计	175.0	334.7	100.0	100.0

1788~1794 年，小市民和手工业者、农民、奴仆占莫斯科总人口的 71%，1834~1840 年其占比为 68%。45 年间，小市民和手工业者群体的占比明显增加，奴仆的占比开始减少。①

В. 安德罗索夫也对莫斯科人口的构成进行了分析，他指出 19 世纪 30 年代初，莫斯科人口中约有一半是奴仆和农民，高阶层人口的占比为 1/6。在莫斯科，除从事体力劳动的部分人口外，无任何生产工具的居民占一半以上。②

《莫斯科的市民阶层》一文曾指出，1844~1845 年，莫斯科雇佣劳动者中小市民的数量明显减少，究其原因是大量地主农民进入城市中务工，抢占

---

① 农奴数量的减少发生在 1812 年之后。由 1823 年《莫斯科公报》第 14 号附表中公布的莫斯科人口数量表中，笔者得出了如下结论：1812 年以前莫斯科的总人口为 257100 人，其中农奴有 84900 人，占比为 33.0%；1822 年，莫斯科的总人口为 234000 人，其中农奴 53500 人，占比为 22.8%。

② В. Андросов. Статистическая записка о Москве. М., 1832. стр. 63-64.

了他们的工作岗位。①

1861年农奴制改革后莫斯科城市人口阶层构成的变化见表4-9。

表4-9 1871~1902年莫斯科人口的阶层构成

阶 层	人口数量（千人）			占总人口的比例（%）		
	1871年	1882年	1902年	1871年	1882年	1902年
贵族*	48.2	55.8	59.6	8.0	7.4	5.0
僧侣	11.2	13.1	10.6	1.9	1.7	0.9
荣誉市民	7.1	9.2	40.7	1.2	1.2	3.5
商人	29.2	22.9	18.5	4.8	3.0	1.6
小市民和车间工人	153.9	181.2	227.6	25.6	24.1	19.4
农民	260.4	370.7	789.3	43.2	49.2	67.2
底层官员	15.7	—		2.6	—	
退役、无限期休假的军人及其家属	60.6	71.6	—	10.1	9.5	—
外国人	6.9	10.9	14.7	1.1	1.5	1.3
其他	8.8	18.1	13.7	1.5	2.4	1.1
总 计	602.0	753.5	1174.7	100.0	100.0	100.0

* 1871年和1882年，除了世袭贵族和个人贵族外，还包括非贵族出身的高级官员和军官。

资料来源：Таблица составлена на основании следующих источников: Перепись Москвы 1882 г., вып. II, Население и занятия. М., 1885; Перепись Москвы 1902 г., ч. I. Население. вып. II. М., 1901; Главнейшие предварительные данные переписи Москвы 31 января 1902 г., вып IV. Население по семейному состоянию и сословиям. Составил В. И. Массальский. М., 1904. 1912年人口普查数据因未公布而无法使用。

值得一提的是，就农民而言，无论是绝对数量，还是他们在总人口中的占比，均持续增长。笔者在核算莫斯科人口中农民的占比时考虑了 В. И. 马萨斯基的意见。马萨斯基曾指出，1902年莫斯科人口普查数据中农民的数据与1882年莫斯科人口普查数据完全没有可比性，因为在1882年人口普查过程中，现役下级军官和退役士兵（其中有相当多农民）并没有按阶层分类，而是单独列出；在1902年莫斯科人口普查期间，士兵被纳入了其应属

---

① 《Журнал Министерства внутренних дел》 № 1. 1847. стр. 79-80.

的阶层之中。①

笔者认为，即使我们将小官员和无限期休假的士兵群体完全纳入农民群体，与1871年和1882年相比，1902年莫斯科人口中农民人数的占比仍然非常高。这种现象与莫斯科资本主义工商业的发展密切相关，大量农民赴工厂务工导致其占比逐步增加。

有关1801~1910年彼得堡城市人口阶层属性的很多文献均被保留。在这期间，彼得堡人口的增长速度非常快。在《彼得堡全景》一书中含有大量有关19世纪前30年彼得堡人口阶层构成的数据，笔者根据这些数据编制了表格，具体数据见表4-10。

表4-10 1801~1831年彼得堡人口的阶层构成

阶层	人口数量（千人）				占总人口的比例（%）			
	1801年	1811年	1821年	1831年	1801年	1811年	1821年	1831年
贵族	13.2	23.1	40.3	42.9	6.5	7.7	9.5	9.6
僧侣	0.5	0.6	2.0	1.9	0.2	0.2	0.5	0.4
商人	14.3	7.2	10.0	6.8	7.1	2.4	2.4	1.5
小市民和车间工人	23.4	37.2	31.4	56.2	11.6	12.5	7.4	12.5
平民知识分子	35.0	66.6	59.2	63.1	17.3	22.4	14.0	14.1
农民	50.5	74.4	108.0	117.5	25.0	25.0	25.6	26.2
奴仆	26.1	28.3	91.8	98.1	12.9	9.5	21.7	21.9
军人	39.1	48.1	66.9	45.8	19.4	16.2	15.8	10.2
外国人	—	12.3	13.3	13.0	—	4.1	3.1	2.9
其他	—	—	—	2.9	—	—	—	0.7
总计	202.1	297.8	422.9	448.2	100.0	100.0	100.0	100.0

因书中没有列出数据来源，所以无法验证这些数据的可靠性，但通过这些数据可以判断1801~1831年彼得堡人口的构成和变化。

与整个俄国城市人口的指标相比，彼得堡人口中农民和奴仆的占比更

---

① Главнейшие предварительные данные переписи г. Москвы 31 января 1902 г. вып. IV. Население по семейному состоянию и сословиям. Составил В. И. Массальский. вып. IV. М., 1904. стр. 16.

高。1811~1821 年，奴仆群体数量的增加十分显著，其占比由 9.5% 增加到 21.7%。笔者认为，这可能是 1812 年莫斯科大火后一部分贵族迁往彼得堡的结果。

1821~1831 年，农民和奴仆占彼得堡总人口的 47% 左右。首都的行政和军事职能也使得彼得堡境内贵族和军人的占比明显高于其他大城市。

《彼得堡统计信息》中含有 1838 年彼得堡奴仆数量的相关评论信息。

"据统计，有身份信息的奴仆数量超过 50000 人，许多人并不进入工厂工作，他们从事各种手艺活，如裁缝和鞋匠等；他们中的一大部分人还为商人、异族人和外国人服务。"[①]

1843 年彼得堡的人口构成发生了变化，此时的人口构成见表 4-11。

表 4-11　1843 年彼得堡人口构成

阶　层	人口数量（人）	占总人口的比例（%）
Ⅰ. 工商阶层		
商人	11422	2.1
小市民和工商业者	44958	8.4
车间工人	15277	2.9
其他	1511	0.3
上述居民总计	73168	13.7
Ⅱ. 僧侣	2218	0.4
Ⅲ. 享有社会福利的阶层		
公职人员	32467	6.1
退职者	16906	3.2
上述居民总计	49373	9.2
Ⅳ. 平民阶层		
平民	94175	17.6
农民	101008	18.8
奴仆	56321	10.5
其他	36125	6.7
上述居民总计	287629	53.7

---

① СПб., 1836. стр. 123-124.

续表

阶　层	人口数量（人）	占总人口的比例（%）
Ⅴ．底层军人	94175	17.6
Ⅵ．外国人	14006	2.6
Ⅶ．各机构的毕业生	15337	2.9
总　计	535906	100.0

资料来源：данные, опубликованных в статье Население С.-Петербургской столицы в 1843 г. Журнал министерства внутренних дел. 1844. ч. Ⅴ。应该指出的是，笔者对计算进行了一些必要的修正，并发现有少部分人口没有按阶层划分。

应该指出的是，在1843年彼得堡的人口构成中，只有13.7%属于市民阶层（表4-11中第一类阶层）。农民和奴仆的占比非常高。

1869~1910年彼得堡人口构成的相关信息见表4-12。

表4-12　1869~1910年彼得堡人口的阶层构成

阶　层	人口数量（千人）				占总人口的比例（%）			
	1869年	1891年	1900年	1910年	1869年	1891年	1900年	1910年
贵族	94.6	108.2	116.6	137.8	14.2	11.7	8.1	7.2
僧侣	6.1	7.5	7.3	9.3	0.9	0.8	0.5	0.5
荣誉市民	7.0	11.3	48.4	77.2	1.0	1.2	3.4	4.1
商人	22.3	20.9	15.1	13.6	3.3	2.3	1.0	0.7
小市民和车间工人	140.9	182.2	275.1	294.9	21.2	19.7	19.2	15.5
农民	207.0	389.9	908.8	1310.5	31.1	42.0	63.3	68.7
底层官员	39.7	34.6	—	—	6.0	3.7	—	—
退役、无限期休假的军人及其家属	92.3	95.6	—	—	13.8	10.2	—	—
芬兰人	17.2	24.4	21.4	17.1	2.6	2.6	1.5	0.9
外国人	21.3	27.8	23.8	22.9	3.2	3.0	1.7	1.2
其　他	17.8	26.2	18.4	22.3	2.7	2.8	1.3	1.2
总　计	666.2	928.6	1434.9	1905.6	100.0	100.0	100.0	100.0

资料来源：Санкт-Петербург по переписи 10 декабря 1869 г. вып. I. СПб., 1872; С.-Петербург по переписи 15 декабря 1881 г. Население. ч. I. СПб., 1883; С.-Петербург по переписи 15 декабря 1900 г. Население. СПб., 1903; Петроград по переписи 15 декабря 1910. Пг., 1915.

彼得堡和莫斯科人口增加的主要原因是大量农民涌入首都，他们的绝对数量和占比不断提升。1910 年，在彼得堡（含郊区）的 190.56 万人口中，农民的数量为 131.05 万人，占比为 68.7%，农民及小市民和车间工人占彼得堡总人口的 84.2%。应着重强调的是，我们比较 1900 年彼得堡的人口普查数据和 1902 年莫斯科的人口普查数据后发现，莫斯科总人口中农民的占比略高于彼得堡。在彼得堡也发现了与莫斯科类似的过程，即总人口中荣誉市民的占比增加，商人阶层的占比降低。

农奴制改革后，随着城市人口数量的整体增加，城市阶层（荣誉市民、商人、小市民和车间工人）的占比明显下降。与此同时，前往城市寻找工作的农民占比显著增加。

二 城市人口的来源

在阐述俄国城市人口构成时必须注意城市人口形成的另一指标，即城市人口的出生地。1897 年第一次人口普查资料确定了俄国（不含波兰和芬兰）城市人口的出生地，具体数据见表 4-13 和表 4-14。

表 4-13 1897 年俄国按出生地划分的人口数量

出生地	人口数量（千人）					占总人口的比例（%）				
	欧俄 50 省	高加索	西伯利亚	中亚	总计	欧俄 50 省	高加索	西伯利亚	中亚	总计
在同一县城出生和生活者	6287.4	640.6	202.4	687.0	7817.4	52.2	53.4	41.6	73.5	53.3
在本省其他县城出生者	2033.6	137.0	65.1	33.1	2268.8	16.9	11.4	13.4	3.5	15.5
在其他省出生者	3645.3	372.4	195.4	190.1	4403.3	30.2	31.0	40.2	20.4	30.0
在其他国家出生者	83.0	50.2	23.0	24.1	180.3	0.7	4.2	4.8	2.6	1.2
总计	12049.3	1200.2	485.9	934.4	14669.8	100.0	100.0	100.0	100.0	100.0

资料来源：根据 1897 年 1 月 28 日进行的俄国第一次人口普查数据编制。Данные первой всеобщей переписи населения, произведенной 28 января 1897 г. т. I СПб., 1905. стр. 102-103。

表 4-14　1897 年俄国按出生地和性别划分的人口数量

出生地	性别	人口数量（千人）					占总数的比例（%）				
		欧俄50省	高加索	西伯利亚	中亚	总计	欧俄50省	高加索	西伯利亚	中亚	总计
在同一县城出生和生活者	男性	2971.5	321.4	96.1	365.4	3754.4	47.1	47.1	35.0	69.6	48.2
	女性	3315.9	319.2	106.3	321.6	4063.0	57.9	61.7	50.3	78.5	59.2
在本省其他县城出生者	男性	1072.8	83.2	33.3	20.0	1209.3	17.0	12.2	12.1	3.8	15.4
	女性	960.8	53.9	31.8	13.1	1059.6	16.8	10.4	15.0	3.2	15.4
在其他省出生者	男性	2230.0	240.5	123.6	123.6	2717.7	35.3	35.2	45.1	23.5	34.8
	女性	1415.3	132.0	71.8	66.5	1685.6	24.7	25.5	33.9	16.3	24.5
在其他国家出生者	男性	46.7	37.7	21.4	16.1	121.9	0.7	5.5	7.8	3.1	1.6
	女性	36.3	12.5	1.6	8.0	58.4	0.6	2.4	0.9	2.0	6.8
总　　计	男性	6321.0	682.7	274.4	525.1	7803.2	100.0	100.0	100.0	100.0	100.0
	女性	5728.3	517.5	211.4	409.2	6866.6	100.0	100.0	100.0	100.0	100.0

资料来源：根据 1897 年 1 月 28 日进行的俄国第一次人口普查数据编制。Данные первой всеобщей переписи населения, произведенной 28 января 1897 г. т. I СПб., 1905. стр. 102-103。

由 1897 年人口普查数据可知，一半以上的城市人口（53.3%）是在同一县城出生和生活的本地人，其余 46.7% 是出生在同省且居住在不同县的本地人，抑或其他省份生人和在其他国家出生的人。在西伯利亚城市人口中，在其他省出生的人口占比更高，达 40.2%。

在表 4-14 的基础上，笔者对城市人口中男性和女性的数量和占比进行了核算。这些数据可帮助我们确认城市中男性人口的迁移过程。

在同一县城出生和生活的人口中男性人口的占比为 48.2%，女性人口的占比为 59.2%。在其他省出生的人口中，男性占 34.8%，女性占 24.5%。

关于欧俄个别地区城市人口中非本地出生人口的数据见表 4-15。

1897 年人口数据显示，首都内非本地出生人口的占比最高，其中莫斯科市和彼得堡市中该类人口的占比分别为 73.7% 和 68.7%。奔萨省、梁赞省、切尔尼戈夫省和库尔斯克省的非本地出生人口的占比相对较低（不到 30%），只因这些省份中小城市数量众多。

由 1897 年人口普查数据可知，俄国城市人口数据中关于出生地的信息

表 4-15　1897 年欧俄个别地区城市人口中的非本地出生人口

地　区	人口数量（千人）		非本地出生人口占比（%）
	总计	非本地出生人口	
俄国	12049.3	5761.8	47.8
其中包括：			
莫斯科省	1134.4	806.3	71.1
莫斯科市	1038.6	766.0	73.8
彼得堡省	1421.8	979.6	68.9
彼得堡市	1264.9	868.7	68.7
利夫兰省	380.8	215.7	56.7
爱沙尼亚省	77.1	43.7	56.7
喀山省	185.6	103.1	55.5
顿河哥萨克军区	318.7	175.6	55.1
彼尔姆省	179.3	93.9	52.4
库尔兰省	155.8	81.5	52.3
叶卡捷琳诺斯拉夫省	241.0	125.7	52.2
雅罗斯拉夫省	146.3	76.0	51.9
阿斯特拉罕省	135.2	68.5	50.7
奥伦堡省	152.6	76.3	50.0
塔夫里达省	289.3	141.9	49.0
基辅省	459.3	221.7	48.3
下诺夫哥罗德省	143.0	68.8	48.1
萨拉托夫省	309.5	147.9	47.8
维尔纳省	198.0	90.8	45.9
萨马拉省	158.8	72.9	45.9
赫尔松省	789.0	360.2	45.7
其中：敖德萨市	403.8	227.9	56.4
弗拉基米尔省	190.6	86.0	45.1
科夫诺省	143.1	62.5	43.7
辛比尔斯克省	108.1	46.6	43.1
维亚特卡省	95.6	39.9	41.7
乌法省	107.3	43.5	40.5
斯摩棱斯克省	120.9	48.7	40.3
维捷布斯克省	215.9	86.2	39.9
格罗德诺省	254.6	97.3	38.2

续表

地 区	人口数量（千人）		非本地出生人口占比（%）
	总计	非本地出生人口	
沃伦省	233.8	87.7	37.5
科斯特罗马省	94.4	35.2	37.3
哈尔科夫省	367.3	136.7	37.2
土拉省	172.0	63.4	36.9
沃洛格达省	63.0	23.0	36.5
阿尔汉格尔斯省	34.0	12.4	36.5
沃罗涅日省	169.6	61.7	36.4
普斯科夫省	72.6	26.4	36.4
卡卢加省	95.3	34.4	36.1
明斯克省	224.9	80.8	35.9
奥廖尔省	244.0	86.2	35.3
特维尔省	154.8	53.8	34.8
唐波夫省	226.3	77.4	34.2
诺夫哥罗德省	85.5	28.4	33.2
波多利斯克省	221.9	73.3	33.0
波尔瓦塔省	274.3	90.0	32.8
莫吉廖夫省	147.2	46.4	31.5
奥洛涅茨省	25.5	7.8	30.6
比萨拉比亚省	293.3	88.7	30.2
奔萨省	139.8	40.7	29.1
梁赞省	169.9	47.9	28.2
切尔尼戈夫省	209.5	49.4	23.6
库尔斯克省	221.5	49.1	22.2

并不能充分反映工业中心外来人口的增长过程，只因小城镇的人口未被考虑在内。相较而言，大城市中外来人口的占比要高得多。可惜的是，现有数据中关于首都和其他一些大城市人口的材料众多，很少有数据涉及小城市。

根据1897年人口普查数据，乌克兰城市人口中非本地出生人口的占比随着当地城市向大城市的过渡而提高。

在1897年的人口普查数据中，当地人指的不仅是在城市出生的本地人，还包括在本省县城出生的本地人,具体数据见表 4-16。因此,真正意义上当地人的占比可能稍高,而城市人口中外来人口的占比与城市规模密切相关。①

表 4-16　1897 年城市人口中当地人的数量和占比

城市人口规模	人口数量(人)	本地人(人)	本地人占比(%)
≥100000 人(4 个)	938366	357766	38.1
50000~100000 人(7 个)	448532	250490	55.8
20000~50000 人(17 个)	463153	279049	60.2
10000~20000 人(46 个)	649829	502311	77.3
<10000 人(53 个)	367043	310124	84.5
总计(127 个)	2866923	1699740	59.3

根据 1897 年人口普查数据同样可确定俄国人口流向的省份和城市,相关数据可参见表 4-17。

表 4-17　1897 年欧俄地区部分省份城市内非本地出生人口数量

单位:千人

出生地	非本地出生人口
土拉	155.9
雅罗斯拉夫	152.2
卡卢加	148.0
库尔斯克	122.8
基辅	121.6
斯摩棱斯克	111.8
奥廖尔	112.4
波多利斯克	103.1
弗拉基米尔	100.8
沃罗涅日	100.8

---

① Труды комиссии по изучению перспектив развития городов. вып. I - II. Харьков. , 1930. стр. 120.

续表

出生地	非本地出生人口
波尔瓦塔	99.7
唐波夫	99.1
特维尔	222.1
梁赞	180.1
莫斯科	97.1
科夫诺	96.5
诺夫哥罗德	94.3
维捷布斯克	85.6
切尔尼戈夫	85.3
库尔兰	84.3
科斯特罗马	84.0
维亚特卡	82.8
萨马拉	81.4
沃伦	81.2
维尔纳	80.8
欧俄 50 省	4128.8

资料来源：Общий свод по империи результатов разработки данных первой переписи населения, произведенной 28 января 1897 г. СПб., 1905. ч I. стр. 118-119。

值得一提的是，特维尔、梁赞、土拉、雅罗斯拉夫和卡卢加居住在出生省份以外的人口占总人口的比例分别为 76.8%、52.2%、59.8%、84% 和 62.3%。

В. В. 波克希舍夫斯基对西伯利亚城市中外来人口的来源进行了分析，他指出："改革后西伯利亚仍是俄国的边疆区，工业发展相对薄弱，城市人口虽得到了补充，但大多是内地居民迁移的居民。"① 他还提供了有关西伯利亚城市人口来源的资料，具体数据见表 4-18。

---

① В. В. Покшишевский. Заселение Сибири. Иркутск., 1951. стр. 137.

表 4-18　西伯利亚地区城市人口的来源

	数量（千人）	占比（%）
本地人*	233.3	46.1
非本地人（包括本省其他县的本地人口）	72.3	14.3
西伯利亚其他省份生人	45.4	9.0
非西伯利亚生人的本地人	154.7	30.6

*"本地人"一词指的是人口普查中本省本县的人（B.B.波克希舍夫斯基的注解）。

表 4-18 摘取了 1897 年人口普查数据中有关托博尔斯克、托木斯克、叶尼塞斯克、伊尔库茨克、后贝尔加尔斯克，以及这些省份中部分城市，如奥姆斯克、彼得罗巴甫洛夫斯克、科切塔夫、库斯塔奈、阿克托贝、塞米巴拉金斯克、巴甫洛达尔和乌斯特-卡缅诺戈尔斯克的人口普查数据。

对于这些数据，B.B.波克希舍夫斯基曾进行过分析："西伯利亚城市人口中近 1/3 居民是非西伯利亚人，约 1/4 是非本地人。值得一提的是，西伯利亚城市人口主要来自本省，近一半人是本地人。此处所指的城市中非西伯利亚生人中相当一部分人是来自西伯利亚的某些村庄。这些农民是第一辈定居者，不知何故他们从村庄搬到了城市，或者暂时留在了城市之中。因此，西伯利亚农村居民对该地城市人口形成的实际贡献比人口普查结果显示的还要高。"

根据改革后莫斯科和彼得堡人口普查的相关材料可知首都人口源于何地，具体数据见表 4-19。

表 4-19　1871 年莫斯科农民的出生地

	数量（千人）	占全体农民的比例（%）
农民总数	256.1	100.0
包括以下省：		
莫斯科	105.0	41.0
卡卢加	27.4	10.7
斯摩棱斯克	23.6	9.2

续表

	数量（千人）	占全体农民的比例（%）
土拉	20.0	7.8
特维尔	19.8	7.7
雅罗斯拉夫	19.6	7.7
梁赞	13.4	5.2
弗拉基米尔	7.8	3.0
科斯特罗马	2.7	1.1

资料来源：根据1871年12月12日莫斯科人口普查山区居民统计数据编制，参见 Москвы по переписи 12 декабря 1871 г. М., 1874. стр. 76-77。

1871年，来自9个省的农民占莫斯科农民总量的93.4%。1871年数据显示，虽然莫斯科周边少数省份的农民大量涌入莫斯科，但莫斯科农民仍主要来自本省。

为更好地确定莫斯科外来居民人口数据，笔者对1902年12个省流入莫斯科的居民数量进行统计，具体数据见表4-20。

表4-20　1902年莫斯科外来人口数量及占比*

	数量（千人）	占比（%）
来自欧俄各省外来人口总计	772.6	100.0
包括如下省份：		
莫斯科	214.6	27.8
土拉	99.6	12.9
梁赞	94.8	12.3
卡卢加	67.4	8.7
斯摩棱斯克	48.6	6.3
特维尔	41.7	5.4
弗拉基米尔	39.8	5.2
雅罗斯拉夫	23.2	3.0
唐波夫	13.0	1.7
彼得堡	10.4	1.3
奥廖尔	10.3	1.3
科斯特罗马	8.9	1.2

资料来源：根据1902年莫斯科人口普查数据编制，参见 Перепись Москвы 1902 г. ч. I. вып. II. М., 1906. стр. 24-27。

1902 年，上述 12 个省共有 67.23 万人进入莫斯科，占莫斯科欧俄各省外来居民总量的 87.0%。与 1871 年相比，20 世纪初，这些省份进入莫斯科的人口数量不断增加。

1902 年的人口普查资料显示："莫斯科作为一个大型工业中心，位于欧俄地区的中央，借助稠密的铁路网络与周边各省相连，作为一个大城市，吸引着大量劳动力……最后，作为一个文化中心，科学家和教育机构均集中在此处，吸引力可想而知……"

"在莫斯科省附近，有一些非常贫穷的省份，当地工业欠发达，农民的田地很少，粮食产量低，居民只能从事手工业，或者到工业发达省份务工，卡卢加、梁赞、斯摩棱斯克、奥廖尔、土拉和其他部分省份均是如此。"①

由于外出务工人数增加，1882~1912 年，在莫斯科的人口中，莫斯科本地出生人口的占比发生了变化，具体数据见表 4-21。

表 4-21　1882~1912 年莫斯科人口的出生地构成

年份	人口总数（千人）			本地出生人口的占比（%）
	本地出生人口	外地出生人口	总计	
1882	196.6	556.9	753.5	26.1
1902	322.3	852.4	1174.7	27.4
1912	470.0	1146.4	1616.4	29.1

由表 4-21 中数据可知，1882~1912 年，莫斯科本地出生人口的数量从 19.66 万人增加到 47 万人，增长超 1 倍。但是，莫斯科本地出生人口占比仅从 26.1% 增至 29.1%，增长幅度不大。

在研究完人口出生地之后，笔者还对人口的性别构成进行了分析，具体数据见表 4-22。

---

① Главнейшие данные переписи Москвы 31 января 1902 г., вып. VI. Население Москвы по занятиям. М., 1907. стр. 44-47.

表 4-22 1882~1912 年莫斯科人口的性别构成

性别	年份	人口总数（千人）	本地出生人口（千人）	本地出生人口的占比（%）
男性	1882	432.5	89.8	20.8
	1902	664.8	151.8	22.8
	1912	876.4	223.0	25.4
女性	1882	321.0	106.8	33.3
	1902	509.9	170.5	33.4
	1912	740.0	247.0	33.4

因来莫斯科务工的男性工人的工资明显高于女性，所以莫斯科本地出生人口中女性的占比明显高于男性。但由表 4-22 中数据可知，莫斯科本地出生人口中，男女比例的差异逐渐缩小。

笔者在 1882 年和 1902 年莫斯科人口普查资料的基础上编制了莫斯科人口出生地构成的相关表格，具体数据见表 4-23。

表 4-23 1882 年莫斯科人口出生地构成及在莫斯科的居住年份

	人口数量（千人）	占比（%）
Ⅰ. 莫斯科本地出生人口	196.6	26.1
Ⅱ. 非莫斯科本地出生人口（按居住时间划分）：		
1881~1882 年	100.5	13.3
1876~1880 年	160.3	21.3
1871~1875 年	87.6	11.6
1866~1870 年	61.4	8.2
1861~1865 年	41.6	5.5
1856~1860 年	27.0	3.6
1851~1855 年	17.6	2.3
1850 年及更早以前	33.3	4.4
未知何时居住	27.6	3.7
共　计	556.9	73.9
总计（Ⅰ+Ⅱ）	753.5	100

资料来源：Перепись Москвы 1882 г. вып. Ⅱ Население и занятия. М., 1885。

表 4-24　1902 年莫斯科人口的出生地构成及其在莫斯科停留的时间

	人口数量(千人)	占比(%)
Ⅰ.莫斯科本地出生人口	301.8	27.6
Ⅱ.非莫斯科本地出生人口(按在莫斯科居住的年限划分):		
<1 年	115.3	10.6
1~3 年	110.1	10.1
3~5 年	126.2	11.6
5~10 年	135.6	12.4
10~15 年	84.3	7.7
15~20 年	76.8	7.0
≥20 年	136.1	12.5
未知停留时间	6.2	0.6
共　　计	790.6	72.4
总计(Ⅰ+Ⅱ)	1092.4	100.0

资料来源：Перепись Москвы 1902 г. ч. I. М., 1904。

由表 4-24 中数据可知，如果将莫斯科本地出生人口和在莫斯科居住不短于 10 年的人口均计为莫斯科定居人口，那么 1902 年，他们的占比超过 54%。还应强调的是，因农村人口大量涌入莫斯科务工，在莫斯科逗留时间较短的居民的占比较高，1902 年，约有 21% 的莫斯科人口在该省的居住年限在 3 年以下。

1902 年，莫斯科居民的阶层和出生地构成见表 4-25。

表 4-25　1902 年莫斯科人口的阶层和出生地构成

阶　　层	人口数量(千人)			本地出生人口占比(%)
	本地出生人口	外地出生人口	总计	
贵族	22.6	37.0	59.6	37.9
僧侣	4.6	6.0	10.6	43.4
荣誉市民	21.6	19.1	40.7	53.1
商人	10.1	8.4	18.5	54.6
小市民和车间工人	121.7	105.9	227.6	53.5
农民	130.7	658.6	789.3	16.6
所有人口	311.3	835	1146.3	27.2

资料来源：Перепись Москвы 1902 г. ч. I. Население. М., 1904 и Главнейшие предварительные данные переписи г. Москвы 31 января 1902 г. вып. Ⅳ. Население по семейному состоянию и сословиям М., 1904。

由 1902 年数据可知，半数以上莫斯科本地出生人口是荣誉市民、商人、小市民和车间工人。外来移民中农民的占比最高（83.4%），他们是莫斯科人口中数量最多的群体。还应强调的是，莫斯科人口中外来农民占比高于俄国其他城市，包括彼得堡。

因农村人口不断涌入莫斯科，莫斯科本地出生人口中独立职业人口和非独立职业人口的占比差异很大，分别为 14.7% 和 55.8%（见表 4-26）。

表 4-26 1902 年莫斯科本地出生人口的职业属性

职业类别	总数量（千人）	莫斯科本地出生人口	
		数量（千人）	占比（%）
独立职业	1051.3	154.8	14.7
非独立职业	565.1	315.2	55.8
总　计	1616.4	470.0	29.1

资料来源：Статистический ежегодник г. Москвы и Московской губернии, вып. I, Статистические данные по г. Москве за 1914-1915 гг. М., 1927. стр. 74。

除莫斯科外，彼得堡人口的形成过程也颇具代表性。

彼得堡人口中的新增人口也主要是农民，为更好地确定彼得人口的出生地构成，笔者选用了 1869 年和 1910 年人口普查数据进行分析，具体内容见表 4-27。

表 4-27 1869 年彼得堡人口中农民的出生地构成

出生省份	数量（千人）	占比（%）
雅罗斯拉夫	45.2	23.7
特维尔	34.4	18.1
彼得堡	27.0	14.2
诺夫哥罗德	18.3	9.6
科斯特罗马	12.5	6.6
普斯科夫	8.2	4.3
梁赞	7.4	3.9
莫斯科	6.9	3.6

续表

出生省份	数量（千人）	占比（%）
斯摩棱斯克	6.3	3.3
维捷布斯克	5.5	2.9
阿尔汉格尔斯克	5.3	2.8
喀山	5.1	2.7
奥洛涅茨	4.4	2.3
沃洛格达	3.9	2.0
总计	190.4	100.0

资料来源：данные опубликованных в изд. Санкт-Петербург по переписи 10 декабря 1869 г., изд. Центрального статистического комитета. т. I. 1872. стр. 118。

由表4-27中数据可知，很多省份的农民选择去彼得堡务工，而不选择莫斯科。根据1869年的人口调查数据，彼得堡农民中来自6个省（雅罗斯拉夫、特维尔、彼得堡、诺夫哥罗德、科斯特罗马和普斯科夫）农民的占比高达76.5%。

1910年人口普查数据中关于彼得堡人口中农民出生地构成的数据也颇具代表性，具体数据见表4-28。

表4-28　1910年彼得堡人口中农民的出生地构成

出生省份	数量（千人）	占比（%）
特维尔	210.8	22.6
雅罗斯拉夫	133.5	14.3
诺夫哥罗德	88.0	9.4
彼得堡	85.3	9.1
普斯科夫	84.0	9.0
梁赞	50.4	5.4
维捷布斯克	47.6	5.1
斯摩棱斯克	40.3	4.3
科斯特罗马	40.1	4.3
卡卢加	24.9	2.7
维尔纳	23.7	2.5
莫斯科	22.7	2.4
沃洛格达	22.4	2.4

续表

出生省份	数量(千人)	占比(%)
土拉	20.0	2.1
奥洛涅茨	14.5	1.6
利夫兰	13.4	1.4
科夫诺	13.2	1.4
总计	934.8	100.0

资料来源：данные опубликованных в изд. Петроград по переписи 15 декабря 1910 г., под ред. В. В. Степанова. Население. ч. I. стр. 290。

在编制完表格之后，笔者对1869年和1910年的数据进行了对比，但本对比仅限于彼得堡市，郊区数据并未包含在内。

由表4-27和表4-28可知，1869年与1910年彼得堡排在前10位的农民出生省份十分相似。这表明不论是1869年还是1910年，这些省份的农民主要是去彼得堡务工。不过，在这41年间还是发生了一些变化。在研究时期内，工业较发达省份进入彼得堡务工的农民占比逐渐降低，如雅罗斯拉夫省农民在彼得堡农民中的占比有所下降，1869年为23.7%，1910年降至14.3%；1869年和1910年科斯特罗马省农民在彼得堡农民中的占比分别为6.6%和4.3%；1869年和1910年莫斯科省农民在彼得堡农民中的占比分别为3.6%和2.4%。很多新省份的农民开始涌入彼得堡打工。

人口统计材料揭示了彼得堡人口的出生地构成，笔者根据这些数据编制了相应表格，具体内容见表4-29。

表4-29　1881~1910年彼得堡人口的出生地构成

年份	人口总数(千人)			本地出生人口占比(%)
	本地出生人口	外地出生人口	总计	
1881	263.0	608.3	871.3	30.2
1900	455.9	983.7	1439.6	31.7
1910	610.2	1295.4	1905.6	32.0

注：1881年数据不含郊区人口，1900年和1910年数据含郊区人口。

由表4-29中数据可知,根据1910年人口统计数据,彼得堡本地出生人口的绝对数量已达61.02万人,但其在全体人口中的占比仅为32%。

1910年,彼得堡人口的阶层和出生地构成见表4-30。

表4-30 1910年彼得堡人口的阶层和出生地构成

阶 层	人口数量(千人)			本地出生人口占比(%)
	本地出生人口	外地出生人口	总计	
贵族	56.4	81.4	137.8	40.9
僧侣	3.0	6.2	9.2	32.6
荣誉市民	41.6	35.6	77.2	53.9
商人	7.0	6.6	13.6	51.5
小市民	151.6	143.3	294.9	51.4
农民	324.2	986.2	1310.4	24.7
总计	610.2	1295.4	1905.6	32.0

在彼得堡本地出生人口中,荣誉市民、商人和小市民的占比与莫斯科相近。彼得堡农民中外来农民的占比约为75.3%,而莫斯科的占比为83.4%。

为更好地进行对比,笔者选取了1910年彼得堡人口普查数据编制了彼得堡人口的性别、出生地和居住年份表,具体数据见表4-31。

表4-31 1910年彼得堡人口的性别、出生地和居住年份

	人口数量(千人)			占比(%)		
	男性	女性	总计	男性	女性	总计
Ⅰ.彼得堡本地出生人口	280.1	330.1	610.2	28.1	36.3	32.0
Ⅱ.非彼得堡本地出生人口(按居住时间划分):						
1910年和临时访客	117.6	78.6	196.2	11.8	8.7	10.3
1906~1909年	178.2	123.6	301.8	17.9	13.6	15.8
1901~1905年	107.2	91.6	198.8	10.8	10.1	10.4
1896~1900年	79.8	63.8	143.6	8.0	7.0	7.6
1891~1895年	53.5	40.7	94.2	5.4	4.5	4.9

续表

	人口数量（千人）			占比（%）		
	男性	女性	总计	男性	女性	总计
1886~1890 年	37.0	29.5	66.5	3.7	3.3	3.5
1881~1885 年	24.4	20.2	44.6	2.4	2.2	2.4
1876~1880 年	20.4	18.4	38.8	2.0	2.0	2.0
1871~1875 年	10.8	10.2	21.0	1.1	1.1	1.1
1870 年及更早以前	16.2	22.3	38.5	1.6	2.5	2.0
未知何时居住	72.1	79.3	151.4	7.2	8.7	8.0
共　计	717.1	578.3	1295.4	71.9	63.7	68.0
总计（Ⅰ+Ⅱ）	997.2	908.4	1905.6	100.0	100.0	100.0

资料来源：Петроград по переписи 15 декабря 1910 г. ч. I. стр. 46-51。

由表 4-31 中数据可知，彼得堡本地出生人口和在 1900 年前就定居彼得堡的人口占比为 55.5%。如果我们将该数据与莫斯科进行对比就会发现，彼得堡市永久人口的占比略高于莫斯科。

笔者对其他大城市人口的出生地材料进行分析后确定，城市人口的增长仍主要依靠外来人口。①

1913 年巴库和 1892 年敖德萨的人口数据颇具代表性，具体数据见表 4-32 和表 4-33。

由表 4-32 中数据可知，1913 年，32.7% 的人口出生在巴库市和巴库工业区，此地的常住人口还包括在巴库市和巴库工业区内居住不短于 5 年的人口，所占比例为 27.3%。

---

① Главнейшие итоги переписи города Харькова 3 декабря 1912 г. Харьков., 1914; Д. И. Багалей и Д. П. Миллер, История города Харькова за 250 лет его существования. т. Ⅱ, Харьков., 1912; И. И. Кокшайский. Предварительные данные переписи населения г. Саратова и его пригородов, произведенной в 1916 г. Саратов., 1916; Санитарный надзор в Нижнем Новгороде и движение населения в нем. Извлечение из отчета за 1888 г. нижегородского санитарного врача П. П. Розанова; Известия Московской Городской Думы 1889. вып. Ⅸ. стр. 13-14.

表 4-32　1913 年巴库市和巴库工业区人口的出生地构成和居住时间

	巴库市		巴库工业区		巴库市和巴库工业区总计	
	数量（千人）	占比（%）	数量（千人）	占比（%）	数量（千人）	占比（%）
Ⅰ. 巴库市和巴库工业区本地出生人口	76.2	35.5	33.0	27.7	109.2	32.7
Ⅱ. 巴库市和巴库工业区以外出生人口（按居住年限划分）：	138.5	64.5	86.3	72.3	224.8	67.3
<1 年	25.4	11.8	19.9	16.7	45.3	13.6
1 年	13.2	6.2	12.4	10.4	25.6	7.7
2~5 年	35.0	16.3	23.8	19.9	58.8	17.6
5~10 年	26.0	12.1	15.0	12.6	41.0	12.3
≥10 年	36.5	17.0	13.7	11.4	50.2	15.0
未知	2.4	1.1	1.5	1.3	3.9	1.1
总　计	214.7	100.0	119.3	100.0	334.0	100.0

资料来源：данные опубликованных в изд. Перепись Баку 1913 г., ч. Ⅲ. Население. вып. Ⅰ и Ⅲ. Баку 1915. стр. 7 и 1916, стр. 4-7。

表 4-33　1892 年敖德萨人口的出生地构成和居住时间

	人口数量（千人）	占比（%）
Ⅰ. 敖德萨本地出生人口	154.0	45.2
Ⅱ. 非敖德萨本地出生人口（按居住年限划分）：		
<1 年	23.0	6.8
1~3 年	30.2	8.9
3~5 年	32.7	9.6
5~10 年	32.4	9.5
10~15 年	22.3	6.5
15~20 年	15.9	4.7
≥20 年	27.0	7.9
未知	3.0	0.9
共　计	186.5	54.8
总计（Ⅰ+Ⅱ）	340.5	100.0

资料来源：本表在 1892 年 12 月 1 日敖德萨为期一天的人口普查公布的数据基础上编制而成，参见 г. Одессы 1 декабря 1892 г., под ред. А. С. Бориневича. Одесса., 1894。

由表 4-33 中数据可知，30 年内敖德萨的人口数量增加了 2 倍（60 年代初为 11.5 万人，1892 年为 34.05 万人）。尽管敖德萨的人口增长如此快速，但其永久居民和居住不短于 10 年的人口的占比已达 64.3%。笔者认为，出现该状况的原因是敖德萨的人口自然增长率较高。

1811~1913 年俄国（不含波兰和芬兰）城市人口的数量增长了数倍。与此同时，俄国城市居民的增长率远高于总人口的增长率，改革后该特征更为明显。人口快速增长的原因有二：一是工业快速发展；二是工人阶级队伍迅速壮大。城市发展是俄国资本主义发展的有机组成部分，与此同时，居民的生活方式也不断改进。

在整个研究时期内，欧俄地区城市居民的占比从 1811 年的 6.6% 增加到 1913 年的 17%，表明十月革命前俄国仍是农业大国，城市化水平很低。

1861 年农奴制改革后，首都和大城市的人口增长最为显著。列宁曾指出，大工业和商业中心城市的人口增长速度远远高于城市的人口增长速度。

除此之外，还应该注意大城市长期定居人口的增长状况。

第三部分
1861~1913年俄国人口的自然流动

这一部分笔者主要研究改革后俄国人口自然变动的主要指标和一般特征。

笔者掌握了很多各地区和各时段有价值的文献材料，虽然材料众多，但有关十月革命前俄国人口自然流动的数据还不充分，除挖掘部分新材料外，还需对已有材料进一步深入研究，并补充一些其他学者的观点。

笔者认为，在研究俄国人口自然流动过程中还需关注一些其他因素及人口自然变动的过程和特征。

笔者的研究并不限于1861~1913年俄国人口自然流动的总体特征。俄国领土广袤，因社会经济和医疗卫生条件的差异，哪怕同一省份不同地区的人口自然流动指标也存在很大差异。值得一提的是，在那些出生率和死亡率较低的省份，人口自然流动率却较为平稳。因此，在编制相关表格过程中，特别是在研究1861~1913年欧俄地区人口自然流动指标时必须考虑以上因素。基于此，不能独立计算欧俄各省人口自然流动的相对指标，如果要进行系统的核算，必须使用一系列其他资料。为更好地研究各地人口自然流动的真实性，必须对现有的相关数据进行仔细审查。在掌握相关数据的基础上，笔者编制了有关1861~1913年①俄国人口自然流动的相关表格，这些表格的数据来源众多。②

为更好地阐释俄国人口的自然流动特征，笔者还收集了诸多其他材料，根据这些材料可追踪社会经济因素对人口自然流动过程的影响。

---

① Данные 1866 г. отсутствуют。1866年的数据缺失。
② 1861 - 1863 гг. - Военно - статистический сборник, вып. IV. под ред. Н. Н. Обручева. в Сборнике... указано: «Таблица движения народонаселения с 1859 по 1863 г. по губерниям обработана по неизданным материалам Центрального статистического комитета. 1864 ~ 1865 гг.»；Движение населения Европейской России, 1864 и 1865 гг., Ведомости из библиотеки проф. Н. Карышева（Всесоюзная Библиотека имени В. И. Ленина）；1867~1885 гг., Показатели естественного движения населения составлены на основании абсолютных и относительных данных о родившихся, умерших, приросте и численности населения, приведенных в приложении к диссертации доктора Н. Экка, Опыт обработки статистических данных о смертности в России. СПб., 1888. Материалы по статистике смертности, выработанные для комиссии, учрежденной при Медицинском Совете, по вопросу об уменьшении смертности в России, Таблицы на стр. 26-33 и 50-53。部分表格由 Н. 埃克卡根据中央统计委员会公布的1886~1895年统计资料编制而成，也采用了内务部医疗司有关年份报告中公布的数据；1896~1913年表格根据俄国公共卫生状况和医疗组织报告中公布的数据编制。

在介绍 1861~1913 年俄国人口统计过程之前，必须先提及俄国知名人口学家 C. A. 诺沃谢利斯基工作的重要意义，他的很多成果颇具参考价值，他在评估改革后俄国人口自然流动统计数据时写道："众所周知，革命前有关俄国人口自然流动统计数据的基础是神职人员们的记录，但我们在使用这些数据时必须知晓他们收集和提交相关数据的程序。"[①]

1865 年俄国政府机构收集的东正教教徒度量书（公制书）也适用于异教徒。所有教派的神职人员和制定度量书的领导机构每年必须向地方统计委员会的专门机构提交相关信息。教区相关机构以城市和县城为单位编制相关表格，然后将这些数据按宗教分类提交给中央统计委员会，再由中央统计委员会对欧俄地区相关信息进行汇总，并将这些信息刊登在相关出版物中。

除 C. A. 诺沃谢利斯基编制的相关报告外，地方统计委员会也对教区人口的婚姻、出生和死亡数据进行了分析，只是并没有进行系统的核算。基于各种原因，部分教区并不能及时提供相关数据，所以即使地方统计委员会进行了简单的核算，也会出现疏忽和遗漏。一般而言，地方统计委员会的数据会列入年度报表之中，并提交至中央统计委员会和医疗监察机构管理总局。中央统计委员会在《俄国统计年鉴》中公布这些数据；此外，医疗监察机构管理总局也会在《俄国国民健康状态年度报告》中公布这些数据。

同时，C. A. 诺沃谢利斯基指出："俄国的人口动态统计数据不尽如人意。欧俄 50 省东正教居民的统计数据则相对完整……

总体而言，欧俄 50 省人口流动的总体数据虽然不完美，但仍比俄国亚洲部分和波兰地区不完整的零碎信息强得多。"[②]

1893~1895 年，内政部医疗司关于 19 世纪末中亚和西伯利亚地区人口统计的数据并不完整，"它们有关外来游牧人口的数据主要从中亚和西伯利

---

① С. А. Новосельский. Обзор главнейших данных по демографии и санитарной статистике в России. Пг., 1916; С. А. Новосельский. Смертность и продолжительность жизни в России. Пг., 1916; С. А. Новосельский. Влияние войны на естественное движение населения; Труды комиссии по обследованию санитарных последствий войны 1914-1920 гг. М., 1923.

② Отчет Медицинского департамента Министерства внутренних дел за 1888 г. СПб., 1891. стр. I - II.

亚地区获取，还是以帐篷和烟囱为单位计算，一般每个帐篷和烟囱对应的人数为4~6人。因记录方式错误，所以不能准确地确定上述地区人口的出生率和死亡率，只能对其进行大致的估计"①。

20世纪初，这些地区的人口登记方式略有改进，所以笔者引用的有关1901~1913年高加索和西伯利亚地区人口自然流动的指标可靠性就很高。

值得一提的是，医疗办公厅和中央统计委员会公布的人口自然流动数据较为接近。

尽管革命前俄国人口自然流动的整体核算程序存在重大缺陷，但对众多文献进行整理、加工和分析后，仍可以确定研究时段内（1861~1913年）俄国人口自然流动的一般特征。

值得一提的是，除政府统计数据外，笔者还使用了大量地方自治机构和城市卫生机构的统计数据，也颇具现实意义。

---

① Отчет Медицинского департамента Министерства внутренних дел за 1888 г. СПб., 1891. стр. Ⅰ-Ⅱ.

第5章
1861~1913年俄国人口自然流动的一般特征

俄国工人阶级和农民恶劣的生活条件制约了人口再生产过程。

官方统计数据也无法掩盖这一事实。在各种出版物和报告中,笔者发现了俄国人口的经济和卫生条件十分恶劣。

笔者对研究时期内俄国人口自然流动的主要指标进行了确定,具体数据见表5-1。

表5-1 1861~1913年欧俄50省人口自然流动

单位:‰

年份	出生率	死亡率	自然增长率
1861~1865	50.7	36.5	14.2
1866~1870	49.7	37.4	12.3
1871~1875	51.2	37.1	14.1
1876~1880	49.5	35.7	13.8
1881~1885	50.5	36.4	14.1
1886~1890	50.2	34.5	15.7
1891~1895	48.9	36.2	12.7
1896~1900	49.5	32.1	17.4
1901~1905	47.7	31.0	16.7
1906~1910	45.8	29.5	16.3
1911~1913	43.9	27.1	16.8
1861~1913	48.9	34.0	14.9

资料来源:Военно‐статистический сборник. вып. Ⅳ, под ред. Обручева. СПб., 1871; Ведомости Движение населения Европейской России. 1864, 1865. С. А. Новосельский. Обзор главнейших данных по демографии и санитарной статистике России. Пг., 1916; 1867~1913年人口数据源自 С. А. 诺沃谢利斯基的文献。

为了更好地确定人口统计过程的总体特征，表 5-1 将欧俄 50 省的人口自然流动指标以 5 年为界进行分析（1866 年的数据缺失）。

1861~1913 年，欧俄 50 省的总体出生率波动并不明显。总体来看，1901~1913 年出生率有所降低，1911~1913 年，每 1000 名人口中新出生人数为 43.9 人，即出生率为 43.9‰。

造成出生率下降的重要因素之一是结婚率降低和城市人口增长。还应当指出，由于资本主义的剥削，小资产阶级的生活状况不佳。

列宁在《工人阶级和新马尔萨斯主义》一文中写道："小资产者看到和感觉到自己要完蛋了，日子愈来愈难过了，为生存而进行的斗争愈来愈残酷无情了，他们和他们的家庭愈来愈没有出路了。这是无可争辩的事实。小资产者对这种情况也表示抗议。

但是他们是怎样表示抗议的呢？

他们是作为必遭灭亡的、对于自己的将来感到绝望的、受压抑的和怯懦的阶级的代表来表示抗议的。于是没有办法，只好少生孩子，免得也象我们那样受苦受难，也象我们那样受穷受屈辱，——这就是小资产者的叫喊。"[①]

1886~1890 年，死亡率略有下降。但在接下来的 5 年（1891~1895 年），死亡率又上升到 36.2‰。1892 年的死亡率特别高，每 1000 人中有 41.0 人死亡。1896~1900 年，死亡率又明显下降。根据官方统计数据，1911~1913 年，欧俄 50 省每 1000 人中死亡人数为 27.1 人，远远高于其他许多国家。

1861~1901 年，人口的自然增长率为 14.3‰，而 1901~1913 年为 16.6‰。

除总体数据外，笔者还对欧俄 50 省逐年（不包括 1866 年）的人口自然流动指标进行了分析，具体数据见表 5-2。

---

① В. И. Ленин. Соч., т. 19. стр. 206.

表 5-2　1861~1913 年俄欧俄 50 省人口自然流动指标

单位：‰

年份	出生率	死亡率	自然增长率
1861	49.7	35.4	14.3
1862	51.1	34.0	17.1
1863	50.0	37.7	12.3
1864	52.9	38.7	14.2
1865	50.0	36.9	13.1
1867	51.2	36.8	14.4
1868	48.8	39.7	9.1
1869	49.7	38.3	11.4
1870	49.2	35.0	14.2
1871	51.0	37.9	13.1
1872	50.0	41.2	8.8
1873	52.3	36.5	15.8
1874	51.4	35.2	16.2
1875	51.5	34.6	16.9
1876	50.6	34.9	15.7
1877	49.6	34.4	15.2
1878	47.3	38.2	9.1
1879	50.2	34.8	15.4
1880	49.7	36.1	13.6
1881	49.1	34.1	15.0
1882	51.6	40.4	11.2
1883	50.6	37.5	13.1
1884	51.5	34.4	17.1
1885	50.0	35.8	14.2
1886	49.5	33.2	16.3
1887	49.9	33.8	16.1
1888	51.6	33.4	18.2
1889	50.3	35.5	14.8
1890	49.6	36.7	12.9
1891	50.6	35.8	14.8
1892	46.0	41.0	5.0

续表

年份	出生率	死亡率	自然增长率
1893	48.8	34.4	14.4
1894	49.2	34.3	14.9
1895	50.1	35.5	14.6
1896	50.4	33.3	17.1
1897	50.0	31.7	18.3
1898	48.6	33.2	15.4
1899	49.3	31.2	18.1
1900	49.3	31.1	18.2
1901	47.9	32.1	15.8
1902	49.1	31.5	17.6
1903	48.1	30.0	18.1
1904	48.6	29.9	18.7
1905	45.0	31.7	13.3
1906	47.1	29.9	17.2
1907	47.5	28.4	19.1
1908	44.8	28.3	16.5
1909	44.7	29.5	15.2
1910	45.1	31.5	13.6
1911	45.0	27.4	17.6
1912	43.7	26.5	17.2
1913	43.1	27.4	15.7

资料来源：Военно-статистический сборник, вып. Ⅳ, под ред. Н. Н Обручева. СПб., 1871; Ведомости Движение населения Европейской России 1864, 1865; С. А. Новосельский, Обзор главнейших данных по демографии и санитарной статистике России. Пг., 1916. стр. 36-37。

笔者注意到，1862年人口自然增长率较高，达17.1‰。1868年人口死亡率较高，每1000名人口中有39.7人死亡，1869年、1872年、1878年和1892年的死亡率分别为38.3‰、41.2‰、38.2‰和41.0‰。1868年，人口自然增长率降至9.1‰，1872年、1878年和1892年的人口自然增长率分别为8.8‰、9.1‰和5.0‰。

В. И. 波克罗夫斯基指出："1856~1860年东正教人口的年均增加量达

738000 人，1861 年为 859500 人，1862 年首次超过了 100 万人。"①

1867 年大饥荒影响了接下来两年的出生率。"正如所观察到的那样，出生人数急剧下降，在阿尔汉格尔斯克、沃洛格达、沃罗涅日、卡卢加、科斯特罗马、莫吉廖夫、莫斯科、诺夫哥罗德、奥洛涅茨、普斯科夫、彼得堡、斯摩棱斯克、塔夫里达、雅罗斯拉夫等省均观察到该状况。"②

关于 1872 年人口增长率下降状况，另一项调查中指出："与 1871 年相比，1872 年在每 1000 名人口中，出生人数和死亡人数的比为 1∶3，其结果就是人口增长率显著下降，由 1871 年的 1.3% 下降到 1872 年的 0.9%。"③ 原因是，1872 年流行病肆虐、天花横行。1871~1872 年新生儿死亡率明显增加，具体数据见表 5-3。

表 5-3　1871~1872 年每 1000 名新生儿中死亡人数

单位：人

月龄	1871 年	1872 年
<1 个月	70.2	75.6
1~3 个月	61.8	64.9
3~6 个月	61.3	65.8
6~12 个月	78.0	88.5
总　计	271.3	294.8

1882 年经济危机时也发现了人口死亡率过高现象。

1882 年，欧俄 50 省平均每 1000 人中死亡的人数为 40.4 人，1880 年为 36.1 人，1881 年为 34.1 人。虽然 1882 年死亡率的增加不明显，但在诸多省份都发现了该状况，具体数据见表 5-4。

---

① В. И. Покровский, Влияние колебаний урожая и хлебных цен на естественное движение населения; Влияние урожая и хлебных цен на некоторые стороны русского народного хозяйства под ред. А. И. Чупрова и А. С. Постникова. т. Ⅱ. СПб., 1897. стр. 191.
② Статистический временник Российской империи. Серия Ⅱ. вып. ⅩⅣ. СПб., 1879.
③ Статистический временник Российской империи. Серия Ⅱ. вып. ⅩⅧ. СПб., 1887. стр. Ⅰ-Ⅳ.

表 5-4　1881 年和 1882 年欧俄部分省份每 1000 名人口中的死亡人数

单位：人

省份	1882 年	1881 年
奥伦堡	50.7	34.9
库尔斯克	50.3	35.0
沃罗涅日	49.4	35.1
弗拉基米尔	48.3	37.1
莫斯科	47.6	38.5
下诺夫哥罗德	46.3	38.8
奥廖尔	46.3	33.9
土拉	46.1	34.8
萨马拉	45.8	36.6
奔萨	45.3	34.2
斯摩棱斯克	43.4	36.4
哈尔科夫	43.2	30.1
萨拉托夫	42.7	36.9
辛比尔斯克	41.9	36.5
基辅	41.4	34.4
唐波夫	41.0	33.7
阿斯特拉罕	40.4	33.3
卡卢加	40.0	28.9
特维尔	39.1	32.5
叶卡捷琳诺斯拉夫	38.4	27.7
顿河哥萨克军区	38.0	29.0
喀山	37.7	32.3
切尔尼戈夫	37.3	29.9
塔夫里达	34.4	26.1

由表 5-4 中数据可知，1882 年排在前 16 位的省份的死亡率高于欧俄 50 省的平均死亡率（40.4‰）。

1892 年人口自然流动的指标很高。《1892 年国民健康报告》指出，

1883~1892年俄国人口的出生率、死亡率，以及患病率指标均不理想。前两年粮食歉收大大提高了人口的发病率和死亡率。1892年上半年，伏尔加河中下游诸省伤寒肆虐，下半年霍乱流行，中亚、高加索，以及伏尔加河和顿河沿岸诸省最为流行。

几乎所有省份都出现了死亡率上升和出生率下降的情况，但阿斯特拉罕、奥伦堡、沃罗涅日、喀山、奔萨、彼尔姆、萨马拉、萨拉托夫、辛比尔斯克、唐波夫、乌法、巴库、斯塔夫罗波尔、托博尔斯克，以及顿河哥萨克军区、达吉斯坦、库班和捷列克等地特别明显，死亡率均超过出生率。①

基于《1892年国民健康报告》中的数据，笔者选取了18个省份的人口出生率和死亡率指标，其中1892年上述诸省的人口死亡率均超过出生率，具体数据见表5-5。

表5-5 1892年部分省份的人口出生率和死亡率

单位：‰，个千分点

省份	出生率	死亡率	差值
阿斯特拉罕	54.2	78.4	24.2
唐波夫	45.6	65.4	19.8
达吉斯坦	21.4	41.1	19.7
萨马拉	47.4	66.2	18.8
萨拉托夫	46.0	60.1	14.1
沃罗涅日	43.5	56.8	13.3
巴库	20.0	32.4	12.4
奥伦堡	50.8	62.0	11.2
辛比尔斯克	42.9	52.3	9.4
喀山	38.1	46.6	8.5
乌法	42.2	47.5	5.3
顿河哥萨克军区	55.7	60.2	4.5

① Отчет о народном здравии за 1895 г. СПб., 1894. стр. 2-3.

续表

省份	出生率	死亡率	差值
特维尔	34.6	38.7	4.1
奔萨	46.5	50.5	4.0
彼尔姆	47.4	48.9	1.5
库班	60.4	61.8	1.4
斯塔夫罗波尔	67.7	68.6	0.9
唐波夫	42.7	42.9	0.2

笔者根据《1892年国民健康报告》中的统计数据，列出了1892年城市人口的自然流动指标，具体数据见表5-6。

表5-6 1892年部分城市人口的自然流动指标

单位：人

城 市	人口总数	出生人数	死亡人数	死亡人数与出生人数的差值	每1000人中的死亡人数
萨拉托夫省的谢尔多布斯克	7826	231	2258	2027	288.5
萨拉托夫省的布吉鲁斯兰	11669	828	1452	624	124.4
察里津	40063	2594	4640	2046	115.8
奥伦堡	56000	2346	5196	2850	92.8
阿斯特拉罕	103299	4241	8977	4736	86.9
沃罗涅日省的奥斯特罗戈日斯克	7094	473	615	142	86.7
伊万诺沃-沃兹涅先斯克	21767	1625	1791	166	82.3
辛比尔斯克	39723	1431	3070	1639	77.3
乌法	34215	1637	2625	988	76.7
库尔斯克	49325	3078	3779	701	76.6
奔萨	46884	2336	3555	1219	75.8
萨马拉	96085	3218	6989	3771	72.7
萨拉托夫	118067	4517	8178	3661	69.3
彼尔姆	35729	1469	2124	655	59.4
叶卡捷琳诺斯拉夫	36750	1428	2074	646	56.4

续表

城　市	人口总数	出生人数	死亡人数	死亡人数与出生人数的差值	每1000人中的死亡人数
沃罗涅日	56107	2330	2931	601	52.2
巴库	107760	1709	5470	3761	50.8
喀山	134359	4170	6794	2624	50.6
下诺夫哥罗德	70476	3240	3431	191	48.7

资料来源：Там же. стр. 4-11。

由表5-6中数据可知，上述19个城市的死亡人数均明显高于出生人数，有些城市的死亡率极高。根据《1892年国民健康报告》，俄国516个城市中有207个城市的死亡人数超过出生人数。

为了评估1905年的人口流动指标，笔者参考了《1905年俄国国民健康状况和医疗援助组织报告》中的相关信息。报告中指出："1905年的卫生条件极差，战争、粮食歉收、经济危机和失业严重影响了人民的健康。欧俄居民的死亡率从上一年的29.1‰大幅上升到30.9‰……与此同时，出生率急剧下降（降至44.0‰），是20年来的最低值。死亡率的上升和出生率的下降导致人口自然增长率降低，为20年来的最低值（13.1‰），只有1892年除外。1905年，高加索地区的人口自然增长率由18.1‰下降到14.9‰，西伯利亚地区的人口自然增长率从15.2‰下降到13.2‰。"[①]

为了更好地进行对比，笔者选取了1861~1865年和1911~1913年欧俄50省的人口自然流动指标，具体数据见表5-7。

表5-8以5年为界，对1861~1913年欧俄50省的出生人数、死亡人数和自然增长人数进行了分析。

---

① Отчет о состоянии народного здоровья и организации врачебной помощи в России за 1905 г. СПб., 1907. стр. V.

表 5-7　1861~1865 年和 1911~1913 年欧俄 50 省的人口变动

单位：‰

指标	1861~1865 年	1911~1913 年
出生率	50.7	43.9
死亡率	36.5	27.1
自然增长率	14.2	16.8

表 5-8　1861~1913 年欧俄 50 省的出生人数、死亡人数和自然增长人数

单位：千人

年份	出生人数	死亡人数	自然增长人数
1861~1865	15489.7	11168.5	4321.2
1866~1870	15806.1	11824.8	3981.3
1871~1875	17188.4	12427.7	4760.7
1876~1880	17841.8	12864.5	4977.3
1881~1885	19456.8	14025.4	5431.4
1886~1890	20764.5	14303.2	6461.3
1891~1895	21635.0	15936.3	5698.7
1896~1900	23571.5	15263.9	8307.6
1901~1905	24727.5	16084.6	8642.9
1906~1910	25792.6	16630.6	9162.0
1911~1913	15790.8	9739.3	6051.5
1861~1913	218064.7	150268.8	67795.9

由表 5-8 中数据可知，1861~1913 年出生人数为 2.18 亿人，死亡人数为 1.50 亿人。1861~1913 年，俄国人口自然增长 6779.59 万人。1906~1910 年人口自然增长量超过了 1861~1865 年。

笔者核算了 1861~1913 年欧俄地区的年均出生人数、年均死亡人数和年均自然增长人数，具体数据见表 5-9。

表 5-9　1861~1913 年欧俄地区年均出生人数、年均死亡人数和年均自然增长人数

单位：千人

年份	年均出生人数	年均死亡人数	年均自然增长人数
1861~1865	3097.9	2233.7	864.2
1866~1870	3161.2	2364.9	796.3
1871~1875	3437.6	2485.5	952.1
1876~1880	3568.4	2572.9	995.5
1881~1885	3891.4	2805.1	1086.3
1886~1890	4152.9	2860.6	1292.3
1891~1895	4327.0	3187.3	1139.7
1896~1900	4714.3	3052.8	1661.5
1901~1905	4945.5	3216.9	1728.6
1906~1910	5158.5	3326.1	1832.4
1911~1913	5263.6	3246.4	2017.2
1861~1913	4114.4	2835.3	1279.1

由表 5-9 中数据可知，从 1861~1865 年至 1911~1913 年，欧俄地区年均出生人口从 309.79 万人增加到 526.36 万人，增幅为 69.9%。年均死亡人数从 223.37 万人增加到 324.64 万人，增幅为 45.3%。由于年均出生人数超过年均死亡人数，年均自然增长人数从 1861~1865 年的 86.42 万人增加到 1911~1913 年的 201.72 万人，增长了 133.4%。

1896~1900 年工业高涨期，出生率较高。1891~1895 年，年均死亡人数显著增加，1896~1900 年有所下降。

1871~1875 年，年均人口自然增长人数较多，1896~1900 年达到一个高峰。

值得一提的是，俄国人口的自然流动指数是用出生人数除以死亡人数（"波克罗夫斯基的生命指数"）来计算的。

为了更好地进行研究，笔者列出了 1861~1913 年欧俄 50 省的出生人数与死亡人数对比，具体数据见表 5-10。

表 5-10　1861~1913 年欧俄 50 省每 100 名死亡人口对应的出生人数

年份	每 100 名死亡人口对应的出生人数（人）
1861~1865	138.4
1866~1870	134.0
1871~1875	138.1
1876~1880	138.4
1881~1885	139.0
1886~1890	145.2
1891~1895	135.6
1896~1900	154.4
1901~1905	153.7
1906~1910	155.1
1911~1913	162.1
1861~1913	145.1

由表 5-10 中数据可知，1861~1913 年年均出生人数是死亡人数的 1.45 倍。

我们在社会主义社会国家则看到了另一幅景象。在《苏联大百科全书》第 52 卷的《人口统计学》一文中，И. 皮萨列夫指出，1938 年出生人数与死亡人数之比为 215.7∶100。"在俄国，从来没出现过如此高的指标。这个指标在某种意义上反映了革命促进了劳动者生活条件的大幅改善（消灭剥削、贫困和失业，促进了文化发展，等等）。"[①]

---

① Большая Советская Энциклопедия. 1947. стр. 750.

第6章
1861~1913年俄国人口的出生率

在研究完俄国人口自然流动的一般特征之后，笔者将研究俄国人口出生率的综合指标。

一 欧俄地区出生率的变动

笔者对1861~1913年欧俄50省人口的出生率进行了核算，具体数据见表6-1。

表6-1 1861~1913年欧俄50省的人口出生率

单位：‰

省份	出生率
奥伦堡	58.2
萨马拉	57.2
彼尔姆	55.9
阿斯特拉罕	55.7
顿河哥萨克军区	54.4
斯摩棱斯克	51.6
土拉	51.6
辛比尔斯克	49.9

俄国人口的百年变迁（1811~1913）

续表

省份	出生率
库尔斯克	49.8
乌法	49.6
唐波夫	49.4
哈尔科夫	49.2
弗拉基米尔	48.9
梁赞	48.5
卡卢加	48.3
塔夫里达	47.7
沃伦	47.2
基辅	47.2
莫吉廖夫	47.2
切尔尼戈夫	47.2
科斯特罗马	46.7
普斯科夫	46.7
奥洛涅茨	46.6
赫尔松	46.6
维亚特卡	53.1
叶卡捷琳诺斯拉夫	52.9
沃罗涅日	52.3
奔萨	52.2
下诺夫哥罗德	52.1
奥廖尔	52.0
萨拉托夫	52.0
喀山	46.4
沃洛格达	45.7
波多利斯克	45.7

续表

省份	出生率
特维尔	45.6
明斯克	44.9
波尔塔瓦	44.8
莫斯科	43.6
比萨拉比亚	43.4
格罗德诺	42.1
诺夫哥罗德	42.0
维捷布斯克	41.8
阿尔汉格尔斯克	40.5
维尔纳	40.3
雅罗斯拉夫	40.3
彼得堡	35.2
科夫诺	34.8
利夫兰	30.3
爱斯兰特	30.2
库尔兰	28.6
欧俄50省	48.9

1861~1913年，奥伦堡的出生率为58.2‰，萨马拉、彼尔姆、彼得堡、利夫兰、爱斯兰特和库尔兰的出生率分别为57.2‰、55.9‰、35.2‰、30.3‰、30.2‰和28.6‰。

笔者还以5年为界核算了欧俄50省的人口出生率，具体数据见表6-2。大多数省份每5年的人口平均出生率基本保持稳定。

为了更好地突出欧俄部分省份的出生率指标，笔者对1861~1913年出生率进行了分类，具体数据见表6-3。

俄国人口的百年变迁（1811~1913）

表6-2 1861~1913年欧俄50省的人口出生率（以5年为界）

单位：‰

省份	1861~1865	1866~1870	1871~1875	1876~1880	1881~1885	1886~1890	1891~1895	1896~1900	1901~1905	1906~1910	1911~1913	1861~1913
阿尔汉格尔斯克	41.1	37.3	38.9	41.0	40.8	39.2	38.0	40.2	42.3	43.7	43.5	40.5
阿斯特拉罕	50.3	58.5	59.5	57.4	60.8	55.4	59.9	—	52.8	55.7	54.1	55.7
比萨拉比亚	41.4	41.0	42.4	43.8	47.3	46.0	46.5	43.7	42.2	43.2	40.4	43.4
维尔纳	50.2	45.8	45.8	41.0	39.5	43.0	44.0	38.0	33.5	32.3	30.6	40.3
维捷布斯克	48.0	47.3	48.2	43.5	41.5	42.8	41.7	40.6	37.6	35.6	33.3	41.8
弗拉基米尔	52.0	51.1	51.9	51.6	52.7	52.4	50.5	47.1	45.9	43.1	40.2	48.9
沃洛格达	46.0	46.0	47.3	46.6	47.0	44.7	44.6	43.6	44.1	45.4	47.0	45.7
沃伦	46.9	48.0	50.0	48.6	49.1	51.5	50.8	48.0	45.2	42.0	39.5	47.2
沃罗涅日	56.3	51.6	53.6	49.8	51.7	51.3	50.9	56.6	54.3	50.8	48.8	52.3
维亚特卡	54.9	54.0	55.6	53.8	53.2	51.2	51.0	53.6	52.1	53.2	51.3	53.1
格罗德诺	50.2	46.1	45.5	42.6	41.4	41.3	41.2	44.1	40.9	36.8	32.8	42.1
顿河哥萨克军区	48.9	52.6	55.4	53.6	58.5	56.2	57.9	56.5	55.1	52.7	50.5	54.4
叶卡捷琳诺斯拉夫	55.5	51.9	52.9	52.4	55.1	54.1	55.6	55.2	50.3	51.8	47.7	52.9
喀山	48.0	45.8	47.6	46.4	47.5	47.2	43.8	48.3	47.5	45.2	42.8	46.4
卡卢加	50.0	46.2	48.4	45.2	46.8	47.5	47.1	52.6	53.8	46.9	46.5	48.3
基辅	46.7	49.2	50.5	51.3	53.2	51.9	47.8	47.7	43.0	40.0	37.5	47.2
科夫诺	42.3	38.3	38.8	36.0	34.1	34.8	33.6	35.2	32.5	29.3	27.3	34.8

续表

省份	1861~1865	1866~1870	1871~1875	1876~1880	1881~1885	1886~1890	1891~1895	1896~1900	1901~1905	1906~1910	1911~1913	1861~1913
科斯特罗马	48.0	46.7	47.5	47.0	47.1	46.5	46.1	47.6	46.8	45.5	45.1	46.7
库尔兰	36.2	31.0	31.0	29.0	28.8	27.8	26.5	28.6	27.5	23.4	24.6	28.6
库尔斯克	53.5	54.1	54.2	50.5	51.8	47.2	44.0	51.4	50.9	44.3	46.4	49.8
利夫兰	40.6	33.2	34.7	33.8	31.5	29.6	27.7	29.4	26.8	23.9	22.6	30.3
明斯克	53.0	46.9	47.1	44.4	44.1	45.5	46.9	45.1	43.3	39.7	37.5	44.9
莫吉廖夫	50.8	50.9	53.1	49.4	49.8	50.2	50.6	45.3	43.4	39.0	36.8	47.2
莫斯科	50.0	48.3	47.8	44.7	44.5	44.4	40.5	39.7	39.2	40.7	39.6	43.6
下诺夫哥罗德	52.7	51.6	54.6	54.1	54.9	54.3	50.8	52.8	51.2	49.8	46.0	52.1
诺夫哥罗德	45.7	38.3	42.2	42.4	43.0	43.3	42.0	41.6	40.4	41.1	42.0	42.0
奥洛涅茨	48.5	44.1	48.2	50.0	48.5	48.4	43.4	45.3	44.5	45.9	45.8	46.6
奥伦堡	55.3	58.1	58.0	58.6	61.5	61.2	54.1	58.1	61.1	60.2	53.7	58.2
奥廖尔	58.1	55.4	56.6	52.7	51.8	51.6	48.9	52.7	52.1	47.5	44.8	52.0
奔萨	51.3	52.9	54.0	54.0	53.8	50.5	49.3	54.7	52.5	52.5	48.7	52.2
彼尔姆	55.2	56.4	58.5	55.4	56.7	55.1	53.6	55.9	54.8	57.	55.2	55.9
波多利斯克	45.7	46.2	48.0	47.9	50.4	48.8	46.5	46.2	44.6	41.6	36.7	45.7
波尔塔瓦	53.8	50.1	50.4	46.3	47.5	45.0	43.1	40.6	39.7	39.7	39.7	44.8
普斯科夫	51.1	49.1	51.8	49.0	48.1	49.4	46.6	45.2	42.5	41.5	39.1	46.7
梁赞	52.7	52.0	53.1	49.7	48.8	48.4	46.7	50.2	47.3	44.5	40.6	48.5

俄国人口的百年变迁（1811~1913）

续表

省份	1861~1865	1866~1870	1871~1875	1876~1880	1881~1885	1886~1890	1891~1895	1896~1900	1901~1905	1906~1910	1911~1913	1861~1913
萨马拉	58.2	57.0	58.3	57.3	60.9	58.1	53.6	57.6	58.3	55.4	55.0	57.2
彼得堡	41.2	40.0	38.2	37.3	36.1	34.1	33.7	32.8	33.4	31.3	29.3	35.2
萨拉托夫	54.0	51.2	54.3	51.1	53.0	51.8	51.5	55.9	53.1	49.0	47.2	52.0
辛比尔斯克	52.5	50.8	51.3	49.7	49.2	48.5	48.0	52.4	53.8	53.8	49.5	50.9
斯摩棱斯克	54.1	52.0	53.4	53.1	54.8	54.4	53.5	51.4	49.7	46.6	44.9	51.6
塔夫里达	49.0	51.5	48.1	49.6	47.9	49.4	48.1	47.5	44.7	46.1	42.8	47.7
唐波夫	51.6	49.4	51.2	48.4	49.8	49.5	46.9	50.1	49.7	49.2	47.2	49.4
特维尔	48.7	45.9	48.4	47.	48.2	46.0	44.4	45.0	45.0	42.1	40.1	45.5
土拉	55.9	53.8	55.5	51.2	51.0	50.3	49.9	56.9	51.4	47.9	44.0	51.6
乌法	—	50.6	51.7	50.5	49.8	47.7	48.1	48.0	49.9	52.0	47.7	49.6
哈尔科夫	53.1	52.7	54.3	49.7	49.8	49.6	47.5	50.1	45.6	44.5	43.9	49.2
赫尔松	53.5	44.1	44.6	44.9	51.2	52.1	51.4	45.0	42.8	40.5	39.8	46.6
切尔尼戈夫	54.9	52.3	50.1	46.1	48.1	48.5	47.6	51.4	44.1	41.1	39.7	47.2
爱斯特兰	39.1	31.8	33.7	31.6	30.3	29.4	28.1	49.9	28.5	26.2	24.6	30.2
雅罗斯拉夫	45.4	41.4	43.1	41.8	41.5	39.0	39.2	45.6	39.6	38.0	36.4	40.3
欧俄50省	50.7	49.7	51.2	49.5	50.5	50.2	48.9	49.5	47.7	45.8	43.9	48.9

表 6-3　1861~1913 年欧俄 50 省人口出生率划分

出生率(‰)	省份数量(个)
≥55	4
50.0~54.9	11
45.0~49.9	20
40.0~44.9	10
<40	5

对比最初 5 年和最后 3 年的指标也颇具意义，通过这些数据可看出各省出生率的变化，具体数据见表 6-4。

表 6-4　1881~1865 年和 1911~1913 年欧俄 50 省的人口出生率变化

省　份	出生率(‰)		出生率变化（个千分点）
	1861~1865 年	1911~1913 年	
阿斯特拉罕	50.3	54.1	3.8
阿尔汉格尔斯克	41.1	43.5	2.4
顿河哥萨克军区	48.9	50.5	1.6
沃洛格达	46.0	47.0	1.0
彼尔姆	55.2	55.2	0
比萨拉比亚	41.4	40.4	-1.0
奥伦堡	55.3	53.7	-1.6
奔萨	51.3	48.7	-2.6
萨马拉	58.2	55.0	-3.2
奥洛涅茨	48.5	45.8	-2.7
叶卡捷琳诺斯拉夫	55.5	47.7	-7.8
沃伦	46.9	39.5	-7.4
斯摩棱斯克	54.1	44.9	-9.2
哈尔科夫	53.1	43.9	-9.2
特维尔	48.7	40.1	-8.6
基辅	46.7	37.5	-9.2
波多利斯克	45.7	36.7	-9.0
雅罗斯拉夫	45.4	36.4	-9.0
莫斯科	50.0	39.6	-10.4
土拉	55.9	44.0	-11.9
弗拉基米尔	52.0	40.2	-11.8
奥廖尔	58.1	44.8	-13.3
梁赞	52.7	40.6	-12.1

俄国人口的百年变迁（1811~1913）

续表

省 份	出生率(‰)		出生率变化（个千分点）
	1861~1865年	1911~1913年	
普斯科夫	51.1	39.1	-12.0
赫尔松	53.5	39.8	-13.7
莫吉廖夫	50.8	36.8	-14.0
乌法	50.6*	47.7	-2.9
辛比尔斯克	52.5	49.5	-3.0
科斯特罗马	48.0	45.1	-2.9
维亚特卡	54.9	51.3	-3.6
卡卢加	50.0	46.5	-3.5
诺夫哥罗德	45.7	42.0	-3.7
唐波夫	51.6	47.2	-4.4
喀山	48.0	42.8	-5.2
萨拉托夫	54.0	47.2	-6.8
下诺夫哥罗德	52.7	46.0	-6.7
塔夫里达	49.0	42.8	-6.2
沃罗涅日	56.3	48.8	-7.5
库尔斯克	53.5	46.4	-7.1
切尔尼戈夫	54.9	39.7	-15.2
彼得堡	41.2	29.3	-11.9
明斯克	53.0	37.5	-15.5
维捷布斯克	48.0	33.3	-14.7
波尔塔瓦	53.8	39.7	-14.1
库尔兰	36.2	24.6	-11.6
格罗德诺	50.2	32.8	-17.4
科夫诺	42.3	27.3	-15.0
爱斯特兰	39.1	24.6	-14.5
维尔纳	50.2	30.6	-19.6
利夫兰	40.6	22.6	-18.0
欧俄50省	50.7	43.9	-6.8

* 1866~1870年的数据。

由表6-4中数据可知，52年间波罗的海沿岸省份、西部省份和首都的出生率均明显下降。沃洛格达和顿河哥萨克军区等少数几个省份的出生率略有增加。

二 俄国人口结婚率

在研究时期内，俄国居民的结婚率基本保持了较高水平。高结婚率和早婚对生育率产生了重大影响，农村地区更为显著。笔者对1861~1911年欧俄50省各个时期的结婚率进行了分析，具体数据见表6-5。

由表6-5中数据可知，在研究时期内欧俄各地居民结婚率整体呈下降趋势。1861~1870年，欧洲50省的平均结婚率约为10.3‰，1901~1911年约为8.4‰。需着重强调的是，因1874年俄国开始实行普遍义务兵役制，随后几年的结婚率略有下降。

实行普遍义务兵役制的最初几年，应征入伍人口的结婚率明显下降，具体数值见表6-6。

在现役军人中，已婚人口的占比从1874年的38.4%下降到1878年的32%。各省现役军人的已婚比例差别很大，如斯塔夫罗波尔省现役军人中已婚人员的占比为70.8%，唐波夫省和奔萨省分别为65.5%和65.4%，波罗的海三省现役军人中已婚人员的占比仅为2.5%~4%。

为更好地阐释俄国居民的结婚率指标，笔者以5年为界进行分析，具体数据见表6-7。

关于欧俄地区某些省份居民的婚姻状况，С.А.诺沃谢利斯基写道："在欧俄地区的一些省份中，波罗的海省份、维尔纳省、科夫诺省、格罗德诺省、维捷布斯克省和莫吉廖夫省的结婚率较低，1907~1911年上述省份的结婚率为5.2‰~6.9‰。东部省份的结婚率略高，如乌法、奥伦堡、彼尔姆、萨马拉、维亚特卡和喀山等省，上述省份的结婚率为9.0‰~11.0‰。"[1]

---

[1] С. А. Новосельский. Обзор главнейших данных по демографии и санитарной статистике России. Пг., 1916, стр. 37.

表 6-5　1861~1911 年欧俄 50 省的结婚率

单位：‰

年份	结婚率	年份	结婚率
1861	11.6	1888	9.8
1862	10.9	1889	8.8
1863	9.4	1890	8.4
1867	10.2	1891	8.6
1868	9.6	1892	8.9
1869	10.1	1893	8.9
1870	10.4	1894	9.5
1871	10.4	1895	9.3
1872	10.4	1896	8.8
1873	9.7	1897	9.1
1874	9.8	1898	8.7
1875	9.7	1899	9.3
1876	8.4	1900	8.9
1871	7.4	1901	8.6
1878	9.2	1902	8.6
1879	10.2	1903	8.9
1880	9.6	1904	7.6
1881	9.8	1905	7.6
1882	9.5	1906	9.6
1883	9.6	1907	9.0
1884	8.9	1908	8.0
1885	8.6	1909	8.0
1886	8.5	1910	8.4
1887	9.0	1911	8.0

资料来源：Военно-статистический сборник, вып. Ⅳ. СПб., 1871；С. А. Новосельский. Обзор главнейших лапных по демографии и санитарной статистике России. Пг., 1916. стр. 36-37。

表 6-6　实施普遍义务兵役制后现役军人中已婚人员的占比

单位：%

年份	占比
1874	38.4
1875	37.5
1876	36.4
1877	33.5
1878	32.0

资料来源：Всеобщая воинская повинность в империи за первое десятилетие 1874-1883 гг., СПб., 1886. стр. XXXIV-XXXX。

表 6-7 1861~1911 年俄国居民的结婚率

单位：‰

年份	结婚率
1861~1865	10.6
1866~1870	10.1
1871~1875	10.0
1876~1880	9.0
1881~1885	9.2
1886~1890	8.9
1891~1895	9.0
1896~1900	9.0
1901~1905	8.3
1906~1910	8.6
1911	8.0

很多研究者指出，经济状况的变化对结婚率的影响最大。П. И. 库尔金对 1883~1897 年莫斯科省居民的结婚率进行分析后得出，莫斯科省人口婚姻状况的变化反映了该省经济条件的变化方向，经济危机与莫斯科省的婚姻危机相伴而生。

他写道："这两种现象是平行发展的，而且该特征十分突出，虽然我们所掌握的数据只是评估该省卫生和经济状况的材料，部分材料虽因年代较为久远而不完整，却不影响结果。"①

笔者整理了 1867~1881 年俄国已婚者的年龄分布情况，具体数据见表 6-8。

表 6-8 1867~1881 年俄国各年龄段已婚者的分布情况

指标	新郎			新娘		
	1867~1871 年	1872~1876 年	1877~1881 年	1867~1871 年	1872~1876 年	1877~1881 年
结婚者数量（千人）	626.0	603.6	592.3	626.0	603.6	592.3
已婚者的年龄分布（%）						
<20 岁	37.8	37.7	37.2	57.3	57.7	59.0
20~25 岁	31.0	30.7	29.7	26.3	26.8	27.0
25~30 岁	10.9	13.0	15.9	7.1	7.0	6.7

---

① П. И. Куркин. Статистика движения населения в Московской губернии в 1883-1897 гг. М., 1902, стр. 512.

续表

指 标	新郎			新娘		
	1867~1871年	1872~1876年	1877~1881年	1867~1871年	1872~1876年	1877~1881年
30~40岁	12.6	11.5	10.5	6.7	5.9	5.2
40~50岁	5.9	5.2	4.6	2.2	2.2	2.0
≥50岁	1.8	1.9	2.1	0.4	0.4	0.1

资料来源：Статистика Российской империи, I, сборник сведений по России за 1834-1885 гг. СПб., 1887. стр. 36-37。

由表6-8中数据可知，83%~86%的新娘年龄在25岁以下，其中一半以上新娘的年龄在20岁以下，其占比为57%~59%；66%~69%的新郎年龄在25岁以下，其中20岁以下的占比为37%~38%[①]。17%~21%的男性和7%~10%的女性在30岁及以上才结婚。在调查的3个时期内，新郎和新娘的年龄分布大体稳定。

1890~1910年已婚者的年龄分布并没有明显的变化，具体数据见表6-9。

表6-9 1890~1910年俄国已婚者的年龄分布

指 标	新郎			新娘		
	1890~1894年	1895~1898年	1910年	1890~1894年	1895~1898年	1910年
结婚者数量(千人)	781.1	838.8	972.7	781.1	833.8	972.7
已婚者的年龄分布(%)						
<20岁	31.2	30.8	30.8	55.3	54.7	54.5
20~25岁	33.9	35.6	36.2	30.4	31.7	31.0
25~30岁	19.1	19.1	18.8	7.3	7.1	7.3
30~40岁	9.8	9.1	8.9	4.8	4.5	4.7
40~50岁	4.1	3.5	3.5	1.8	1.6	1.9
≥50岁	1.9	1.8	1.8	0.4	0.4	0.6

资料来源：本表根据1890~1898年和1910年公布的人口流动数据编制。

---

① 1874年应征入伍的148458人中，有57158人已经结婚组建自己的家庭，这一数据证明了男性早婚的事实。参见 А. В. Федоров. Закон о всесословной воинской повинности 1874 г. и крестьянство. Исторические записки. т. 46. 1954. стр. 189。

表 6-9 中数据表明,与以前一样,25 岁以下年龄组的新娘人数占比最高(85.5%~86.4%),很多年间,该指标的波动很小。

此外,笔者还对部分城市和农村地区的结婚率进行了分析,仍按照年龄进行划分,具体数据见表 6-10。

表 6-10 1910 年欧俄部分城市和农村地区各年龄段已婚者的分布

单位:%

	性别	按年龄划分的新郎和新娘的百分比					
		<20 岁	20~25 岁	25~30 岁	30~40 岁	40~50 岁	≥50 岁
总计	男性	30.8	36.2	18.8	8.9	3.5	1.8
	女性	54.5	31.0	7.3	4.7	1.9	0.6
主要城市	男性	11.5	36.4	29.0	16.0	4.8	2.3
	女性	35.5	35.1	14.3	10.6	3.7	0.8
其他城市	男性	14.4	40.1	27.1	12.1	4.0	2.3
	女性	43.0	37.4	10.8	6.0	2.1	0.7
农村地区	男性	33.3	36.0	17.5	8.1	3.4	1.7
	女性	56.7	30.2	6.7	4.1	1.7	0.6

资料来源:Таблица составлена на основании данных, опубликованных в изд. Движение населения в Европейской России за 1910 г. СПб., стр. 88-89。

早婚在农村地区尤为普遍。年龄在 20 岁以下的新娘中,分布在主要城市的占比为 35.5%,分布在其他城市的占比为 43.0%,分布在农村的占比为 56.7%。居住在城市的男性居民的结婚年龄相对较大。25 岁及以上结婚的男性在农村地区的占比为 30.7%,在其他城市的占比为 45.5%,在主要城市的占比为 52.1%。

在了解结婚率的相关指标之后,笔者对结婚率和生育率进行了比较。值得一提的是,20 岁以下新娘占比较高的省份中出生率较高,具体数据见表 6-11。

20 岁以下新娘占比较低的省份人口出生率也较低,具体数据见表 6-12。

表 6-11　20 岁以下新娘占比较高省份的出生率

省份	20 岁以下新娘的占比（%）	出生率（‰）
阿斯特拉罕	77.5	53.7
奥伦堡	74.1	59.6
奔萨	73.0	52.1
彼尔姆	67.8	59.3
萨马拉	67.6	57.7
辛比尔斯克	67.0	55.4

表 6-12　20 岁以下新娘占比较低省份的出生率

省份	20 岁以下新娘的占比（%）	出生率（‰）
格罗德诺	34.9	34.3
维尔纳	33.0	30.2
普斯科夫	31.4	40.6
维捷布斯克	31.3	33.6
彼得堡	27.3	29.5
科夫诺	25.0	27.5
爱斯特兰	23.5	25.4
库尔兰	21.2	24.0
利夫兰	20.1	23.1

为更好地研究人口结婚率和出生率间的关系，笔者以 1910 年数据为基础编制了表 6-13。

表 6-13　1910 年部分省份 20 岁以下新娘占比与出生率的关系

20 岁以下新娘的占比（%）	省份数量（个）	出生率（‰）
≥60	17	50.4
50~60	8	46.5
40~50	9	40.6
30~40	11	38.3
20~30	5	26.2

由表 6-13 中数据可知，20 岁以下新娘的占比越低，人口出生率越低。值得注意的是，在结婚年龄方面，俄国居民与许多其他国家的居民存在

较大差异,即俄国早婚率很高。从 А. И. 秋普罗夫公布的相关材料中也可观察到这一特征,具体数据见表 6-14。

表 6-14 19 世纪七八十年代部分欧洲国家早婚率

国家	20 岁以下已婚者的占比(%)	
	男性	女性
瑞典(1871~1882 年)	0.1	5.5
法国(1871~1882 年)	2.4	21.2
英国(1872~1882 年)	3.4	14.4
俄国(1876~1880 年)	38.1	58.9

资料来源:А. И. Чупров. Статистика народонаселения. М., 1900. стр. 353。

从表 6-14 中数据可知,俄国早婚率明显高于瑞典、法国和英国。

笔者还收集到 1906~1910 年部分欧洲国家和地区的相关数据,见表 6-15。

表 6-15 1906~1910 年部分欧洲国家和地区早婚率

国家/地区	20 岁以下已婚者的占比(%)	
	男性	女性
欧俄地区	30.2	54.0
塞尔维亚	37.6	56.0
德国	0.6	16.4
英格兰和威尔士	4.0	13.9
比利时	5.3	20.5
荷兰	3.6	13.3

资料来源:Дж. Г. Уиппль и С. А. Новосельский, Основы демографической и санитарной статистики. М., 1929. стр. 479。

由表 6-15 中数据可知,欧俄地区和塞尔维亚的早婚率较高。

В. И. 格列本什奇科夫指出,据 1896~1897 年的统计数据,在欧俄 26 省的每1000名15~50岁的女性中，每年共有199名女性生产。他还编制了一份表格详细阐释大城市、其他城市和农村的指标差异，具体数据见表6-16。

表6-16 1896~1897年欧俄26省大城市、其他城市和农村中每1000名15~50岁女性每年生育子女的数量

单位：人

省 份	大城市	其他城市	农村
沃罗涅日	134	99*	260
乌法	166	209	175
奔萨	155	226	231
奥廖尔	139	119	235
彼尔姆	201	147	228
梁赞	135	159	226
辛比尔斯克	167	203	222
斯摩棱斯克	137	132	226
维亚特卡	121	111	218
赫尔松	221	182	239
卡卢加	138	162	216
喀山	136	181	314
弗拉基米尔	137	177	207
莫吉廖夫	121	143	199
明斯克	122	137	198
科斯特罗马	132	155	193
普斯科夫	162	137	190
奥洛涅茨	148	132	189
下诺夫哥罗德	107	146	183
沃洛格达	120	143	182
维捷布斯克	115	134	172
格罗德诺	120	122	186
维尔纳	110	138	166
雅罗斯拉夫	162	149	161
科夫诺	124	120	142
彼得堡	107	175	156
26省平均**	124	157	206

* 该数据有待考证。
** 26省平均数据疑有误，因无充分修改依据，保留原文。——编者注
资料来源：Вестник общественной гигиены № 9. 1904. стр. 1451。

1896~1897年，欧俄26省的大城市、其他城市和农村，每1000名15~50岁女性每年生育子女的数量分别为124人、157人和206人。其中，大多数省份的数值存在差异。

总体而言，城市和农村的生育率指标差异很大，但也有一些省份三者之间的差异相对较小。

根据1897年人口普查数据，笔者对欧俄50省15岁及以上女性中已婚女性的占比进行分析，具体数据见表6-17。

表6-17　欧俄50省15岁及以上女性中已婚女性的占比

省　份	15岁及以上女性中已婚女性的占比（%）
顿河哥萨克军区	72.1
沃罗涅日	71.3
奥伦堡	71.3
阿斯特拉罕	70.4
萨拉托夫	70.2
萨马拉	70.0
哈尔科夫	69.3
叶卡捷琳诺斯拉夫	68.8
唐波夫	68.5
塔夫里达	68.3
比萨拉比亚	67.9
奔萨	67.8
乌法	66.9
梁赞	66.2
库尔斯克	66.2
土拉	65.6
沃伦	65.4
波多利斯克	65.4

续表

省　份	15岁及以上女性中已婚女性的占比(%)
彼尔姆	65.2
下诺夫哥罗德	65.0
莫斯科(除莫斯市)	52.9
库尔兰	52.5
科夫诺	50.3
赫尔松(除敖德萨市)	64.9
奥廖尔	64.6
切尔尼戈夫	64.2
基辅	63.7
辛比尔斯克	63.6
斯摩棱斯克	63.0
维亚特卡	62.8
弗拉基米尔	61.5
明斯克	61.4
格罗德诺	61.3
喀山	61.2
科斯特罗马	58.5
特维尔	58.3
沃洛格达	56.4
奥洛涅茨	56.1
卡卢加	55.9
普斯科夫	55.5
莫吉廖夫	55.4
维尔纳	55.1
维捷布斯克	54.1
阿尔汉格尔斯克	54.0
诺夫哥罗德	53.6
雅罗斯拉夫	50.0

省　份	15 岁及以上女性中已婚女性的占比（%）
爱斯特兰	50.0
利夫兰	47.8
彼得堡（除彼得堡市）	46.1
欧俄 50 省	62.6

资料来源：Общий свод…，СПб. 1905。

由表 6-17 中数据可知，在 15 岁及以上女性中，顿河哥萨克军区、沃罗涅日、奥伦堡、雅罗斯拉夫、爱斯特兰和利夫兰的已婚女性占比分别为 72.1%、71.3%、71.3%、50.0%、50% 和 47.8%。

笔者还估算了改革前俄国新婚家庭的新生儿数量（见表 6-18）。

表 6-18　改革前俄国新婚家庭的新生儿数量

单位：人

年份	新生儿数量
1805~1809	4.49
1810~1814	4.32
1825~1829	4.79
1830~1834	5.3
1835~1839	4.84
1840~1844	4.56
1845~1849	4.46

资料来源：А. Рославский. Исследование о движении населения в России, Вестник Русского географического общества за 1853г. кн. Ⅲ. ч. 8. стр. 7。

总体而言，表中数值可能估计过低。

为更好地确定新婚家庭的新生儿数量，笔者对 1910 年俄国 50 省的数据进行了分析，具体数据见表 6-19。

表 6-19　1910 年俄国 50 省新婚家庭的新生儿数量

单位：人

省　份	新婚家庭的新生儿数量	省　份	新婚家庭的新生儿数量
土拉	6.8	奥廖尔	5.5
奔萨	6.7	叶卡捷琳诺斯拉夫	5.4
唐波夫	6.7	喀山	5.4
下诺夫哥罗德	6.6	科斯特罗马	5.2
沃罗涅日	6.3	普斯科夫	5.2
莫斯科	6.1	沃洛格达	5.1
梁赞	6.1	顿河哥萨克军区	5.1
萨马拉	6.1	喀山	5.1
辛比尔斯克	6.1	科夫诺	5.1
弗拉基米尔	6.0	奥洛涅茨	5.1
奥伦堡	6.0	彼得堡	5.1
彼尔姆	6.0	塔夫里达	5.1
斯摩棱斯克	5.9	维捷布斯克	5.0
特维尔	5.9	哈尔科夫	5.0
库尔斯克	5.8	比萨拉比亚	4.9
萨拉托夫	5.8	明斯克	4.9
乌法	4.9	莫吉廖夫	4.9
雅罗斯拉夫	4.9	阿尔汉格尔斯克	4.5
维尔纳	4.8	基辅	4.5
格罗德诺	4.8	波多利斯克	4.5
沃伦	4.7	波尔塔瓦	4.4
赫尔松	4.6	爱斯特兰	3.6
切尔尼戈夫	4.6	库尔兰	3.4
维亚特卡	5.7	利夫兰	3.1
下诺夫哥罗德	5.6	欧俄 50 省平均	5.3
阿斯特拉罕	5.5		

资料来源：Таблица составлена на основании данных, опубликованных в изд. Движение населения в. Европейской России за 1910 г. Пг., 1916。

由表6-19中数据可知,1910年欧俄50省平均每个已婚家庭会生育5.3个孩子。其中,土拉省、奔萨省、唐波夫省和下诺夫哥罗德省的新生儿数量较高,达6.6~6.8人,波罗的海三省的新生儿数量较低,低于4人。

笔者在这些数据基础上也对一些相关指标进行了分析,借此可更好地描述俄国人口自然流动的特征。

第7章
1861~1913年俄国人口死亡率

在确定改革后俄国人口自然变动的一般特征后可得知,俄国的人口死亡率极高。在本章,笔者主要研究有关儿童死亡率的相关指标,并对导致儿童高死亡率的相关因素进行简要阐释。

一 欧俄地区人口死亡率变动

1861~1913年欧俄50省的人口死亡率见表7-1。

表7-1 1861~1913年欧俄50省的人口死亡率

单位:‰

省份	人口死亡率	省份	人口死亡率
彼尔姆	43.3	沃罗涅日	36.6
萨马拉	40.2	卡卢加	36.1
奥伦堡	40.0	科斯特罗马	34.9
奥廖尔	37.7	库尔斯克	34.5
莫斯科	37.6	特维尔	34.1
萨拉托夫	37.5	喀山	34.0
奥洛涅茨	37.4	唐波夫	33.9
辛比尔斯克	37.0	普斯科夫	33.1

续表

省　份	人口死亡率	省　份	人口死亡率
梁赞	33.0	波多利斯克	30.1
雅罗斯拉夫	32.8	赫尔松	29.8
沃洛格达	32.7	沃伦	29.6
彼得堡	32.7	比萨拉比亚	28.1
哈尔科夫	32.7	波尔塔瓦	28.4
乌法	32.1	莫吉廖夫	27.7
顿河哥萨克军区	31.7	阿尔汉格尔斯克	27.6
下诺夫哥罗德	39.8	塔夫里达	27.6
维亚特卡	39.3	格罗德诺	27.5
阿斯特拉罕	39.0	维捷布斯克	25.6
土拉	38.5	明斯克	25.0
弗拉基米尔	38.0	维尔纳	24.6
奔萨	38.0	科夫诺	23.9
斯摩棱斯克	37.9	爱斯特兰	21.9
诺夫哥罗德	31.4	利夫兰	21.7
切尔尼戈夫	31.1	库尔兰	19.1
基辅	31.0	欧俄50省平均	34.0
叶卡捷琳诺斯拉夫	30.1		

由表7-1中数据可知，1861~1913年欧俄50省的平均人口死亡率为34.0‰，各省略有差异。彼尔姆的人口死亡率为43.3‰，萨马拉为40.2‰，奥伦堡为40.0‰。人口死亡率不到25‰的省份包括维尔纳、科夫诺、爱斯特兰、利夫兰和库尔兰，人口死亡率分别为24.6‰、23.9‰、21.9‰、21.7‰和19.1‰。

应该着重强调的是，1867~1913年乌克兰地区的平均人口死亡率明显低于欧俄50省。

表 7-2　1867~1913 年欧俄 50 省和乌克兰地区人口死亡率对比

年份	人口死亡率(‰)		两个地区相差(个千分点)
	欧俄 50 省	乌克兰地区	
1867~1870	37.5	32.0	5.5
1871~1875	37.1	35.7	1.4
1876~1880	35.7	31.9	3.8
1881~1885	36.4	32.5	3.9
1886~1890	34.5	31.6	2.9
1891~1895	36.2	31.7	4.5
1896~1900	32.1	27.6	4.5
1901~1905	31.0	26.1	4.9
1906~1910	29.5	26.1	3.4
1911~1913	27.1	22.7	4.4
1867~1913	33.7	29.8	3.9

资料来源：Таблица составлена на основании данных, опубликованных в работе М. Птухи - Смертность у Росії й на Україні. Харьків-Київ., 1928. стр. 152。

由表 7-2 中数据可知，1867~1913 年欧俄 50 省的平均人口死亡率为 33.7‰，乌克兰地区为 29.8‰，两者相差 3.9 个千分点。

为更好地确定欧俄 50 省的人口死亡率，笔者以 5 年为界进行分析，具体数据见表 7-3。

由表 7-3 中数据可知，19 世纪 60~80 年代，工业省份的人口死亡率普遍高于 40‰，如弗拉基米尔省（40.7‰~44.9‰）、下诺夫哥罗德省（41.9‰~45.6‰）和彼尔姆省（43.6‰~45.6‰）等。

即使是在俄国资本主义发展初期，工业相对发达省份的人口死亡率也在持续上升。Н. 福莱洛夫斯基在他于 1869 年发表的作品《俄国工人阶级的状况》中提到雅罗斯拉夫和下诺夫哥罗德省人口死亡率高的原因，他写道："我们发现在工业省份雅罗斯拉夫尔和下诺夫哥罗德，居民福利不断下降，甚至农奴制改革也没能拯救他们。因税收沉重，农民日渐贫困，由此产生了牲畜短缺和土壤枯竭等连锁反应，再加上他们在工厂中长期从事繁重的工作，没有任何措施保护他们的健康，对他们的生命产生了非常恶劣的影响，

第7章 1861~1913年俄国人口死亡率

表7-3 1861~1913年欧俄50省的人口死亡率

单位：‰

省份	1861~1865年	1866~1870年	1871~1875年	1876~1880年	1881~1885年	1886~1890年	1891~1895年	1896~1900年	1901~1905年	1906~1910年	1911~1913年	1861~1913年
阿尔汉格尔斯克	29.5	29.5	29.4	27.7	28.8	25.5	26.6	26.1	28.3	26.5	26.0	27.6
阿斯特拉罕	34.3	41.4	39.0	38.7	43.0	40.5	46.9	—	35.3	38.4	33.2	39.0
比萨拉比亚	25.8	30.0	32.2	34.5	28.5	27.4	31.3	25.2	24.7	26.7	30.8	28.8
维尔纳	28.2	28.2	27.8	25.7	26.7	25.4	27.2	22.8	22.4	18.9	17.7	24.6
维捷布斯克	36.8	31.3	27.7	25.9	26.2	24.6	24.4	23.1	24.1	20.3	17.4	25.6
弗拉基米尔	40.7	43.9	44.9	42.5	43.1	40.7	39.3	34.3	31.3	29.7	26.3	38.0
沃洛格达	35.6	35.1	34.9	33.4	36.0	31.6	29.8	30.3	31.8	30.4	31.0	32.7
沃伦	31.8	31.6	37.0	30.7	33.5	32.4	31.1	26.5	26.2	24.0	21.0	29.6
沃罗涅日	41.3	37.2	37.4	37.5	37.6	36.4	43.6	36.0	33.3	33.7	28.7	36.6
维亚特卡	42.2	43.0	39.4	40.8	39.6	40.2	37.3	38.7	37.5	37.3	36.7	39.3
格罗德诺	30.0	28.6	31.7	29.0	31.4	28.3	27.0	27.9	26.6	22.4	19.3	27.5
顿河哥萨克军区	23.3	28.5	28.3	28.8	34.7	36.2	40.6	32.7	32.9	35.1	27.4	31.7
叶卡捷琳诺斯拉夫	32.3	31.3	31.8	32.0	33.1	34.5	34.3	25.8	26.1	28.0	22.0	30.1
喀山	37.1	39.0	33.0	34.2	34.2	32.8	38.2	33.2	31.4	30.7	29.9	34.0
卡卢加	35.2	38.6	37.0	34.2	36.8	35.7	36.9	39.2	40.3	34.1	29.3	36.1
基辅	30.8	32.7	40.3	34.2	35.2	33.6	33.2	28.2	25.8	26.1	20.9	31.0

俄国人口的百年变迁（1811~1913）

续表

省份	1861~1865年	1866~1870年	1871~1875年	1876~1880年	1881~1885年	1886~1890年	1891~1895年	1896~1900年	1901~1905年	1906~1910年	1911~1913年	1861~1913年
科夫诺	26.1	33.8	23.8	23.2	24.3	23.2	24.1	22.6	23.1	20.2	18.1	23.9
科斯特罗马	37.8	37.1	38.7	37.5	37.0	35.9	32.7	33.2	33.3	31.5	29.5	34.9
库尔兰	22.0	24.5	19.1	18.5	19.2	17.7	17.5	19.3	19.0	16.6	16.8	19.1
库尔斯克	36.7	36.9	37.5	36.8	43.8	31.2	35.3	34.5	30.9	28.1	28.4	34.5
利夫兰	26.3	27.3	23.1	23.2	22.5	21.0	19.8	20.4	19.6	18.3	17.8	21.7
明斯克	29.5	28.3	30.7	25.9	27.4	25.3	26.3	24.9	24.3	20.3	18.2	25.6
莫吉廖夫	29.8	33.7	38.3	28.5	28.8	30.9	27.4	24.6	24.5	20.5	18.2	27.7
莫斯科	47.6	44.2	46.6	40.9	40.9	37.5	35.6	31.9	30.3	30.4	28.0	37.6
下诺夫哥罗德	43.1	45.6	42.2	42.8	42.8	41.9	41.7	38.3	35.5	33.8	30.7	39.8
诺夫哥罗德	35.4	33.5	31.8	33.6	33.9	31.8	30.2	28.9	29.9	28.6	28.0	31.4
奥洛涅茨	44.3	43.3	39.7	38.9	39.2	34.8	35.9	33.1	34.8	33.7	33.9	37.4
奥伦堡	38.4	42.5	39.4	38.6	43.9	42.2	44.2	36.8	38.4	38.5	37.2	40.0
奥廖尔	43.9	45.8	40.4	39.1	40.6	35.4	38.0	37.0	34.5	32.2	27.6	37.7
奔萨	39.5	40.5	38.9	39.6	40.0	37.2	44.4	37.8	35.3	33.6	30.8	38.0
彼尔姆	45.6	45.6	45.5	43.6	45.0	44.2	41.8	40.9	40.8	41.3	42.2	43.3
波多利斯克	30.0	30.1	37.1	33.3	32.6	30.1	33.8	28.2	27.4	25.9	22.2	30.1
波尔塔瓦	34.7	34.3	37.5	32.9	30.5	28.7	26.9	23.0	23.0	22.5	18.3	28.4

续表

省份	1861~1865年	1866~1870年	1871~1875年	1876~1880年	1881~1885年	1886~1890年	1891~1895年	1896~1900年	1901~1905年	1906~1910年	1911~1913年	1861~1913年
普斯科夫	37.0	41.2	36.4	36.2	36.3	33.8	31.5	30.5	30.3	26.2	24.4	33.1
梁赞	35.6	36.8	38.0	34.8	35.5	32.7	35.3	32.1	31.1	28.1	23.5	33.0
萨马拉	40.5	43.7	37.4	40.8	43.4	39.2	47.6	38.5	38.6	38.0	34.7	40.2
彼得堡	40.4	43.6	39.4	38.7	37.3	29.6	28.8	26.6	26.6	26.2	22.3	32.7
萨拉托夫	40.6	38.5	37.9	39.0	40.2	35.6	41.8	34.7	34.7	32.4	30.6	37.5
辛比尔斯克	41.0	42.1	35.2	36.9	36.7	34.3	42.7	36.3	35.5	34.1	32.1	37.0
斯摩棱斯克	40.9	44.6	43.4	40.0	41.5	38.2	38.2	35.7	35.7	31.8	26.6	37.9
塔夫里达	28.0	30.9	28.3	31.1	28.1	30.4	28.5	24.0	24.7	25.7	23.5	27.6
唐波夫	37.4	33.3	35.4	35.4	35.3	32.9	40.1	32.2	31.6	30.4	28.5	33.9
特维尔	38.1	39.9	36.9	37.5	35.8	33.1	32.2	31.7	33.0	30.1	26.6	34.0
土拉	41.9	43.2	41.1	38.0	40.1	38.6	41.2	41.2	35.9	33.1	29.1	38.5
乌法	—	38.7	32.3	33.6	31.1	31.4	34.5	29.1	30.8	29.6	30.2	32.1
哈尔科夫	37.9	37.5	38.2	35.6	33.9	35.5	32.7	29.8	28.2	27.2	23.1	32.7
赫尔松	38.3	28.6	32.6	39.6	36.1	31.7	30.6	27.9	25.0	25.4	21.6	29.8
切尔尼戈夫	38.5	37.5	39.5	30.9	33.2	31.7	30.6	29.0	26.1	24.2	21.1	31.1
爱斯尼兰	25.3	32.5	22.3	21.2	23.0	21.0	20.1	19.1	19.0	18.6	18.5	21.9
雅罗斯拉夫	38.7	38.0	38.1	35.4	34.8	32.1	22.1	28.3	30.2	28.4	25.1	32.8
欧俄50省平均	36.5	37.4	31.1	35.7	36.4	34.5	36.2	32.1	31.0	29.5	27.1	34.0

所有这些因素融合在一起导致了瘟疫和霍乱盛行，造成过高的人口死亡率。"①

为了更好地确定人口死亡率，笔者对研究时期内首尾两段时期的相关数据进行了分析，具体的人口死亡率见表7-4。

表7-4　1861~1865年和1911~1913年欧俄50省的人口死亡率

省　份	人口死亡率(‰)		两个时期相差(个千分点)
	1861~1865年	1911~1913年	
比萨拉比亚	25.8	30.8	5.0
顿河哥萨克军区	23.3	27.4	4.1
阿斯特拉罕	34.3	33.2	-1.1
奥伦堡	38.4	37.2	-1.2
彼尔姆	45.6	42.2	-3.4
阿尔汉格尔斯克	29.5	26.0	-3.5
沃洛格达	35.6	31.0	-4.6
维亚特卡	42.2	36.7	-5.5
萨马拉	40.5	34.7	-5.8
塔夫里达	28.0	23.5	-4.5
卡卢加	35.2	29.3	-5.9
辛比尔斯克	41.0	32.1	-8.9
诺夫哥罗德	35.4	28.0	-7.4
喀山	37.1	29.9	-7.2
科斯特罗马	37.8	29.5	-8.3
奔萨	39.5	30.8	-8.7
乌法	38.7*	30.2	-8.5
库尔斯克	36.7	28.4	-8.3
奥洛涅茨	44.3	33.9	-10.4
唐波夫	37.4	28.5	-8.9
萨拉托夫	40.6	30.6	-10.0
库尔兰	22.0	16.8	-5.2
波多利斯克	30.0	22.2	-7.8

---

① Н. Флеровский, Положение рабочего класса в России. Соцэкгиз М., 1938. стр.461.

续表

省　份	人口死亡率(‰)		两个时期相差(个千分点)
	1861~1865 年	1911~1913 年	
爱斯特兰	25.3	18.5	-6.8
下诺夫哥罗德	43.1	30.7	-12.4
特维尔	38.1	26.6	-11.5
沃罗涅日	41.3	28.7	-12.6
土拉	41.9	29.1	-12.8
科夫诺	26.1	18.1	-8.0
叶卡捷琳诺斯拉夫	32.3	22.0	-10.3
利夫兰	26.3	17.8	-8.5
基辅	30.8	20.9	-9.9
沃伦	31.8	21.0	-10.8
梁赞	35.6	23.5	-12.1
普斯科夫	37.0	24.4	-12.6
斯摩棱斯克	40.9	26.6	-14.3
雅罗斯拉夫	38.7	25.1	-13.6
弗拉基米尔	40.7	26.3	-14.4
格罗德诺	30.0	19.3	-10.7
维尔纳	28.2	17.7	-10.5
奥廖尔	43.9	27.6	-16.3
明斯克	29.5	18.2	-11.3
莫吉廖夫	29.8	18.2	-11.6
哈尔科夫	37.9	23.1	-14.8
莫斯科	47.6	28.0	-19.6
赫尔松	38.3	21.6	-16.7
彼得堡	40.4	22.3	-18.1
切尔尼戈夫	38.5	21.1	-17.4
波尔塔瓦	34.7	18.3	-16.4
维捷布斯克	36.8	17.4	-19.4
欧俄 50 省	36.5	27.1	-9.4

* 1866~1870 年的数据。

需要强调的是，因某部分群体的死亡记录不够完善，所以报告中的死亡率可能略低于实际值。

由表 7-4 中数据可知，波罗的海沿岸各省、西部省份、中部工业区部分省份（莫斯科、雅罗斯拉夫和弗拉基米尔）的人口死亡率明显下降。从 1861~1865 年到 1911~1913 年，比萨拉比亚省和顿河哥萨克军区的死亡率提高。彼尔姆省 1861~1865 年的死亡率为 45.6‰，1911~1913 年为 42.2‰。

С. А. 诺沃谢利斯基将俄国人口死亡率与其他国家的相应数据进行了比较，他写道："通过研究俄国人口死亡率的性质和特征可以总结出这样一个事实，即俄国 10 岁以下儿童的死亡率特别高，青春期和正在工作人群的死亡率也较高，刚步入老年的人口死亡率适中，80 岁以上人口的死亡率较低。与其他国家相比，俄国女性的死亡率比男性的死亡率更高。俄国人口的高死亡率是俄国作为卫生、文化和经济落后的农业国家的典型特征之一，在类似国家中俄国的地位特殊，因为儿童死亡率特别高，而老年人口死亡率低。"①

二 欧俄地区的儿童死亡率

在十月革命前，俄国经济落后、卫生状况不佳是儿童死亡率极高的重要原因。

到目前为止，大多数已发表著作中有关儿童死亡率的信息只限于短时期内的信息，或只针对个别省份，基于此，笔者认为必须对所有关于儿童死亡率的信息进行系统化分析。

根据 1908~1910 年的统计数据，5 岁以下儿童的死亡人数几乎占总死亡人数的 3/5，其中婴儿死亡率特别高。

П. И. 库尔金在研究 1883~1897 年莫斯科省儿童死亡率时指出："1 岁以下儿童的死亡人数占该省所有年龄段人口死亡总数的 45.4%，这一占比从 1883~1887 年的 46.9% 降至 1888~1892 年的 45.7%，再降至 1893~1897

---

① С. А. Новосельский. Смертность и продолжительность жизни в России, Пг., 1916. стр. 179.

年的43.5%，波动较大。在西部地区1岁以下儿童的死亡人数占该省所有年龄段人口死亡总数的54.9%，在北部地区1岁以下儿童的死亡人数占该省所有年龄段人口死亡总数的47.4%，在中部地区1岁以下儿童的死亡人数占该省所有年龄段人口死亡总数的43.6%，在东南部地区1岁以下儿童的死亡人数占该省所有年龄段人口死亡总数的40.2%。各县城的数值差异较大，鲁扎和波多尔斯基1岁以下儿童的死亡人数分别占该省所有年龄段人口死亡总数的56%和39%。"①

笔者选取彼尔姆省沙德林斯克县的研究资料，在这些数据基础上编制的表格足以生动地说明俄国部分地区儿童的死亡率极高，具体数据见表7-5。

表7-5 彼尔姆省沙德林斯克县儿童的死亡率

年份	5岁以下儿童死亡人数占总死亡人数的比例(%)
1870	68.9
1882~1886	68.2
1887~1891	69.0
1891~1896	63.5
1882~1896	67.1

资料来源：Земский врач И. И. Моллесон, Очерк санитарной обстановки Шадринского уезда Пермской губернии, Казань, 1873 и Движение населения Пермской губернии с 1882 года по 1900 год, ч. I. Шадринский уезд. Пермь., 1903. стр. 13-14。

由表7-5中数据可知，1870年和1882~1896年，沙德林斯克县5岁以下儿童的死亡人数约占总死亡人数的2/3。

中央统计委员会主任 П. 格奥尔吉耶夫斯基教授撰写了一篇简评《1909年、1910年和1911年欧俄地区一岁以下儿童的出生率和死亡率》，笔者据此得出了如下结论：

"之前的25~30年……在所有国家，婴儿死亡率都显著下降。即便是在

---

① П. И. Куркин, Детская смертность в Московской губернии в се уездах в 1883-1897 гг. М., 1902. стр. 181.

瑞典这样婴儿死亡率较高的国家，死亡率也几乎减半（从 13.2% 降至 7.5%）。俄国的婴儿死亡率不但不能与欧洲发达国家的低死亡率相比，而且与一些发展中国家不相上下，以 1901 年为例，俄国每 100 名婴儿中死亡人数为 27.2 人，当时墨西哥的该数值为 30.4 人。在研究时期内，俄国婴儿死亡率一直居高不下。"①

在 С. А. 诺沃谢利斯基的著作中曾含有 1867~1911 年欧俄地区 0~1 岁婴儿死亡率的相关数据（见表 7-6）。

表 7-6　1867~1911 年欧俄地区 0~1 岁婴儿的死亡率

单位：%

年份	死亡率	年份	死亡率
1867~1871	26.7	1892~1896	27.5
1872~1876	27.3	1897~1901	26.0
1877~1881	27.0	1902~1906	25.3
1882~1886	27.1	1907~1911	24.4
1887~1891	26.9		

资料来源：С. А. Новосельский, Обзор главнейших данных по демографии и санитарной статистике. Пг., 1916, стр. 65-66。

1867~1911 年欧俄地区 0~1 岁婴儿的死亡率见表 7-7。

在婴儿死亡率普遍较高的情况下，1868 年、1872 年、1882 年和 1892 年的婴儿死亡率尤其高。

П. И. 库尔金指出："之前俄国的婴儿死亡率一直很高，每 100 名婴儿中就有 23~24 人死亡，且死亡率从未低于这个数值。"②

欧俄 50 省 3 个时段的婴儿死亡率见表 7-8。

---

① П. Георгиевский, Смертность младенцев в возрасте от рождения до одного года в 1909, 1910 и 1911 годах в Европейской России. СПб., 1914. стр. Ⅳ.

② П. И. Куркин, Смертность грудных детей, Статистический очерк. М., 1925. стр. 27.

表 7-7 1867~1911 年欧俄地区 0~1 岁婴儿的死亡率

单位：%

年份	死亡率	年份	死亡率
1867	24.3	1890	29.2
1868	29.9	1891	27.2
1869	27.5	1892	30.7
1870	24.8	1893	25.2
1871	27.4	1894	26.5
1872	29.5	1895	27.9
1873	26.2	1896	27.4
1874	26.2	1897	26.0
1875	26.6	1898	27.9
1876	27.8	1899	24.0
1877	26.0	1900	25.2
1878	30.0	1901	27.2
1879	25.2	1902	25.8
1880	28.6	1903	25.0
1881	25.2	1904	23.2
1882	30.1	1905	27.2
1883	28.4	1906	24.8
1884	25.4	1907	22.5
1885	27.0	1908	24.4
1886	24.8	1909	24.8
1887	25.6	1910	27.1
1888	25.0	1911	23.7
1889	27.5		

资料来源：П. И. Куркин. Смертность и рождаемость в капиталистических государствах Европы. М., 1938. стр. 84。

各省的婴儿死亡率差异很大。表 7-8 中的数据涵盖 3 个时期，值得一提的是，因统计数据不完全，部分省份的婴儿死亡率非常高。

表7-8　1867~1881年、1886~1897年和1908~1910年欧俄50省0~1岁婴儿的死亡率

单位：‰

省份	1867~1881年	1886~1897年	1908~1910年
彼尔姆	438	437	320
莫斯科	406	366	299
下诺夫哥罗德	397	410	340
弗拉基米尔	388	363	305
维亚特卡	383	371	325
雅罗斯拉夫	349	306	280
科斯特罗马	349	341	314
彼得堡	345	341	267
奥洛涅茨	344	321	321
特维尔	340	328	307
萨拉托夫	330	377	287
辛比尔斯克	328	340	308
诺夫哥罗德	327	312	299
沃洛格达	326	358	295
奥伦堡	320	308	250
斯摩棱斯克	310	322	313
奔萨	310	366	305
普斯科夫	306	298	266
萨马拉	305	315	297
土拉	302	320	275
奥廖尔	302	319	294
卡卢加	283	348	304
沃罗涅日	280	309	276
喀山	280	281	236
梁赞	277	292	262
阿尔汉格尔斯克	274	253	245
唐波夫	254	314	277
乌法	243	253	207
阿斯特拉罕	245	298	253
库尔斯克	224	255	286
哈尔科夫	216	232	210
切尔尼戈夫	211	229	209
利夫兰	210	190	163

续表

省份	1867~1881 年	1886~1897 年	1908~1910 年
赫尔松	205	170	209
基辅	204	226	240
波尔塔瓦	203	205	172
爱斯特兰	181	156	138
莫吉廖夫	179	194	196
比萨拉比亚	177	181	196
沃伦	169	187	175
波多利斯克	169	178	177
格罗德诺	168	179	167
库尔兰	166	156	144
维捷布斯克	163	187	185
塔夫里达	160	179	162
顿河哥萨克军区	160	206	256
科夫诺	155	173	164
明斯克	153	173	164
叶卡捷琳诺斯拉夫	152	188	179
维尔纳	125	141	150
欧俄 50 省	271	274	253

资料来源：Смертность младенцев в Европейской России в 1867－1881 гг. СПб., 1889; Д. А. Соколов и В. И Гребенщиков, Смертность в России и борьба с ней. СПб., 1901; Движение населения в Европейской России за 1908, 1909 и 1910 гг.

由表 7-8 中数据可知，大多数省份的婴儿死亡率极高。1867~1881 年，彼尔姆省的婴儿死亡率为 438‰，莫斯科省和下诺夫哥罗德省则分别为 406‰和 397‰。

1908~1910 年，婴儿死亡率降低主要源于部分高死亡率省份（彼尔姆、莫斯科、下诺夫哥罗德、弗拉基米尔、雅罗斯拉夫、彼得堡、奥伦堡和喀山等）的死亡率下降。但也有部分省份的婴儿死亡率上升，如库尔斯克、基辅、比萨拉比亚和顿河哥萨克军区等。

1867~1881年和1908~1910年，大多数省份婴儿死亡率的变化相对较小。

根据1908~1910年的婴儿死亡率，可将欧俄50省分为如下5组。①

第一组，婴儿死亡率为14%~18%，包含12个省份，即爱斯特兰、库尔兰、利夫兰、维尔纳、明斯克、格罗德诺、波多利斯克、沃伦、科夫诺、塔夫里达、叶卡捷琳诺斯拉夫和波尔塔瓦，这些省份主要位于俄国西部和东部地区。

第二组，婴儿死亡率为18%~22%，包含7个省份，即维捷布斯克、莫吉廖夫、比萨拉比亚、赫尔松、哈尔科夫、切尔尼戈夫和乌法，这些省份主要位于俄国的西部和南部地区。

第三组，婴儿死亡率为22%~26%，包含6个省份，即阿斯特拉罕、基辅、喀山、奥伦堡、阿尔汉格尔斯克和顿河哥萨克军区。

第四组，婴儿死亡率为26%~30%，包含14个省份，即彼得堡、雅罗斯拉夫、普斯科夫、沃洛格达、诺夫哥罗德、莫斯科、梁赞、奥廖尔、库尔斯克、沃罗涅日、土拉、唐波夫、萨拉托夫和萨马拉，这些省份主要位于俄国中部、东北部和东南部地区。

第五组，婴儿死亡率为30%以上，包含11个省份，即卡卢加、特维尔、奔萨、斯摩棱斯克、弗拉基米尔、辛比尔斯克、科斯特罗马、奥洛涅茨、维亚特卡、彼尔姆和下诺夫哥罗德。值得一提的是，其中，下诺夫哥罗德、维亚特卡、奥洛涅茨和彼尔姆的婴儿死亡率均不低于32%。

1895~1899年数据显示，人口出生总量为23256800人，0~1岁婴儿死亡人数为6186400人，即婴儿死亡率为266‰。

为了进行更深入的研究，笔者核算了1867~1881年、1887~1896年和1908~1910年欧俄50省5岁以下儿童的死亡率，具体数据见表7-9。

---

① П. И. Куркин. Смертность грудных детей, изд. Ⅱ. М., 1925. стр. 28-29.

表7-9 1867~1881年、1887~1896年和1908~1910年欧俄50省
5岁以下儿童的死亡率

单位：‰

省份	1867~1881年	1887~1896年	1908~1910年
莫斯科	554	516	436
彼尔姆	541	545	402
弗拉基米尔	522	503	435
下诺夫哥罗德	509	538	446
维亚特卡	499	500	449
彼得堡	497	410	403
奥洛涅茨	484	436	444
萨拉托夫	481	516	465
科斯特罗马	474	459	424
雅罗斯拉夫	473	426	400
斯摩棱斯克	471	470	477
特维尔	470	452	468
奥伦堡	470	491	418
萨马拉	467	503	482
辛比尔斯克	466	494	463
奥廖尔	461	475	435
土拉	458	524	444
奔萨	445	518	424
普斯科夫	444	418	393
诺夫哥罗德	438	431	403
沃洛格达	435	458	395
卡卢加	432	503	471
明斯克	307	318	279
顿河哥萨克军区	299	401	412
沃罗涅日	430	503	455
喀山	430	443	382
阿斯特拉罕	423	507	423
赫尔松	416	340	372
梁赞	415	454	398
乌法	408	416	353
唐波夫	403	484	412
哈尔科夫	402	429	361

续表

省份	1867~1881年	1887~1896年	1908~1910年
切尔尼戈夫	401	392	347
基辅	398	397	380
库尔斯克	395	414	411
波尔塔瓦	392	351	289
阿尔汉格尔斯克	383	354	344
波多利斯克	370	375	321
格罗德诺	353	357	312
比萨拉比亚	351	346	350
沃伦	350	355	302
塔夫里达	346	347	277
莫吉廖夫	333	327	310
利夫兰	330	291	241
叶卡捷琳诺斯拉夫	323	389	298
维捷布斯克	311	326	305
科夫诺	307	311	299
维尔纳	291	296	266
库尔兰	289	264	229
爱斯特兰	288	255	201
欧俄50省	423	432	389

资料来源：Смертность младенцев в Европейской России в 1867 1881 гг. СПб., 1889; Д. А. Соколови В. И. Гребенщиков, Смертность в России и борьба с ней. СПб., 1901; Движение населения в Европейской России за 1908, 1909 и 1910 гг。

由表7-9中数据可知，1887~1896年欧俄50省5岁以下儿童死亡率为432‰。1887~1896年部分省份的儿童死亡率过高，其中，彼尔姆、下诺夫哥罗德、土拉、奔萨、莫斯科和萨拉托夫5岁以下儿童的死亡率分别为545‰、538‰、524‰、518‰、516‰和516‰。

从1867~1881年到1908~1910年，欧俄50省5岁以下儿童的平均死亡率由423‰下降到389‰。

通过以上研究，笔者得知 1867~1881 年、1887~1896 年和 1908~1910 年俄国部分省份 5 岁以下儿童死亡率的变化情况，具体数据见表 7-10。

表 7-10　1867~1881 年、1887~1896 年和 1908~1910 年俄国儿童死亡率的变化情况

死亡率(‰)	省份数量(个)		
	1867~1881 年	1887~1896 年	1908~1910 年
≥500	4	12	0
450~500	13	9	7
400~450	14	10	18
350~400	8	8	9
300~350	7	7	7
<300	4	4	9
总　计	50	50	50

工厂保健医有关工厂工人子女死亡率的研究成果颇为重要，在俄国儿童死亡率普遍较高的情况下，工厂工人子女的死亡率更高。这是工资水平低、工作时间长、工作条件恶劣、没有保护女性劳工的法律、工人的住房和生活条件恶劣，以及卫生条件普遍恶化等共同导致的结果。

工人和贫农家庭因食物不足，家人营养不良，导致儿童发病率和死亡率很高。

列宁在 1912 年发表的《资本主义和人民的消费》一文中指出，资本主义国家的工人和贫农没有机会消费乳制品，只能被迫以低劣的食品维持生活。列宁写道："我们俄国的情况也是这样。很久以前，大约 40 年以前，当农村建立干酪作坊和组合之风开始盛行的时候，民主派作家恩格尔哈特就曾发现，农民由于需要用钱而出卖牛奶和黄油，而他们的子女却忍饥挨饿，以至死亡。

从那时起，人们曾多次看到这种现象。干酪生产不断增加，牛奶出售量日益增长，少数富裕农民和商人愈来愈富有，穷人却变得更加贫穷。贫苦农民的子女因喝不到牛奶而大量死亡。俄国儿童的死亡率高到了令人难以相信的程度。"①

---

① В. И. Ленин. Соч., т. 18. стр. 202.

在保健医的著作中很难确认社会经济因素对俄国儿童死亡率的影响,但在这些著作中也发现了很多有用的文献。Д.И.索科洛夫和В.И.格列本什奇科夫写道:"饥饿的居民……他们的生活十分贫困,不能生出强壮的孩子,食物长期供应不足,导致他们长期营养不良,这些都会影响怀孕的妇女。"①

在一些医生的著作中,我们发现了十月革命前俄国农民的恶劣生活条件,可以概括为脏、乱、差,恶劣的条件导致大量儿童死亡。

С.А.格雷博夫斯基和В.И.格列本什奇科夫在《俄国儿童死亡率》一书中,谈到了俄国东北部地区和中部农业区儿童高死亡率的原因,除经济条件恶劣外,居民的日常生活习惯也不容忽视。作者写道:"居民的生活习惯十分保守,而且他们坚持这样的习惯,这导致俄国农村儿童从出生第一天就被置于最不利的条件下,营养供应十分不足。经济因素和生活习惯交织在一起,很难在两者之间划出一条非此即彼的分界线。

因此,对儿童不利的喂养方式、对家庭妇女的依赖、对家庭传统的固守,这些均可解释生活条件对俄国居民的不利影响。"②

儿童死亡率的上升也与母亲的文化水平相关。笔者根据 1897 年的人口普查数据编制了欧俄 50 省女性识字率与 5 岁以下儿童死亡率间的关系,具体数据见表 7-11。

表 7-11 欧俄 50 省女性识字率与 5 岁以下儿童死亡率间的关系

1897 年女性识字率(%)	1887~1896 年 5 岁以下儿童死亡率(‰)
49.2	351.1
16.0	405.7
9.4	431.4
6.0	463.6

① Д. И. Соколов и В. И. Гребенщиков, Смертность в России и борьба с ней. СПб., 1901. стр. 30.
② С. А. Глебовский и, В. И. Гребенщиков, Детская смертность в России, Общественное и частное призрение в России. СПб., 1907. стр. 271-274.

由表 7-11 中数据可知，女性识字率越低，儿童死亡率就越高。

根据公布的数据，笔者分析了 1841~1850 年俄国各年龄段男性人口的死亡率分布，因 1848 年颇具代表性，所以单独列出，具体数据见表 7-12。

表 7-12 1841~1850 年俄国各年龄段男性人口的死亡率

年龄（岁）	1841~1850 年死亡人数（千人）	1848 年死亡人数（千人）	男性人口死亡率(‰)	
			1841~1850 年	1848 年
<5	4765.7	613.4	511.1	432.2
5~10	561.4	88.9	60.2	62.6
10~15	299.2	56.7	32.1	40.0
15~20	232.1	49.9	24.9	35.1
20~30	572.3	105.7	61.4	74.4
30~40	573.5	112.5	61.5	79.3
40~50	625.3	122.1	67.2	86.1
50~60	598.9	104.5	64.2	73.7
60~70	560.5	86.1	60.1	60.7
70~80	362.3	52.8	38.8	37.0
≥80	172.6	26.8	18.5	18.9

资料来源：А. П. Рославский, Исследования о движении народонаселения в Вестник Русского географического общества. 1853. кн. Ⅲ. стр. 26。

由表 7-12 中数据可知，1841~1850 年，5 岁以下男性人口的死亡率为 511.1‰，60 岁及以上男性人口的死亡率为 117.4‰。

在中央统计委员会资料的基础上，笔者编制了 1867~1881 年俄国各年龄段人口的死亡率分布表格，具体数据见表 7-13。

表 7-13 1867~1881 年俄国各年龄段人口的死亡率分布

年龄（岁）	死亡率(‰)		
	男性	女性	平均
<1	388.4	350.7	369.6
1~5	209.1	213.7	211.4
5~10	48.3	49.0	48.7
10~15	18.9	19.4	19.2

续表

年龄 （岁）	死亡率(‰)		
	男性	女性	平均
15~20	18.8	20.5	19.7
20~35	62.0	70.5	66.3
35~55	105.1	112.2	108.7
55~80	135.8	151.0	143.4
≥80	13.6	13.0	13.3

资料来源：Таблица составлена на основании данных, опубликованных в Сборнике сведений по России за 1884-1885 гг., СПб., 1887。

平均而言，1867~1881 年，每 1000 名死亡人口中有 648.9 名于 15 岁之前死亡，而 5 岁以下死亡人口占全部死亡人口的比例高达 58.1%。还应指出，在每 1000 名死亡人口中，只有 156.7 名是在 55 岁及以上。

1 岁以下男性人口死亡率较高，每 1000 名死亡人口中 1 岁以下男性数量为 397.3 人，1 岁以下女性数量为 363.4 人。20~80 岁年龄组中则是另外一番景象，每 1000 名死亡人口中，男性死亡人数为 290.9 人，女性死亡人数为 304.8 人。1908~1910 年俄国各年龄段人口的死亡率分布见表 7-14。

表 7-14　1908~1910 年俄国各年龄段人口的死亡率分布

年龄 （岁）	死亡率(‰)		
	男性	女性	平均
<1	397.3	363.4	380.4
1~5	201.6	208.6	205.1
5~10	46.3	49.5	47.9
10~15	18.5	20.8	19.7
15~20	18.5	22.5	20.5
20~30	39.2	45.8	42.5
30~40	38.5	41.8	40.2
40~50	46.6	41.6	44.1
50~60	54.3	50.3	52.3
60~70	60.0	65.9	63.0

续表

年龄 （岁）	死亡率(‰)		
	男性	女性	平均
70~80	52.3	59.4	55.9
≥80	25.9	29.8	27.9
未知年龄	1.0	0.6	0.8

资料来源：本表根据1908年、1909年和1910年欧俄人口流动数据编制。

与1867~1881年相比，1908~1910年，1岁以下婴儿和70岁及以上死亡人口的占比均有所增加。

С. А. 诺沃谢利斯基编制的有关俄国人口死亡率的资料对阐释19世纪末俄国不同年龄段人口死亡率的特征意义非凡。

据1897年人口普查资料，以及1896年和1897年人口死亡数据，С. А. 诺沃谢利斯基编制了欧俄50省全部人口的死亡率表格。С. А. 诺沃谢利斯基的文章也曾提及不同性别和年龄人口的死亡率差异，具体数据见表7-15。

表7-15 不同性别和年龄人口的死亡率

单位：‰

年龄（岁）	男性	女性	平均
0~5	142.0	123.1	132.5
5~10	13.0	12.7	12.9
10~15	5.4	5.5	5.4
15~20	5.6	6.0	5.8
20~25	7.4	7.8	7.5
25~30	7.8	8.5	8.1
30~35	8.4	9.0	8.7
35~40	9.8	10.7	10.3
40~45	12.3	11.2	11.8
45~50	16.4	14.9	15.6

续表

年龄(岁)	男性	女性	平均
50~55	20.2	17.0	18.5
55~60	28.8	30.1	29.4
60~65	35.0	33.9	34.4
65~75	64.0	64.8	64.5
≥75	111.8	111.3	111.4

男女人口的死亡率明显不同。在0~1岁婴儿和1~10岁人口中,男性的死亡率明显高于女性。10~40岁、55~60岁、65~75岁年龄段中女性的死亡率较高。在其他年龄段中,女性的死亡率低于男性。

С. А. 诺沃谢利斯基得出结论:"5~60岁人口的死亡率大大低于平均值;5岁以下和60岁及以上人口的死亡率明显高于平均值;5岁以下人口的死亡率是15~25岁人口的10倍左右。"①

为更好地研究俄国人口的死亡率,笔者还补充了一些关于俄国人口平均寿命的数据。

П. И. 库尔金在《欧洲资本主义国家的出生率和死亡率》一书中将俄国人口的平均预期寿命说得很低。他的数据源于1897年人口普查数据和1896~1897年死亡人数,他得出了俄国人口的平均预期寿命,具体数据见表7-16。

正如库尔金的结论所述:"上述平均寿命水平,足以反映出婴儿和成年工人的高死亡率。"②

此外,还有很多数据可证明俄国工厂工人的低寿命。

---

① С. А. Новосельский. О различиях в смертности городского и сельского населения Европейской России, 《Общественный врач》 №4. 1911. стр. 44 и С. А. Новосельский, Смертность и продолжительность жизни в России. Пг., 1916. стр. 144-145.

② П. И. Куркин. Рождаемость и смертность в капиталистических государствах Европы. М., 1938. стр. 83.

表 7-16　俄国人口的平均预期寿命

单位：岁

地区	男性	女性
欧俄地区	29.3	31.6
乌克兰地区	35.3	36.2
白俄罗斯地区	37.0	37.9
平均寿命	31.4	33.4

П. И. 库尔金在分析了保健医提供的 1895~1899 年莫斯科省各县人口自然流动材料后写道："大工业发展与人口死亡率间的关系在博戈罗茨克县体现得淋漓尽致。在县城中，死亡率最高的地区是克利亚济马河沿岸及其狭窄的支流地带，其中大部分死亡人口集中于纺织工厂。人口死亡率最高的地区也集中于大工厂所在地，在死亡率超过 48‰ 的 9 个区中，有 7 个区集中于县城的大工业中心……在该县中部工厂区内，工人、婴儿和 1~5 岁人口的死亡率最高。

德米特罗夫县的工厂区，无论是普通人群还是儿童，死亡率均很高。尽管如此，此处 1~5 岁儿童的死亡率仍在增加，这可能是各地该年龄段儿童死亡率增加的结果。"①

关于某些农民群体的死亡率，也有大量的统计资料可以佐证。

在 19 世纪 80 年代下半期和 1890 年初沃罗涅日省的家庭调查材料之中，Ф. А. 切尔宾发布了一些不同农民群体的死亡率数据，他认为死亡率主要取决于土地规模。他指出："在人口普查期间收集了两类死亡率数据：沃罗涅日省一个县城 1 年和 10 年的死亡数据，以及其他县 1 年和 3 年的死亡数据……然而，考虑到儿童死亡率的巨大变化，只能使用长期的死亡数据，即 10 年和 3 年的数据。"② 笔者在 Ф. А. 切尔宾材料的基础上编制了相关表格，

---

① П. И. Куркин. Статистика движения населения в Московской губернии в 1883–1897 гг.. М., 1902. стр. 183.
② 详见沃罗涅日省 12 个县城的人口普查统计资料。Ф. А. Щербина. Воронеж. 1897. стр. 252–254。

具体数据见表7-17。

正如Ф. А. 切尔宾所述，表7-17中数据足以证明，农民中1岁以下儿童的死亡人数最多，然后是老年人，随后是1~7岁的儿童。与此同时，除个别年龄段外，基本呈现农民所拥有土地规模越小、死亡率越高的趋势。

表7-17 沃罗涅日省6个县人口死亡率与土地规模的关系

农民所拥有的土地规模（俄亩）	各年龄段死亡人口占比（%）					
	<1岁	1~7岁	7~14岁	14~17岁	17~60岁	≥60岁
无土地	21.70	7.82	1.90	0.63	1.76	3.99
<5	21.26	6.92	1.65	0.76	1.29	6.95
5~15	18.66	6.31	1.55	0.75	1.29	7.67
15~25	16.81	5.24	1.24	0.64	1.16	6.98
≥25	14.93	4.71	0.93	0.57	1.02	6.18
6个县平均	18.34	5.98	1.42	0.70	1.24	6.96

三 有关革命前俄国卫生状况的资料

俄国人口死亡率高的原因之一是流行病横行。А. 塞辛教授曾提及："在革命前的几年间，俄国一直是流行病暴发的灾区。由于缺乏医疗立法，俄国的基本医疗和卫生设施十分欠缺，国家用于医疗卫生方面的支出少之又少。众所周知，政府将防治传染病的工作交由地方自治委员会和市政府负责，但市政机构的职权有限。俄国的边疆地区，如西伯利亚、中亚、高加索和北部地区的医疗水平更低，流行病在农村十分猖獗。"[①]

为更好地研究十月革命前俄国卫生医疗状况，笔者收集了当时俄国大规模传染病的基本数据，用来补充相关信息。

---

① А. Сысин. Борьба с эпидемиями в СССР, Наши достижения №2. 1929. стр. 120-121.

М.С. 奥尼茨卡尼斯基编制了十月革命前俄国霍乱流行年份的数据,具体见表7-18。

表7-18 十月革命前俄国霍乱流行年份和感染人数

年份	受霍乱影响的地区数量(个)	感染人数(人)	因霍乱死亡人数(人)	因霍乱死亡人数占比(%)
1830	34	68091	37595	55.2
1831	51	466457	197069	42.2
1847	36	190846	77719	40.7
1848	50	1742439	690150	39.6
1853	50	249788	100083	40.1
1854	34	28052	13743	49.0
1855	36	331026	131327	39.7
1866	49	208853	72386	34.7
1870	32	21664	9386	43.3
1871	49	332711	124831	37.5
1872	46	510607	113196	22.2
1892	77	620051	300324	48.4
1893	70	106600	42250	39.6
1894	60	65140	31326	48.1
1895	12	30811	12066	39.2
1908	69	30705	15542	50.6
1909	50	22858	10677	46.7
1910	72	230232	109560	47.6

资料来源:М.С. Оницканский. О распространении холеры в России. СПб., 1911. стр. 1-2。

В.М. 日丹诺夫在《过去的疾病》一文中写道,在革命前的俄国,"自1817年起的59年间,550万人患上霍乱,近一半的人死亡"[①]。

随后,В.М. 日丹诺夫指出:"在苏维埃政权建立后,1923年霍乱被消灭,有关最后一个病例的记载出现在1926年。"

А. 塞辛还曾指出:"1910年,据不完全统计,俄国患上天花的病人数

---

① Здоровье № 11. 1955. стр. 12.

量为 165265 例。在俄国，每 10 万人中感染天花的人数为 88.0 人。1901~1910 年，俄国共有 414143 人死于天花。"

根据 C. A. 诺沃谢利斯基的数据，据不完全统计，每年约有 88000 人患斑疹伤寒，虽然得到了政府的大力救治，但每年仍有大量居民患病，1892 年、1893 年、1908 年、1909 年、1910 年、1911 年、1913 年和 1916 年患病人数分别为 184100 人、148000 人、163300 人、180700 人、138600 人、120700 人、118400 人和 133600 人（波兰和立陶宛除外）。

值得注意的是，只有小部分斑疹伤寒患者在医院接受治疗。《1913 年公共卫生和医疗组织报告》指出："24239 名斑疹伤寒患者在医院接受治疗，占所有注册病例的 20%。"①

由于城乡居民的物质条件恶劣，全国肺结核发病率明显上升。C. A. 诺沃谢利斯基根据首席医师专家关于俄国公共卫生状况的年度报告，得出了以下数据，虽然这些数据并不完整，但也颇具代表性，具体数据见表 7-19。

1896~1913 年，不仅肺结核患者的绝对数量明显增加，且患病率也大大上升。

在俄国落后的经济条件下，居民特别是农村居民的医疗保障水平很低。十月革命前俄国人口的患病率和死亡率很高，很大一部分原因是绝大多数人口不能享受医疗保健服务。

表 7-19　1896~1913 年登记在册的肺结核患者数量

年份	数量(人)	患病率(‰)
1896	278573	22.3
1898	297238	23.1
1900	341267	25.6
1902	409546	29.7
1904	424524	29.8
1906	483370	32.9

① С. А. Новосельский, Материалы по географии и статистике сыпного тифа. Пг., 1915. стр. 32.

续表

年份	数量(人)	患病率(‰)
1908	591616	38.9
1910	669415	42.3
1913	876567	53.9

资料来源：С. А. Новосельский, Смертность и продолжительность жизни в России. Пг., 1916. стр. 187。

З. Г. 弗伦克尔曾发布1870~1910年俄国医疗和医疗站点的动态数据，指出医疗站点的数量略有增加。然而，必须考虑到一个事实，即早期俄国的医疗保健服务十分落后，在地方自治医疗机构出现之前，农村人口基本不能享受医疗服务。

З. Г. 弗伦克尔给出了每个医疗区服务人口的平均数据，1870年、1880年、1890年、1900年和1910年单位医疗站点服务居民的数量分别为95000人、58000人、44000人、33000人和28000人。在地方医疗机构创建后的40年间，平均每个医疗站点所服务人口的数量降低了200%。①

在部分省份，特别是西伯利亚和中亚地区，居民能享受的医疗保健服务更糟。据1910年数据，单位地方医疗区的服务面积为930平方俄里，服务居民的平均数量为28000人。

众所周知，俄国各地医疗保健服务不均衡，笔者根据З. Г. 弗伦克尔的材料编制了相关表格，具体数据见表7-20。

表7-20　1910年俄国西部67个县城和359个地方自治县城按每个医疗站点所服务居民人数划分的县城类别

每个医疗站点所服务的居民人数(千人)	县城数量(个)	占比(%)
<10	8	1.8
10~15	27	6.4

---

① З. Г. Френкель, Очерки земского врачебно—санитарного дела. СПб., 1913, стр. 119-122.

续表

每个医疗站点所服务的居民人数（千人）	县城数量（个）	占比（%）
15~20	37	8.7
20~25	67	15.7
25~30	64	15.0
30~35	65	15.3
35~40	46	10.8
40~45	30	7.0
45~50	25	5.9
50~65	46	10.8
≥65	11	2.6
总计	426	100.0

资料来源：З. Г. Френкель，Очерки земского врачебно—санитарного дела，СПб.，1913. стр. 96-97。

1913年俄国人口获得医疗帮扶的数据可从《1913年俄国公共卫生状况和医疗组织报告》中得出，报告中曾提及："1913年，俄国共有24031名医生，其中男性21709名，女性2322名。在24031名医生中17035名（71%）居住在城市，6996名（29%）居住在城市以外。如果按城乡总人口计算，每名医生平均为6900名居民提供服务，每名城市医生平均为1400名居民提供服务，每名城市外医生平均为20300名居民提供服务。"[1]

1913年俄国部分地区每名医生所服务的居民人数见表7-21。

农村地区的医疗水平特别落后，每名医生平均要服务20300人。各省的医疗水平差异很大，如奥伦堡省每名医生要服务22500人，维亚特卡、乌法、爱沙尼亚、哈尔科夫、基辅和利夫兰每名医生服务的居民数量分别为20400人、19900人、41000人、40000人、38000人和25000人。俄国边疆地区，尤其是农村地区的医疗水平更糟。

---

[1] Отчет о состоянии народного здравия и организации врачебной помощи в России за 1913 год. Пг.，1915.

表 7-21　1913 年俄国部分地区每名医生所服务的居民人数

单位：千人

地区	平均	城市医生	城市外医生
欧俄地区	6.4	1.25	18.4
波兰地区	5.5	1.6	23.0
高加索地区	9.4	2.1	28.3
西伯利亚区	10.2	1.8	24.3
中亚地区	26.0	5.6	61.4
俄国平均	6.9	1.4	20.3

受压迫居民的医疗保健情况尤其悲惨。在俄国，少数民族不能享受医疗保健服务。每名医生要服务 12000~15000 人，足以证明俄国的医疗水平十分低下。

实际上，十月革命前俄国绝大多数农民无法获得医疗援助，1913 年俄国农村人口享受医疗服务的相关数据见表 7-22。

表 7-22　1913 年俄国农村医疗站的平均服务半径

农村医疗站的平均服务半径（俄里）	省份数量（个）
<12	9
12~15	17
15~20	11
20~25	11
25~35	9
35~50	3
50~100	13
≥100	5
总计	78

资料来源：Отчет о состоянии народного здравия и организации врачебной помощи в России за 1913 год. Пг., 1915, стр. 58-59.

值得一提的是，大多数省份和农村地区医疗站的平均服务半径超过 50 俄里的地区均处于亚洲地区或边疆区。

在十月革命前的俄国，公共卫生支出甚至可以忽略不计，《1913年俄国公共卫生状况和医疗组织报告》足以证明该论断。

《1913年俄国公共卫生状况和医疗组织报告》指出：1913年，医疗支出总额为1.472亿卢布，单位居民的医疗费用为90戈比。个别省份，每位居民的医疗支出金额差异很大。1913年，在莫斯科和彼得堡，每位居民的医疗支出超过6卢布，在一些省份每位居民的医疗支出仅为11~20戈比。35个省份年均医疗支出不足50戈比。《1913年俄国公共卫生状况和医疗组织报告》还指出："在所有医疗支出中，中央政府支出占11.2%，省政府支出占13.8%，县政府支出占32.1%，地方自治会支出占4%，城市支出占22%，私营公司占14.6%，其他类别支出占2.3%。"[①]

在1913年俄国各省人口所获得医疗保健服务数据的基础之上，笔者在将俄国各省分类的同时，研究了居民的就医率和死亡率，具体数据见表7-23。

表7-23 俄国各省每名医生所服务居民的数量

按每名医生所服务的居民人数划分(千人)	省份数量(个)	1913年各省的平均值	
		每名医生服务的居民人数(千人)	死亡率(‰)
≥16	4	19.9	33.1
12~16	11	13.4	26.9
8~12	19	10.0	27.1
6~8	8	7.4	25.9
<6	8	4.1	22.1

在医疗水平较低的省份中，死亡率明显更高。有4个省份平均每名医生要服务19900人，人口死亡率约为33.1‰。有8个省份平均每名医生要向

---

① Отчет о состоянии народного здравия и организации врачебной помощи в России за 1913 год. Пг., 1915, стр. 67-70.

4100人提高服务，人口死亡率为22.1‰。

只有在十月革命后的苏联，俄国医疗服务水平才发生了根本性的转变。

根据苏联中央统计局①数据，1955年，苏联医生（包括牙医）的数量为334000人，医院床位数为1290000张，托儿所的名额为9060000人②。

这些指标足以清楚表明苏联政府的医疗保健水平日渐提升。

以下数据也颇具代表性："1913年俄国只有15所医学院校，每年培养1500名医生。现在，苏联有84所医学院校，每年的毕业人数相当于1913年俄国医生的总人数。"③

---

① 《Народное хозяйство СССР》. Госстатиздат, 1956. стр. 244–248.
② 不算季节性托儿所，1955年有20万个地方和夏季游乐场，为565000名学龄前儿童提供服务。
③ Здоровье №11. 1955. стр. 2.

第 8 章
1861~1913年俄国人口的自然增长

在研究欧俄地区人口自然增长指标时，应考虑到死亡数据不完整的事实，究其原因是当时核算的人口自然增长指标，特别是1861之后几十年的数值，在某种程度上可能被夸大了。因此，中央统计委员会主任 P.P. 谢苗诺夫在《俄罗斯帝国统计编年史 I》的序言中写道："我们认为，在重大瘟疫和流行性疾病横行期间，一些教区死亡者的数量太多，而人力有限，导致死亡登记记录的无意遗漏。由于这些原因，在比较出生和死亡人数时，无法计算出生人数超过死亡人数的准确数值。"谢苗诺夫认为："在一些省份，很大一部分临时外出打工者或在哥萨克土地上工作的居民在他乡死去。基于此，他们得出的关于人口实际增长的结论，与登记簿上出生率超过死亡率的结论，也是错误的。"[①]

基于此，笔者对1861~1913年欧俄50省的人口自然增长指标进行了整理，具体数据见表8-1。

在整个研究期间，欧俄50省的平均人口自然增长率为14.9‰。这一指标在个别省份的波动相当大。我们看到了一些极端指标。平均而言，1861~1913年，顿河哥萨克军区、叶卡捷琳诺斯拉夫和塔夫里达的人口自然增长率较高，为20.1‰~22.8‰。雅罗斯拉夫、莫斯科和彼得堡的这一指标较低（2.5‰~7.5‰）。

---

① Стастический временник Российской империи I. СПб., 1866. стр. XX.

表 8-1　1861~1913年欧俄50省的人口自然增长率

单位：‰

省　份	人口自然增长率
叶卡捷琳诺斯拉夫	22.8
顿河哥萨克军区	22.7
塔夫里达	20.1
莫吉廖夫	19.5
明斯克	19.3
奥伦堡	18.2
沃伦	17.6
乌法	17.5
萨马拉	17.0
赫尔松	16.8
阿斯特拉罕	16.7
哈尔科夫	16.5
波尔塔瓦	16.4
维捷布斯克	16.2
基辅	16.2
切尔尼戈夫	16.1
维尔纳	15.7
沃罗涅日	15.7
波多利斯克	15.6
梁赞	15.5
唐波夫	15.5
库尔斯克	15.3
比萨拉比亚	14.6
格罗德诺	14.6
萨拉托夫	14.5
奥廖尔	14.3
奔萨	14.2

续表

省　份	人口自然增长率
辛比尔斯克	13.9
维亚特卡	13.8
斯摩棱斯克	13.7
普斯科夫	13.6
土拉	13.1
沃洛格达	13.0
阿尔汉格尔斯克	12.9
彼尔姆	12.6
喀山	12.4
下诺夫哥罗德	12.3
卡卢加	12.2
科斯特罗马	11.8
特维尔	11.5
弗拉基米尔	10.9
科夫诺	10.9
诺夫哥罗德	10.1
库尔兰	9.5
奥洛涅茨	9.2
利夫兰	8.6
爱斯特兰	8.3
雅罗斯拉夫	7.5
莫斯科	6.0
彼得堡	2.5
欧俄50省	14.9

为更好地确定各省的人口自然增长率，笔者对1861~1913年相关省份进行分类，并以5年为界进行分析，具体数据见表8-2，各省的人口自然增长率规模分组见表8-3。

表8-2 1861~1913年欧俄50省的人口自然增长率

单位：‰

省份	1861~1865年	1866~1870年	1871~1875年	1876~1880年	1881~1885年	1886~1890年	1891~1895年	1896~1900年	1901~1905年	1906~1910年	1911~1913年	1861~1913年
阿尔汉格尔斯克	11.6	7.8	9.5	13.3	12.0	13.7	11.4	14.1	14.0	17.2	17.5	12.9
阿斯特拉罕	16.0	17.1	20.5	18.7	17.8	14.9	6.0	—	17.5	17.3	20.9	16.7
比萨拉比亚	15.6	11.0	10.2	9.3	18.8	18.6	15.2	18.5	17.5	16.5	9.6	14.6
维尔纳	22.0	17.6	18.0	15.3	12.8	17.6	16.8	15.2	11.1	13.4	12.9	15.7
维捷布斯克	11.2	16.0	20.5	17.6	15.3	18.2	17.3	17.5	13.5	15.3	15.9	16.2
弗拉基米尔	11.3	7.2	7.0	9.1	9.6	11.7	11.2	12.8	12.8	13.4	13.9	10.9
沃洛格达	10.4	10.9	12.4	13.2	11.0	13.1	14.8	13.3	12.3	15.0	16.0	12.9
沃伦	15.1	16.4	13.0	17.9	15.6	19.1	19.7	21.5	19.0	18.0	18.5	17.6
沃罗涅日	15.0	14.4	16.2	12.3	14.1	14.9	7.3	20.6	21.0	17.1	20.1	15.7
维亚特卡	12.7	11.0	16.2	13.0	13.6	11.0	13.7	14.9	14.6	15.9	14.6	13.7
格罗德诺	20.2	17.5	13.8	13.6	10.0	13.0	14.2	16.2	14.3	14.4	13.5	14.6
顿河哥萨克军区	25.6	24.1	27.1	24.8	23.8	20.0	17.3	23.8	22.2	27.6	23.1	23.4
叶卡捷琳诺斯拉夫	23.2	20.6	21.1	20.4	22.0	19.6	21.3	29.4	24.2	23.8	25.7	22.8
喀山	10.9	6.8	14.6	12.2	13.3	14.4	5.6	15.1	16.1	14.5	12.9	12.4
卡卢加	14.8	7.6	11.4	11.0	10.0	11.8	10.2	13.4	13.5	12.8	17.2	12.2
基辅	15.9	16.5	10.2	17.1	18.0	18.3	14.6	19.5	17.2	13.9	16.6	16.2

俄国人口的百年变迁（1811~1913）

续表

省份	1861~1865年	1866~1870年	1871~1875年	1876~1880年	1881~1885年	1886~1890年	1891~1895年	1896~1900年	1901~1905年	1906~1910年	1911~1913年	1861~1913年
科夫诺	16.2	4.5	15.0	12.8	9.8	11.6	9.5	12.6	2.4	9.1	9.2	10.2
科斯特罗马	10.2	9.6	8.8	9.5	10.1	10.6	13.4	14.4	13.5	14.0	15.6	11.8
库尔兰	14.2	6.5	11.9	10.5	9.6	10.1	9.0	9.3	8.5	6.8	7.8	9.5
库尔斯克	16.8	17.2	16.7	13.7	8.0	16.0	8.7	16.9	20.0	16.2	18.0	15.3
利夫兰	14.3	5.9	11.6	10.6	9.0	8.6	7.9	9.0	7.2	5.6	4.8	8.6
明斯克	23.5	18.6	16.4	18.5	16.7	20.2	20.6	20.2	19.0	19.4	19.3	19.3
莫吉廖夫	21.0	17.2	14.8	20.9	21.0	19.3	23.2	20.7	18.9	18.5	18.6	19.5
莫斯科	2.4	4.1	1.2	3.8	3.6	6.9	4.9	7.8	8.9	10.3	11.6	6.0
下诺夫哥罗德	9.6	6.0	12.4	11.7	12.1	12.4	9.1	14.5	15.7	16.0	15.3	12.3
诺夫哥罗德	10.3	4.8	10.4	8.8	9.1	11.5	11.8	12.7	10.5	12.5	14.0	10.6
奥洛涅茨	4.2	0.8	8.5	11.1	9.3	13.6	7.5	12.2	9.7	12.2	11.9	9.2
奥伦堡	16.9	15.6	18.6	20.0	17.6	19.0	3.9	21.3	23.2	21.7	16.5	18.2
奥廖尔	14.2	9.6	16.2	13.6	11.2	16.2	10.9	15.7	17.6	15.3	17.2	14.3
奔萨	11.8	12.4	15.1	14.4	13.6	13.3	4.9	16.9	17.2	18.9	17.9	14.2
彼尔姆	9.6	10.8	13.0	11.8	11.7	10.9	11.8	15.0	14.0	16.4	13.0	12.6
波多利斯克	15.7	16.1	10.9	14.6	17.8	18.7	12.7	18.0	17.2	15.7	14.5	15.6
波尔塔瓦	19.1	15.8	12.9	13.4	17.0	16.3	16.2	17.6	16.7	17.2	18.2	16.4

第8章 1861~1913年俄国人口的自然增长

续表

省份	1861~1865年	1866~1870年	1871~1875年	1876~1880年	1881~1885年	1886~1890年	1891~1895年	1896~1900年	1901~1905年	1906~1910年	1911~1913年	1861~1913年
普斯科夫	14.1	7.9	15.4	12.8	11.8	15.6	15.1	14.7	12.2	15.3	14.7	13.6
梁赞	17.1	15.2	15.1	14.9	13.3	15.7	11.4	18.1	16.2	16.4	17.1	15.5
萨马拉	17.7	13.3	20.9	16.5	17.5	18.9	6.0	19.1	19.7	17.4	20.3	17.0
彼得堡	0.8	-3.6	-1.2	-1.4	1.2	4.5	4.9	5.2	6.8	5.1	7.0	2.5
萨拉托夫	13.4	12.7	16.4	12.1	12.8	16.2	6.7	17.6	18.4	16.6	16.6	14.5
辛比尔斯克	11.5	8.7	16.1	12.8	12.5	14.2	5.3	16.1	18.3	19.7	17.4	13.9
斯摩棱斯克	13.2	7.4	10.0	13.1	13.3	16.2	15.3	15.3	14.0	14.8	18.3	13.7
塔夫里达	21.0	20.6	19.8	18.5	19.8	19.0	19.6	23.5	20.0	20.4	19.3	20.1
唐波夫	14.2	16.1	15.8	13.0	14.5	16.6	6.8	17.9	18.1	18.8	18.7	15.5
特维尔	10.6	6.0	11.5	10.2	12.1	12.9	12.2	13.3	12.0	12.0	13.5	11.5
土拉	14.0	10.6	14.4	13.2	10.9	11.7	8.7	15.7	15.5	14.8	14.9	13.1
乌法	—	11.9	19.4	16.9	18.7	16.3	13.6	18.9	19.1	22.4	17.5	17.5
哈尔科夫	15.2	15.2	16.1	14.1	15.9	14.1	14.8	20.6	17.4	17.3	20.8	16.5
赫尔松	14.7	15.5	12.0	15.3	15.1	20.4	20.8	20.2	17.8	15.1	18.2	16.8
切尔尼戈夫	16.4	14.8	10.6	15.2	14.9	16.8	17.0	18.2	18.0	16.9	18.6	16.1
爱斯特兰	13.8	-0.7	11.4	10.4	7.3	8.4	8.0	10.1	9.5	7.6	6.1	8.3
雅罗斯拉夫	6.7	3.4	5.0	6.4	6.7	7.7	7.1	9.3	9.4	9.6	11.3	7.5
欧俄50省	14.2	12.3	14.1	13.8	14.1	15.7	12.7	17.4	16.7	16.3	16.8	14.9

表 8-3　1861~1913 年欧俄 50 省的人口自然增长率规模分组

人口自然增长率(‰)	省份数量(个)
≥18	5
16~18	7
14~16	15
12~14	10
<12	13

为了描述低指标省份的人口自然增长率，笔者选取了雅罗斯拉夫省的数据。

在该省，1861~1913 年平均人口自然增长率仅为 7.5‰，出生率（40.3‰）和死亡率（32.8‰）较高。

在俄罗斯最早的卫生统计学著作之一《雅罗斯拉夫省医学地质录》中，作者 M. 什梅列夫在将雅罗斯拉夫省的人口自然流动数据与全俄的人口自然流动数据进行比较后写道："雅罗斯拉夫省居民的生活条件极其恶劣。男女比例严重失衡，结婚率很低，该省的出生率与俄国平均水平不相上下，但死亡率极高，因此人口增长率极低，1 岁以下婴儿的死亡率极高，所有这一切必然有其深层的原因。"①

他在谈及人口死亡率上升的原因时指出："许多年轻人离开家乡去首都务工，对死亡率肯定有很大影响。大量年轻男性居民在外工作，部分居民在自己的手工作坊工作，部分居民在首都和其他工业中心务工，他们的生活卫生条件都十分恶劣，对健康极其不利……"②

自古以来雅罗斯拉夫省居民为了谋生长期外流，这无疑对出生率的下降产生了影响。

还应注意的是，在所研究的任何一个以 10 年为期的时间段中，哪个时段都没有像 19 世纪 90 年代那样，部分省份的人口自然增长率指标在不同的

---

① М. Шмелев. Опыт медицинской топографии Ярославской губернии. СПб., 1868. стр. 49-50.
② М. Шмелев. Опыт медицинской топографии Ярославской губернии. СПб., 1868. стр. 49-50.

5年期中出现如此明显的差异。为了清楚起见，我们制定了相应的表格，具体数据见表8-4。

表8-4　19世纪90年代欧俄地区部分省份的人口自然增长率

单位：‰

省　份	1891~1895年	1896~1900年
沃罗涅日	7.3	20.6
顿河哥萨克军区	17.3	23.8
叶卡捷琳诺斯拉夫	21.3	29.4
喀山	5.6	15.1
库尔斯克	8.7	16.9
下诺夫哥罗德	9.1	14.5
奥伦堡	9.9	21.3
奥廖尔	10.9	15.7
奔萨	4.9	17.9
萨马拉	6.0	19.1
萨拉托夫	6.7	17.6
辛比尔斯克	6.3	16.1
塔夫里达	6.8	17.9
土拉	8.7	15.7
欧俄50省	12.7	17.4

1896~1900年，欧俄地区平均人口自然增长率（17.4‰）比1891~1895年（12.7‰）高出4.7个千分点。研究时期内个别省份5年期指标的差异更大。

官方文件对这一现象做了如下解释：

> 死亡人数激增的峰值出现于1891~1895年，可归结为1891~1892年农作物歉收造成的饥荒和伤寒，而从亚洲传入的霍乱又加重了这一情况。接下来的5年里，死亡率明显下降。主要是因为饥荒和流行病带走了人口中的弱势群体，如病人、儿童、老人，从中也可以预料将来的死亡率情况。①

---

① Материалы высочайше учрежденной 16 ноября 1901 г. комиссий по исследованию вопроса о движении с 1861 по 1900 г. благосостояния сельскогонаселения среднеземледельческих губерний, сравнительно с другими местностями Европейской России. ч. Ⅲ. СПБ., 1903. стр. 126-127.

俄国人口的百年变迁（1811~1913）

叶卡捷琳诺斯拉夫是人口自然增长率较高的省份。众所周知，1861~1913年欧俄50省平均人口自然增长率为14.9‰，而叶卡捷琳诺斯拉夫则为22.8‰。1896~1900年，叶卡捷琳诺斯拉夫的人口自然增长率达29.4‰，1896~1897年甚至超过了30‰。

在研究时期内，整体上欧俄地区的人口出生率和死亡率指标呈下降趋势，人口死亡率的下降更为显著。整体而言，俄国的人口自然增长率略有上升：1861~1865年为14.2‰，1911~1913年为16.8‰。

笔者对1861~1865年和1911~1913年欧俄50省的人口自然增长率进行了研究，具体数据见表8-5。

表8-5　1861~1865年和1911~1913年欧俄50省人口自然增长率

省　份	人口自然增长率(‰)		1911~1913年比1861~1865年增加(个千分点)
	1861~1865年	1911~1913年	
彼得堡	0.8	7.0	6.2
莫斯科	2.4	11.6	9.2
奥洛涅茨	4.2	11.9	7.7
雅罗斯拉夫	6.7	11.3	4.6
下诺夫哥罗德	9.6	15.3	5.7
沃洛格达	10.4	16.0	5.6
科斯特罗马	10.2	15.6	5.4
奔萨	11.8	17.9	6.1
辛比尔斯克	11.5	17.4	5.9
阿尔汉格尔斯克	11.6	17.5	5.9
乌法*	11.9	17.5	5.6
维捷布斯克	11.2	15.9	4.7
斯摩棱斯克	13.2	18.3	5.1
哈尔科夫	15.2	20.8	5.6
诺夫哥罗德	10.3	14.0	3.7
彼尔姆	9.6	13.0	3.4
沃罗涅日	15.0	20.1	5.1
唐波夫	14.2	18.7	4.5
阿斯特拉罕	16.0	20.9	4.9

续表

省　份	人口自然增长率(‰)		1911~1913年比1861~1865年增加(个千分点)
	1861~1865年	1911~1913年	
特维尔	10.6	13.5	2.9
萨拉托夫	13.4	16.6	3.2
赫尔松	14.7	18.2	3.5
弗拉基米尔	11.3	13.9	2.6
沃伦	15.1	18.5	3.4
奥廖尔	14.2	17.2	3.0
喀山	10.9	12.9	2.0
卡卢加	14.8	17.2	2.4
维亚特卡	12.7	14.6	1.9
萨马拉	17.7	20.3	2.6
切尔尼戈夫	16.4	18.6	2.2
叶卡捷琳诺斯拉夫	23.2	25.7	2.5
库尔斯克	16.8	18.0	1.2
土拉	14.0	14.9	0.9
基辅	15.9	16.6	0.7
普斯科夫	14.1	14.7	0.6
梁赞	17.1	17.1	0
奥伦堡	16.9	16.5	-0.4
波尔塔瓦	19.1	18.2	-0.9
波多利斯克	15.7	14.5	-1.2
塔夫里达	21.0	19.3	-1.7
顿河哥萨克军区	25.6	23.1	-2.5
莫吉廖夫	21.0	18.6	-2.4
明斯克	23.5	19.3	-4.2
格罗德诺	20.2	13.5	-6.7
比萨拉比亚	15.6	9.6	-6.0
维尔纳	22.0	12.9	-9.1
科夫诺	16.2	9.2	-7.0
库尔兰	14.2	7.8	-6.4
爱斯特兰	13.8	6.1	-7.7
利夫兰	14.3	4.8	-9.5
欧俄50省	14.2	16.8	2.6

* 1866~1870年的数据。

与 1861~1865 年相比，1911~1913 年个别省份人口自然增长率的差异很大。

由此可见，经济状况对某些群体自然增长率的影响意义非凡。遗憾的是，这种深入研究并不常见，而且现有的数据和统计方法并不完善。

И. 沃罗诺夫在《国民经济和人民健康》一文中依据土地规模的大小比较了 19 世纪 80 年代后半期和 19 世纪 90 年代上半期沃罗涅日省不同群体农民人口的自然增长率。

他写道："为确定人口自然增长率，我们需要选取一些经济实力不同的农民群体，并跟踪每个群体的人口增长和死亡率……这可以在沃罗涅日省的 11 个地区（不包括沃罗涅日县）进行，主要根据经济状况对这些地区的 29.23 万名农户进行了描述，并对 200 万人进行了调查。

根据土地规模的大小把所有农户分成 5 个类别：一是无土地农户；二是土地规模低于 5 俄亩的农户；三是土地规模为 5~15 俄亩的农户；四是土地规模为 15~25 俄亩的农户；五是土地规模在 25 俄亩及以上的农户。很明显，这些类别中的每一类农户都具有独特性，他们的生活和健康状况都不同，总而言之，耕地越多，生活条件越好。"

И. 沃罗诺夫给出的数据见表 8-6。

表 8-6　19 世纪 80 年代后半期和 19 世纪 90 年代上半期沃罗涅日省农民的人口自然增长率

土地规模（俄亩）	人口自然增长率（‰）
无土地	6.2
<5	16.8
5~15	20.6
15~25	24.4
≥25	29.5

也就是说，在上述经济群体中，随着经济实力的增加，人口自然增长率显著增长。[①]

[①] И. Воронов. Народное хозяйство и народное здоровье. Медицинская беседа. № 2. 1904. стр. 34-36.

将俄国人口自然增长率的变化与其他国家进行对比颇有意思,为此笔者选取了瑞典、德国、英国和法国 1859~1863 年和 1909~1913 年的相关数据(见表 8-7)。

表 8-7　1859~1863 年和 1909~1913 年部分欧洲国家人口出生率

单位:‰,个千分点

国　　家	1859~1863 年	1909~1913 年	1909~1913 年比 1859~1863 年增加
俄　国	50.1	44.0	-6.1
德　国	36.9	29.0	-7.9
英　国	34.8	24.7	-10.1
瑞　典	33.9	24.3	-9.6
法　国	26.9	19.1	-7.8

资料来源:П. И. Куркин. Рождаемость и смертность в капиталистических государствах европы. М., 1938; Bewegung der bevölkerung in den jahren 1914 bis 1919, Berlin, 1922; Eigthien Annual Report of the Registrar General of Births, Deaths and Marriages in England and Wales 1917 London, 1919。

由表 8-7 中数据可知,相比于 1859~1863 年,1909~1913 年瑞典、英国和法国的人口出生率分别下降了 9.6 个、10.1 个和 7.8 个千分点。而在俄国,人口出生率只下降了 6.1 个千分点。1909~1913 年数据显示,俄国的人口出生率比德国高 15 个千分点,比英国高 19.3 个千分点,比法国高 24.9 个千分点。

为更好地对比 1859~1863 年和 1909~1913 年俄国与其他 4 个国家的人口死亡率变化,笔者编制了相关表格,具体数据见表 8-8。

从 1859~1863 年到 1909~1913 年,上述 5 个国家的人口死亡率均有所下降,但不均衡特征十分显著。法国的死亡率下降了 5.5 个千分点,俄国下降了 7.4 个千分点,英国下降了 4.7 个千分点,德国下降了 10.3 个千分点。

表 8-8　1859~1863 年和 1909~1913 年部分欧洲国家人口死亡率

单位：‰，个千分点

国　家	1859~1863 年	1909~1913 年	1909~1913 年比 1859~1863 年增加
俄　国	35.9	28.5	-7.4
德　国	26.6	16.3	-10.3
法　国	23.1	18.4	-4.7
英　国	22.5	14.0	-8.5
瑞　典	19.4	13.9	-5.5

1909~1913 年数据显示，俄国的人口死亡率继续保持在极高的水平。1909~1913 年，俄国的人口死亡率比瑞典高 14.6 个千分点，比德国高 12.2 个千分点，比法国高 10.1 个千分点，比英国高 14.5 个千分点。

笔者编制了 1859~1863 年和 1909~1913 年俄国与其他 4 个国家的人口自然增长率表格，具体数据见表 8-9。

表 8-9　1859~1863 年和 1909~1913 年部分欧洲国家人口自然增长率

单位：‰，个千分点

国　家	1859~1863 年	1909~1913 年	1909~1913 年比 1859~1863 年增加
俄　国	14.2	15.5	1.3
瑞　典	14.5	10.5	-4
英　国	12.3	10.7	-1.6
德　国	10.3	12.7	2.4
法　国	3.8	0.7	-3.1

应该指出的是，1909~1913 年俄国的人口自然增长率高于其他 4 个国家，与法国相比，两者相差 14.8 个千分点。

П.И. 库尔金的阐释值得关注。他在研究 1876~1913 年 17 个欧洲国家的人口出生率后写道："同样，在19世纪下半叶，欧洲国家的人口出生率出现了不同的动态。可以清楚地看到，在1876~1880年及以后的时期，欧洲各国都发生了人口出生率下降的情况。

对于整个欧洲而言，在近40年的时间里，人口出生率下降的这一情况可以用以下数字来描述。在研究开始阶段（1876年），欧洲的平均人口出生率（在17个国家的范围内）为35‰，在第一次世界大战前（1913年）为26‰，出生率的变化为9个千分点……基于此，可以认定19世纪末和20世纪初整个欧洲的人口出生率都普遍下降。"①

在欧俄地区，1876年人口出生率为50.6‰，1913年为43.1‰，下降了7.5个千分点。

1913年17个欧洲国家的出生率为26‰，因此，欧俄地区的人口出生率比欧洲国家平均值高17.1个千分点。

П. И. 库尔金还引用了1876~1913年期间17个欧洲国家的人口死亡率数据，他指出："人口死亡率也发生同样的变化，从一个较早的时间点，即1876年我们研究和记录的初始点来衡量，那么1876~1913年，欧洲的总体人口死亡率从24.5‰降至16‰，下降了8.5个千分点。"

在欧俄地区，1876年的平均人口死亡率为34.9‰，1913年为27.4‰，1913年欧俄地区的人口死亡率比17个欧洲国家的平均人口死亡率高11.4个千分点。

1800~1900年，欧洲年均人口增长率为0.77‰，而在俄国则为1.05‰。

在苏联时期，人口死亡率显著下降。

让我们回顾一下 A. И. 米高扬在苏联最高苏维埃第一次会议上的讲话中提出的关于1913~1953年俄国②和部分欧洲国家的人口死亡率，具体数据见表8-10。

---

① П. И. Куркин. Рождаемость м смерностьв капиталистических государствах Европы. М., 1938. стр. 8-11. Подчеркнуто нами—А. Р.

② 包括苏俄和苏联时期。——编者注

俄国人口的百年变迁（1811~1913）

表 8-10 1913~1953 年俄国和部分欧洲国家的人口死亡率

单位：‰

国　家	1913 年	1927 年	1953 年
美　国	13.8	11.3	9.6
英　国	14.3	12.5	11.4
法　国	17.7	16.5	13.2
俄　国	30.2	22.8	8.9

与 1927 年相比，1953 年俄国的人口死亡率下降了 13.9 个千分点，与 1913 年相比下降了 21.3 个千分点。

1911~1913 年欧俄 50 省的人口自然增长率更值得详细研究，具体数据见表 8-11。

表 8-11 1911~1913 年欧俄 50 省的人口自然增长率

单位：‰

省　份	人口出生率	人口死亡率	人口自然增长率
彼尔姆	55.2	42.2	13.0
萨马拉	55.0	34.7	20.3
阿斯特拉罕	54.1	33.2	20.9
奥伦堡	53.7	37.2	16.5
维亚特卡	51.3	36.7	14.6
顿河哥萨克军区	50.5	27.4	23.1
辛比尔斯克	49.5	32.1	17.4
沃罗涅日	48.8	28.7	20.1
奔萨	48.7	30.8	17.9
叶卡捷琳诺斯拉夫	47.7	22.0	25.7
乌法	47.7	30.2	17.5
萨拉托夫	47.2	30.6	16.6
唐波夫	47.2	28.5	18.7
沃洛格达	47.0	31.0	16.0
卡卢加	46.5	29.3	17.2
库尔斯克	46.4	28.4	18.0

续表

省　份	人口出生率	人口死亡率	人口自然增长率
下诺夫哥罗德	46.1	30.7	15.4
奥洛涅茨	45.8	33.9	11.9
科斯特罗马	45.1	29.5	15.6
斯摩棱斯克	44.9	26.6	18.3
奥廖尔	44.8	27.6	17.2
土拉	44.0	29.1	14.9
哈尔科夫	43.9	23.1	20.8
阿斯特拉罕	43.5	26.0	17.5
塔夫里达	43.1	23.6	19.5
喀山	42.8	29.9	12.9
下诺夫哥罗德	42.0	28.0	14.0
梁赞	40.6	23.5	17.1
比萨拉比亚	40.1	30.8	9.3
弗拉基米尔	40.2	26.3	13.9
特维尔	40.1	26.6	13.5
赫尔松	39.8	21.6	18.2
切尔尼戈夫	39.7	21.1	18.6
莫斯科	39.6	28.0	11.6
沃伦	39.5	21.0	18.5
普斯科夫	39.1	24.4	14.7
基辅	37.5	20.9	16.6
明斯克	37.5	18.2	19.3
莫吉廖夫	36.8	18.2	18.6
波多利斯克	36.7	22.2	14.5
波尔塔瓦	36.5	18.3	18.2
雅罗斯拉夫	36.4	25.1	11.3
维捷布斯克	33.3	17.4	15.9
格罗德诺	32.8	19.3	13.5
维尔纳	30.6	17.7	12.9
彼得堡	29.3	22.3	7.0
科夫诺	27.3	18.1	9.2
库尔兰	24.6	16.8	7.8
爱斯特兰	24.6	18.5	6.1
利夫兰	22.6	17.8	4.8
欧俄50省	43.9	27.1	16.8

1911~1913 年，欧俄 50 省的平均人口出生率为 43.9‰。各省的人口出生率有很大的差异。彼尔姆的人口出生率为 55.2‰，萨马拉为 55.0‰，阿斯特拉罕为 54.1‰，波罗的海三省为 22.6‰~24.6‰。

欧俄地区的平均人口死亡率为 27.1‰。彼尔姆为 42.2‰，奥伦堡为 37.2‰，维亚特卡为 36.7‰，利夫兰、维尔纳、维捷布斯克和库尔斯克则低于 18‰。

1911~1913 年，欧俄地区的平均人口自然增长率为 16.8‰，各省之间差异很大。叶卡捷琳诺斯拉夫的人口自然增长率为 25.7‰，顿河哥萨克军区为 23.1‰，彼得堡为 7.0‰，爱斯特兰为 6.1‰，利夫兰为 4.8‰。

让我们研究一下 1911~1913 年欧俄各地区的人口自然增长率，具体数据见表 8-12。

表 8-12　1911~1913 年欧俄各地区的人口自然增长率

单位：‰

地　区	人口出生率	人口死亡率	人口自然增长率
伏尔加河下游地区	53.3	34.6	18.7
乌拉尔地区	51.6	36.8	14.8
伏尔加河中游地区	46.5	30.9	15.6
北部地区	46.3	29.9	16.4
中部农业区	45.7	27.7	18.0
新俄罗斯地区	44.6	25.0	19.6
莫斯科工业区	41.0	27.5	13.5
乌克兰左岸地区（小罗斯地区）	39.9	20.7	19.2
白俄罗斯	38.1	19.8	18.3
西南部地区	37.7	21.2	16.5
沿湖地区	35.7	24.9	10.8
立陶宛	30.3	18.3	12.0
波罗的海沿岸地区	23.5	17.6	5.9

资料来源：本表根据《1913 年俄国公共卫生状况和医疗组织报告》中公布的数据编制，参见 Данные, опубликованных в Отчете о состоянии народного здравия и организации врачебной помощи в России за 1913 г. Пг., 1915. стр. 2。

1911~1913 年，在伏尔加河下游地区和乌拉尔地区，人口出生率超过 50‰。在随后的 6 个地区，人口出生率接近欧俄地区平均水平（43.9‰）。人口出生率排在最后两位的是波罗的海沿岸地区（23.5‰）和立陶宛（30.3‰）。

1911~1913 年，欧俄地区的平均人口死亡率为 27.1‰，乌拉尔地区为 36.8‰，伏尔加河下游地区为 34.6‰，立陶宛为 18.3‰，波罗的海沿岸地区为 17.6‰。

人口自然增长率高于欧俄地区平均水平（16.8‰）的是新俄罗斯地区（19.6‰）、乌克兰左岸地区（19.2‰）等，低于欧俄地区平均水平的是沿湖地区（10.8‰）、波罗的海沿岸地区（5.9‰）等。

在《1913 年俄国公共卫生状况和医疗组织报告》的基础上，可以计算出 1901~1913 年高加索地区的人口自然增长率，具体数据见表 8-13。

表 8-13 1901~1913 年高加索地区的人口自然增长率

单位：‰

年份	人口出生率	人口死亡率	人口自然增长率
1901~1905	40.0	27.3	12.7
1906~1910	39.0	24.5	14.5
1911~1913	37.3	21.2	16.1

与欧俄地区的相应指标相比，在研究期间，高加索地区的人口出生率和死亡率都比较低。但在高加索地区的个别省份，人口出生率和人口自然增长率都非常高。1911~1913 年，库班地区的人口出生率为 55.2‰，斯塔夫罗波尔地区为 55.8‰，两地的人口自然增长率分别为 24.1‰ 和 25.5‰。

让我们继续了解一下 1901~1913 年西伯利亚地区的人口自然增长率，具体数据见表 8-14。

表 8-14　1901~1913 年西伯利亚地区的人口自然增长率

单位：‰

年份	人口出生率	人口死亡率	人口自然增长率
1901~1905	48.3	30.5	17.8
1906~1910	50.9	32.8	18.1
1911~1913	48.9	29.1	19.8

由表 8-14 中数据可知，1901~1913 年西伯利亚地区的人口自然增长率有所上升。

1911~1913 年，西伯利亚地区的人口出生率为 48.9‰，人口死亡率为 29.1‰，人口自然增长率为 19.8‰。其中，托博尔斯克省的人口出生率为 58.2‰，人口死亡率为 37.2‰；托木斯克省的人口出生率为 52‰，人口死亡率为 32.4‰。

第9章
1861~1913年俄国城市的人口自然变动

事实证明，医学部和首席医疗检查员在年度报告中公布的关于俄国城市人口自然增长率的材料与关于俄国总人口自然增长率的材料可比性较低，而且质量参差不齐。因此，我们把更多的注意力放在了对个别城市的系统化分析上。

本章第二部分还对欧俄地区城市和农村的人口变动进行了对比分析。

大部分关于城市卫生状况和人口自然流动的著作都是由公共卫生专家撰写的。他们在研究中发表了关于城市人口自然流动的宝贵数据。与此同时，一些作品提及社会经济因素的作用及其对城市人口自然流动的影响。不幸的是，这方面的资料较少。

应着重强调的是，在改革后的头几十年，相当多的城市都经历了较低的人口自然增长率，在一些城市，特别是大城市，甚至出现了人口下降的情况。总体而言，1863~1913年，城市人口增长主要是人口的机械增长。

一 彼得堡和莫斯科的人口自然流动

笔者掌握了多年来彼得堡人口自然流动的可靠数据。关于改革前近百年

(1764～1860年)彼得堡人口自然流动的材料一直被保存。毫无疑问,在这一时期的头几十年里,死亡率的登记极不完整。笔者对1764～1860年彼得堡的人口自然增长率进行分析,具体数据见表9-1。

表 9-1　1764～1860年彼得堡的人口自然增长率

单位：‰

年份	人口出生率	人口死亡率	人口自然增长率
1764～1770	31.9	29.2	2.7
1771～1780	32.1	26.9	5.2
1781～1790	30.5	31.4	-0.9
1791～1800	32.3	31.5	0.8
1801～1810	29.0	36.3	-7.3
1811～1820	23.1	27.2	-4.1
1821～1830	21.5	21.7	-0.2
1831～1840	24.3	30.6	-6.3
1841～1850	31.5	42.7	-11.2
1851～1860	34.4	42.5	-8.1
1764～1860	28.4	31.8	-3.4

资料来源：Данные, опубликованных в Статистическом собрнике по Петрограду и Петроградской губернии 1922. Пг., 1922. стр. 1-2 и 12-14。

1764～1860年,彼得堡的人口出生率为28.4‰,人口死亡率为31.8‰,人口自然增长率为-3.4‰。1841～1850年和1851～1860年的数据更不乐观,这些年彼得堡的人口死亡率达到42.5‰～42.7‰。

在个别年份,人口死亡率非常高。例如,1848年人口死亡率为65.5‰,1855年为52.1‰,1856年为52.5‰,1865年为55.9‰。

笔者列出了1861～1915年彼得堡每5年的人口自然增长率,具体数据见表9-2。

表 9-2　1861~1915 年彼得堡的人口自然增长率

单位：‰

年份	人口出生率	人口死亡率	人口自然增长率
1861~1865	38.1	41.4	-3.3
1866~1870	30.2	38.8	-8.6
1871~1875	31.2	32.3	-1.1
1876~1880	30.2	33.3	-3.1
1881~1885	30.8	33.1	-2.3
1886~1890	31.6	27.9	3.7
1891~1895	30.8	26.3	4.5
1896~1900	30.3	25.6	4.7
1901~1905	30.5	24.7	5.8
1906~1910	30.9	26.3	4.6
1911~1915	26.1	21.9	4.2
1861~1915	31.0	30.1	0.9

资料来源：Данные, опубликованных в Статистическом сборнике по Петрограду и Петроградской губернии 1922. Пг., 1922. стр. 13-14。

1861~1915 年平均人口出生率和人口死亡率相近：人口出生率为31.0‰，人口死亡率为30.1‰。人口自然增长率为微不足道的0.9‰。

为了说明彼得堡在极其困难的卫生条件下的人口变动状况，笔者引用了C. A. 诺沃谢利斯基在《人口自然流动》一文中的相关数据。[①]

他指出，基于所有可获得的彼得堡人口死亡率数据，自1764年以来，死亡率有21次超过了40‰，这样的情况主要发生在霍乱流行的年份，具体数据见表9-3。

1887~1915年彼得堡的婴儿死亡率数据显示，在此期间，彼得堡的婴儿死亡率居高不下，具体数据见表9-4。

---

① Материалы по статистике Петрограда. вып I. Пг., стр. 19.

表 9-3 1790~1879 年彼得堡的人口死亡率

单位：‰

年份	人口死亡率	年份	人口死亡率
1790	40.7	1853	42.8
1799	43.5	1854	42.8
1800	49.0	1855	52.1
1801	41.7	1856	52.5
1808	51.3	1857	42.7
1813	42.3	1859	41.7
1840	41.3	1864	41.0
1845	52.4	1865	55.9
1846	51.9	1866	50.5
1848	65.5	1879	45.2
1852	40.3		

表 9-4 1887~1915 年彼得堡（含郊区）婴儿死亡率

单位：%

年份	婴儿死亡率	年份	婴儿死亡率
1887	24.2	1902	24.4
1888	28.3	1903	26.4
1889	24.0	1904	25.5
1890	22.8	1905	27.3
1891	24.3	1906	26.7
1892	24.0	1907	25.3
1893	24.2	1908	27.3
1894	24.4	1909	24.1
1895	26.5	1910	25.5
1896	28.0	1911	23.4
1897	25.4	1912	25.0
1898	27.1	1913	23.1
1899	24.9	1914	24.8
1900	27.4	1915	24.8
1901	26.5		

1887~1915 年，每 100 名新生儿中平均有 25.4 个在 1 岁前死亡。

Ю. 胡伯纳博士在 1879 年第六届俄罗斯自然科学家和医生代表大会的报告中给出了详细的数据，足以说明彼得堡城市和郊区人口的死亡率存在明显差异。

他将彼得堡的人口分为城市和郊区两组,并对死因进行了划分,具体数据见表9-5。

表9-5 彼得堡城市和郊区居民中死于各类疾病的数量和占比

	第一组(城市)	第二组(郊区)
居民人数*(人)	330214	337731
死于霍乱占比(%)	1.53	2.82
死于斑疹伤寒占比(%)	1.17	1.77
死于天花(%)	3.41	6.75

* 1870~1874年的平均数。

关于1910~1911年彼得堡人口死亡率的升高问题,C. A. 诺沃谢利斯基和B. B. 巴耶夫斯基写道:"战前彼得堡的高死亡率是由不卫生的工作、居住环境和糟糕的社会经济环境造成的。"

笔者编制了1887~1911年彼得堡伤寒病患者的动态数据,具体见表9-6。

表9-6 1887~1911年彼得堡伤寒病患者数量

单位:人

年份	伤寒病患病
1887~1891	2329
1892~1896	1466
1897~1901	5677
1902~1906	4791
1907~1911	3757

在描述社会经济条件对彼得堡人口死亡率的影响时,C. A. 诺沃谢利斯基编制了相关表格,具体数据见表9-7。

在分析该表格数据的基础上,C. A. 诺沃谢利斯基得出,随着居住在某一组别的雇主和管理人员的比例下降,私人仆人的数量相对减少,住宅的平均租金减少。随着每个房间平均居住人数的增加,也就是从较富裕的区组迁到较贫穷的区组后,死亡率不断上升。

表 9-7 社会经济条件对彼得堡人口死亡率的影响

组别	雇主和管理人员占比(%)	每100名自谋职业者中的私人仆人数量(人)	每个房间平均居住人数(人)	住宅的平均年租金(卢布)	1909~1912年死亡率(‰)
I	25.8	34.7	1.50	933	12.6
II	24.6	29.9	1.57	745	14.3
III	21.2	19.9	2.06	536	18.3
IV	16.7	13.2	2.26	430	19.9
V	12.8	8.9	2.64	353	21.9
VI	10.7	5.4	2.91	213	24.5
VII	8.2	4.0	3.30	190	27.2

资料来源：Дж. Г. Уиппль и С. А. Новосельский. Основы демографической и санитарной статистики. М., 1929. стр. 517-518。

在 1900 年和 1910 年人口普查材料基础之上，C. A. 诺沃谢利斯基还发布了贫富状况对彼得堡居民斑疹伤寒发病率的影响数据，具体见表 9-8。

表 9-8　1900~1910 年贫富状况对彼得堡居民斑疹伤寒发病率的影响

组别	雇主和管理人员占比(%)	每100名自谋职业者中的私人仆人数量(人)	住宅的平均年租金(卢布)	每个房间平均居住人数(人)	将房间租给房客的家庭比例(%)	6~20岁文盲比例(%)	斑疹伤寒发病率(‰)
I	24.0	110	209.7	1.5	24.3	16.2	44.1
II	23.1	100	170.7	1.7	32.8	16.7	69.8
III	16.8	58	139.7	2.4	41.5	20.7	84.5
IV	11.9	44	127.6	2.8	47.5	23.5	118.9
V	9.9	32	126.2	3.9	51.0	28.5	139.4

他按照贫富状况将居民居住区域分为 5 组：一是富裕人口居多的区域；二是小康人口居多的区域；三是中等收入人口居多的区域；四是收入微薄人口居多的区域；五是贫困人口居多的区域。

由表 9-8 中数据可知，斑疹伤寒的发病率与居民的富裕程度成反比，发病率差异十分显著，第 5 组的发病率比第 1 组高出 2 倍以上。①

关于十月革命前莫斯科人口自然流动的统计数据已在几篇论文中发表。笔者在研究中主要使用了 П. И. 库尔金和 А. А. 切尔托夫提供的材料。② 在计算自然流动指标时，不包括莫斯科福利院儿童的出生率和死亡率数据，因为莫斯科郊区的大量儿童被迫居住在那里。

从 19 世纪 80 年代后半期开始，莫斯科的常住人口增加，结婚率也有一定程度的提升。

1867~1913 年莫斯科各个时期的人口出生率见表 9-9。

表 9-9　1867~1913 年莫斯科的人口出生率

单位：‰

年份	人口出生率
1867~1880	22.8
1881~1890	22.6
1891~1900	25.6
1901~1910	28.8
1911~1913	28.9

П. И. 库尔金和 А. А. 切尔托夫在描述革命前时期莫斯科的人口死亡率时指出，1865~1868 年和 1871~1873 年莫斯科发生了霍乱疫情，在此期间，人口死亡率上升到 34‰~37‰。1880~1882 年和 1885~1886 年，伤寒肆虐，人口死亡率上升到 29‰~33‰。1892 年的霍乱疫情和 1909 年的儿童流行病也导致了莫斯科人口死亡率的上升。1867~1917 年莫斯科的人口死亡率见表 9-10。

---

① С. А. Новосельский, Материалы по географии и и статистике сыпного тифа, Научная медицина №2. 1919. стр. 193-195.
② П. И. Куркин, А. А. Чертов, Естественное движение населения г. Москвы и Московской губернии. М., 1927.

表 9-10　1867~1917 年莫斯科的人口死亡率

单位：‰

年份	人口死亡率
1867~1871	31.2
1872~1876	30.0
1877~1881	28.1
1882~1886	28.4
1887~1891	25.4
1892~1896	25.7
1897~1901	23.7
1902~1906	22.4
1907~1910	24.7
1912~1917	23.3

П. И. 库尔金和 А. А. 切尔托夫将莫斯科人口死亡率的小幅下降归因为其年龄构成的变化和城市卫生状况的些许改善。此外，他们还强调，莫斯科人口死亡率的下降速度相当缓慢。

比较莫斯科人口的出生率和死亡率可以看到，直到19世纪90年代，莫斯科的人口都在自然减少。① 只有在19世纪90年代以后，才出现了小幅度的人口自然增长。

---

① 一些现存的关于改革前莫斯科人口自然流动的材料也表明，莫斯科人口的死亡率超过了出生率。另一方面，大量移民带来了莫斯科人口的增长。《莫斯科省十四年间的人口动态（1830~1843 年）》一文中写道："在这十几年中（1830~1843 年），莫斯科每年平均出生人数如下。

出生人数：男性　　　　4500
　　　　　女性　　　　4300
　　　　　合计　　　　8800
死亡人数：男性　　　　5200
　　　　　女性　　　　4600
　　　　　合计　　　　9800

这意味着，平均死亡人数比出生人数多出 1000 人。但这并不能证明莫斯科人口的减少，相反，莫斯科的人口正在显著增加。死亡人口主要来自苦力阶层，他们是首都的流动人口。"

在莫斯科工人和不太富裕的人口居住的地区，发病率和死亡率非常高。

根据 B. A. 列维茨基报告中公布的材料，笔者编制了1902~1907年莫斯科各警署辖区居民的传染病患病率表格（见表9-11）。

表9-11　1902~1907年莫斯科各警署辖区居民的传染病患病率

警署辖区	居民平均人数（人）	患传染病居民人数（人）	传染病患病率（‰）
特维尔	64967	858	13.2
甘罗德斯基	18319	297	16.2
阿尔巴特	44256	729	16.5
普雷奇斯滕	44945	752	16.7
列福尔托沃	86622	1419	16.4
斯雷滕	52469	987	18.8
巴斯曼	46835	947	20.2
亚乌兹	35110	771	22.0
哈莫夫尼切斯基	73079	1634	22.4
罗戈日斯基	99073	2348	23.7
皮特尼茨	72320	1729	23.9
亚基曼斯基	56770	1392	24.5
普列斯嫩斯基	86786	2193	25.3
梅夏斯基	130804	3394	25.9
谢尔普霍夫斯基	44754	1202	26.9
苏谢夫斯基	118921	3199	26.9
米亚尼茨基	55242	1913	34.6
合计/平均	1131272	25764	22.8

资料来源：В. А. Левицкий, План организации медицинской помощи городах и окраинах Москвы. Труды Ⅶ губернского съезда членов врачебно－санитарных организаций Московского земства 15-24 мая 1910 г. вып. Ⅲ. М., 1910. стр. 299 и 332。

莫斯科各地区数据差异很大。患者数量最少的地区主要集中于富裕人口居住的地方。例如，莫斯科平均每10000名居民中有228名患者，特维尔区的数量为132名，甘罗德斯基区的数量为162名，阿尔巴特区的数量为165名，普雷奇斯滕区的数量为167名。

正如列维茨基描述的那样，米亚尼茨基区是传染病横行的地区，此处的希特罗夫市场是传染病的发源地。

米亚尼茨基区以外的郊区如苏谢夫斯基区、谢尔普霍夫斯基区、梅夏斯基区和普列斯嫩斯基区也有发病情况。

让我们来看看其他城市人口的自然流动指标。

科斯特罗马的纺织工业发达，1860年和1870年人口自然减少，从1890年起才出现人口自然增长，但不明显。

医生 И.И. 伊万诺夫根据对科斯特罗马3个时期（1862~1867年、1868~1873年和1874~1879年）的人口出生率和死亡率数据进行分析后指出："在整个研究所选取的时间段里，科斯特罗马市的人口死亡率超过了人口出生率，两者之比为100∶93.8；霍乱暴发的年份为100∶81.5，没有霍乱的年份为100∶88.5；最终为100∶95.7。在整个时期内，死亡人数与出生人数之比为100∶90.3。从1862年起，科斯特罗马的人口没有自然增长，相反，却下降了9.7%。"[①]

笔者以科斯特罗马市为例研究城市人口的变动状况，具体数据见表9-12。

表9-12　1891~1910年科斯特罗马的人口自然增长率

单位：‰

年份	人口出生率	人口死亡率	人口自然增长率
1891~1895	32.4	29.7	2.7
1896~1900	37.0	32.5	4.5
1901~1905	41.3	33.5	7.8
1906~1910	47.6	41.1	6.5
1891~1910	39.6	34.3	5.3

资料来源：根据医生 С.М. 阿尔卡诺夫和 А.А. 茨维塔耶夫的数据编制，参见 С.М. Аркановый и А.А. Цветаевый в Врачебно-санитарном обзоре Костромской губернии. 1912. Ⅳ。

由表9-12中数据可知，1891~1910年科斯特罗马的人口自然增长率很低。

---

① И.И. Иванов. Опыт санитарного исследования гор. Костромы. материалы для статистики Костромской губернии. вып. Ⅳ. Кострома. , 1881. стр. 172.

笔者还掌握了1870～1913年萨拉托夫的人口自然增长率数据，具体见表9-13。

表9-13　1870～1913年萨拉托夫的人口自然增长率

单位：‰

年份	人口出生率	人口死亡率	人口自然增长率
1870	41.6	54.8	-13.2
1875	41.9	35.6	6.3
1880	34.6	43.4	-8.8
1885	43.3	44.7	-1.4
1890	39.7	38.8	0.9
1891～1895	42.0	47.7	-5.7
1896～1900	46.3	40.4	5.9
1901～1905	44.3	35.6	8.7
1906	37.7	28.3	9.4
1909	38.1	33.9	4.2
1910	34.3	30.2	4.1
1911	37.0	31.6	5.4
1913	29.7	26.1	3.6

资料来源：Данные, опубликованных в Материалах по статистике г. Саратова. вып. I. Саратов., 1921. стр. 4-5。

以下数据摘自公共卫生学家科瓦列夫斯基1910年的报告，显示了生活在萨拉托夫不同地区的居民群体在死亡率上的差异。

表9-14　1910年萨拉托夫不同地区居民群体的死亡率

单位：‰

辖区	死亡率
Ⅰ-中心	9.8
Ⅱ-郊区至乌列斯	34.9
Ⅲ-老城区	16.4
Ⅵ-山区	38.1
Ⅴ-码头中心区	49.2
Ⅵ-郊区墓地	44.2

资料来源：И. И. Кошайский. Город Саратов в жилищном отношении. Саратов., 1922. стр. 125。

在评论这些数据时，И.И.科沙伊斯基写道："城市的中心区比较发达，死亡率最低，而边缘地区虽处于未开发状态，但因为人口稠密，死亡率极高。"

20世纪初萨拉托夫1岁以下儿童的死亡率极高，具体数据见表9-15。

表9-15　20世纪初萨拉托夫1岁以下儿童的死亡率

年份	出生人数(人)	死亡人数(人)	死亡率(%)
1903	8056	3143	39.0
1904	8653	3066	35.4
1905	8374	3261	38.9
1906	7868	2811	35.7
1907	8972	3231	36.0
5年期间	41923	15512	37

1903~1907年5年期间，萨拉托夫平均出生的每100个孩子中，就有37个在1岁前死亡，个别年份的死亡率有波动。①

在萨马拉，可以引用А.谢弗尔发表的有关1882~1896年萨马拉的死亡率数据来说明问题。

"1898年，杜马听取了关于该市卫生状况的报告。报告人罗杰维奇医生说，1882~1896年，萨马拉有50578人出生，但同时有55712人死亡，也就是说，死亡人数比出生人数多了5134人。城市居民的数量增加只是因为外来人口的不断增加……基于此，萨马拉的人口不是自然增长……居民们正在逐渐消失和死亡……他们正在消亡，而且消亡的规模非常大。萨马拉的人口死亡率高得惊人，这不是没有原因的。每1000人中的死亡人数为39.2人，也就是说，差不多每年每25个人中就有一个人注定死亡……"②

在萨马拉，1908年5岁以下儿童的死亡人数占所有死亡人数的66%，

---

① Г.В.Хлопин. Материалы к оздоровлению России. СПб., 1911. стр. 200.
② А.Шефер. Города. Куйбышев, Очерки истории Самары-Куйбышева. 1940. стр. 88.

死亡率比萨拉托夫还要高,而在阿斯特拉罕 5 岁以下儿童的死亡人数占所有死亡人数的 54.5%。

公共卫生学家 P.P. 罗扎诺夫编制了一组指标,以 5 年期为界来反映 1868~1887 年下诺夫哥罗德的人口自然增长率,具体数据见表 9-16。

表 9-16　1868~1887 年下诺夫哥罗德的人口自然增长率

年份	人口平均数(人)	自然增长人数(人)	增长或减少人数占人口总数的比例(%)
1868~1872	41365	-724	1.75
1873~1877	45589	-202	0.44
1878~1882	52948	-185	0.35
1883~1887	61570	78	0.13

罗扎诺夫指出:"死亡人数超过出生人数的情况正在逐渐减少,甚至在过去 5 年中人口出现了小规模的自然增长。"①

关于俄国其他城市的卫生状况和人口自然流动的大量研究报告均被保存了下来,它们具有很高的文献价值。所有这些数据都表明,俄国大城市居民的死亡率很高,这是社会经济和卫生条件不利造成的。

二　欧俄地区城市和农村的人口变动

上文对一些主要城市的人口自然变动数据进行了分析,此外,笔者还将对城市和农村地区的人口自然增长率进行比较。

欧俄 50 省的人口自然增长率在城市和农村地区一直是不同的。从 1859~1863 年至 1909~1913 年,这些指标之间的差异更大,具体数据见表 9-17。

---

① Отчет по медицинской и санитарной части за 1888 год и обзор статистических сведений о движении населения в Нижнем Новгороде за 20 лет. Нижний Новгород., 1889. стр. 5.

表 9-17　从 1859~1863 年至 1909~1913 年欧俄 50 省的人口变动

单位：‰

居民点类型	人口出生率		人口死亡率		人口自然增长率	
	1859~1863 年	1909~1913 年	1859~1863 年	1909~1913 年	1859~1863 年	1909~1913 年
城市	45.9	33.9	38.6	25.4	7.3	8.5
农村	50.9	44.3	35.8	28.0	15.1	16.3

1859~1863 年数据显示，农村地区的人口出生率为 50.9‰，比城市高 5 个千分点。1909~1913 年，农村地区的人口出生率比城市高 10.4 个千分点。

1859~1863 年的统计数据显示，城市人口死亡率为 38.6‰，而农村为 35.8‰。1909~1913 年统计数据显示，情况有所改变，城市人口死亡率为 25.4‰，农村地区则为 28.0‰。1859~1863 年和 1909~1913 年，城市人口自然增长率都很低（7.3‰和 8.5‰），农村地区相对较高（15.1‰和 16.3‰）。

在《俄国公共卫生状况和医疗组织报告》所公布统计数据的基础上，笔者编制了 20 世纪初欧俄各省城市和农村的人口自然变动表格，具体数据见表 9-18。

表 9-18　20 世纪初欧俄各省城市和农村的人口自然变动

单位：‰

年份	人口出生率		人口死亡率		人口自然增长率	
	城市	农村	城市	农村	城市	农村
1902	37.5	49.2	26.4	30.0	11.1	19.2
1903	37.0	47.8	26.4	29.2	10.6	18.6
1904	37.5	48.6	26.6	29.3	10.9	19.3
1905	35.9	45.1	28.0	31.4	7.9	13.7
1906	36.6	47.3	27.1	29.6	9.5	17.7
1907	37.3	47.5	27.7	27.9	9.6	19.6
1908	35.4	45.0	27.2	27.7	8.2	17.3
1909	35.6	44.7	28.2	29.1	7.4	15.6
1910	34.7	45.2	27.1	31.2	7.6	14.0
1911	34.1	45.0	24.2	26.9	9.9	18.1
1912	33.4	43.7	23.8	25.9	9.6	17.8
1913	31.9	43.0	23.7	26.8	8.2	16.2
1902~1913	35.6	46.0	26.4	28.8	9.2	17.3

这些数据足以表明城市和农村的人口自然变动存在显著差异。1902~1913年，农村的人口出生率比城市高10.4个千分点，人口死亡率高2.4个千分点。在12年间农村的人口自然增长率为17.3‰，城市的人口自然增长率为9.2‰。因此，1902~1913年农村的人口自然增长率比城市高8.1个千分点。

1911~1913年欧俄50省城市和农村的人口自然变动指标也值得关注，具体数据见表9-19。

表9-19　1911~1913年欧俄50省城市和农村的人口自然变动指标

单位：‰

居民点类型	人口出生率	人口死亡率	人口自然增长率
城市	33.1	23.9	9.2
农村	43.9	26.5	17.4

由表9-19中数据可知，1911~1913年农村的人口出生率比城市高10.8个千分点，而农村的人口死亡率则比城市高2.6个千分点。此时，有必要考虑到城市和农村人口在性别和年龄构成上的一些差异，这些差异均反映在人口自然增长率中。

1911~1913年欧俄50省的人口自然增长率，在城市为9.2‰，在农村为17.4‰，农村比城市高8.2个千分点。考虑到农村人口在俄国总人口中占绝对优势，必须承认，俄国的人口自然增长是以牺牲农村地区的利益为代价换来的。

笔者还统计了1911~1913年欧俄50省城市和农村的人口出生率、死亡率和自然增长率，具体数据见表9-20至表9-22。

表9-20　1911~1913年欧俄50省城市和农村的人口出生率

单位：‰

省　份	城市人口出生率	农村人口出生率
斯摩棱斯克	22.6	47.1
莫吉廖夫	19.6	39.0

续表

省 份	城市人口出生率	农村人口出生率
基辅	24.5	40.4
波多利斯克	23.7	37.8
格罗德诺	22.4	34.7
沃罗涅日	32.2	49.6
维亚特卡	34.0	51.9
切尔尼戈夫	26.7	40.7
叶卡捷琳诺斯拉夫	33.3	50.1
赫尔松	29.1	43.5
维捷布斯克	24.1	35.9
比萨拉比亚	29.5	41.8
沃伦	29.0	40.4
奥廖尔	34.6	46.5
萨拉托夫	36.8	49.1
维尔纳	27.0	35.6
卡卢加	36.4	47.1
奥伦堡	43.0	54.7
顿河哥萨克军区	41.1	51.7
库尔斯克	37.5	47.1
喀山	34.8	43.5
莫斯科	35.4	44.0
唐波夫	38.6	47.7
波尔塔瓦	30.2	37.3
奥洛涅茨	37.8	46.4
特维尔	33.2	40.5
诺夫哥罗德	37.3	45.0
哈尔科夫	35.5	42.2
阿尔汉格尔斯克	37.8	44.2
土拉	38.2	44.6
明斯克	33.3	37.9
彼得堡	28.5	31.5

续表

省　份	城市人口出生率	农村人口出生率
彼尔姆	50.2	55.4
奔萨	45.0	48.9
普斯科夫	36.4	39.3
辛比尔斯克	46.5	49.6
下诺夫哥罗德	40.1	42.1
梁赞	39.0	40.6
塔夫里达	41.5	43.1
沃洛格达	47.3	47.0
弗拉基米尔	38.1	37.7
乌法	48.7	47.7
雅罗斯拉夫	38.8	35.9
阿斯特拉罕	39.0	35.8
库尔兰	27.0	23.8
科斯特罗马	51.9	44.7
科夫诺	33.8	27.6
萨马拉	69.7	54.1
爱斯特兰	33.6	22.5
利夫兰	31.0	18.9
欧俄50省	33.1	43.9

由表9-20中数据可知,有39个省的农村人口出生率高于城市,有11个省的城市人口出生率高于农村。为更好地进行研究,笔者对1911~1913年欧俄50省城市和农村的人口死亡率数据进行了分析,具体数据见表9-21。

表9-21　1911~1913年欧俄50省城市和农村的人口死亡率

单位:‰

省　份	城市人口死亡率	农村人口死亡率
斯摩棱斯克	15.5	27.7

续表

省 份	城市人口死亡率	农村人口死亡率
莫吉廖夫	11.6	18.9
格罗德诺	13.1	20.6
维捷布斯克	12.9	18.3
波多利斯克	16.1	22.7
维亚特卡	27.4	36.9
基辅	16.3	21.9
沃伦	17.7	23.6
切尔尼戈夫	16.2	21.4
比萨拉比亚	24.7	31.6
奥廖尔	23.1	28.1
沃罗涅日	23.8	28.9
叶卡捷琳诺斯拉夫	18.9	22.5
赫尔松	19.4	22.4
萨拉托夫	27.4	31.1
莫斯科	26.4	29.7
下诺夫哥罗德	28.1	30.9
维尔纳	18.4	20.1
奥洛涅茨	31.5	34.1
科夫诺	16.9	18.2
库尔斯克	26.5	28.5
顿河哥萨克军区	26.1	27.6
奥伦堡	35.4	37.4
喀山	29.0	30.0
特维尔	25.6	26.6
波尔塔瓦	17.8	18.4
彼得堡	22.3	22.6
唐波夫	28.3	28.5
土拉	29.2	29.1
卡卢加	29.7	29.2
弗拉基米尔	26.7	26.2

续表

省　份	城市人口死亡率	农村人口死亡率
明斯克	18.6	18.1
库尔兰	17.8	17.1
沃洛格达	32.3	30.9
奔萨	33.4	30.5
阿尔汉格尔斯克	28.5	25.6
塔夫里达	25.6	23.0
哈尔科夫	23.6	23.2
普斯科夫	28.1	24.1
辛比尔斯克	36.8	31.6
彼尔姆	45.2	38.6
诺夫哥罗德	32.6	27.7
梁赞	28.0	23.1
科斯特罗马	36.6	30.0
雅罗斯拉夫	29.6	24.2
乌法	36.9	29.8
阿斯特拉罕	31.4	20.8
爱斯特兰	27.4	16.3
利夫兰	25.2	14.8
萨马拉	57.0	33.6
欧俄50省	23.9	26.5

表9-21中的人口死亡率指标是在没有调整城市和农村人口的性别和年龄构成差异的情况下计算的，因此可能有偏差。

我们还注意到各省份的死亡率指标存在很大差异。1911~1913年，有28个省农村的人口死亡率高于城市，有22个省城市的人口死亡率高于农村。在斯摩棱斯克、莫吉廖夫、格罗德诺和维捷布斯克等，农村的人口死亡率远远高于城市。在爱斯特兰和利夫兰等，城市的人口死亡率远远高于农村。在了解各省份城市和农村的人口出生率和死亡率之后，笔者对1911~1913年欧俄50省城市和农村的人口自然增长率进行了分析，具体数据见表9-22。

俄国人口的百年变迁（1811~1913）

表 9-22　1911~1913 年欧俄 50 省城市和农村的人口自然增长率

单位：‰

省　份	城市人口自然增长率	农村人口自然增长率
彼尔姆	5.0	16.8
斯摩棱斯克	7.1	19.4
卡卢加	6.7	17.9
莫吉廖夫	8.0	20.1
沃罗涅日	8.4	20.7
维亚特卡	6.6	15.0
切尔尼戈夫	10.5	19.3
喀山	5.8	13.5
奥伦堡	7.6	17.3
基辅	8.2	18.5
赫尔松	9.7	21.1
比萨拉比亚	4.8	10.2
阿尔汉格尔斯克	9.3	18.6
波多利斯克	7.6	15.1
阿斯特拉罕	6.4	23.4
奥洛涅茨	6.3	12.3
萨拉托夫	9.4	18.0
叶卡捷琳诺斯拉夫	14.4	27.6
诺夫哥罗德	4.7	17.3
辛比尔斯克	9.7	18.0
唐波夫	10.3	19.2
普斯科夫	8.3	15.2
维尔纳	8.6	15.5
哈尔科夫	11.9	19.0
特维尔	7.6	13.9
土拉	9.0	15.5
库尔斯克	11.0	18.6
萨马拉	12.7	20.5
顿河哥萨克军区	15.0	24.1

续表

省　份	城市人口 自然增长率	农村人口 自然增长率
奥廖尔	11.5	18.4
梁赞	11.0	17.5
奔萨	11.6	18.4
莫斯科	9.0	14.3
下诺夫哥罗德	12.0	11.2
波尔塔瓦	12.4	18.9
维捷布斯克	11.2	17.6
格罗德诺	9.3	14.1
乌法	11.8	17.9
沃伦	11.3	16.8
彼得堡	6.2	8.9
明斯克	14.7	19.8
雅罗斯拉夫	9.2	11.7
塔夫里达	15.9	20.1
沃洛格达	15.0	16.1
弗拉基米尔	11.4	11.5
爱斯特兰	6.2	6.2
科斯特罗马	15.3	14.7
库尔兰	9.2	6.7
利夫兰	5.8	4.1
科夫诺	16.9	9.4
欧俄50省	9.2	17.4

在个别省份，城市和农村人口自然增长率的差异十分明显。在欧俄50省中，有45个省的农村人口自然增长率高于城市，有4个省份的城市人口自然增长率高于农村。

其中，有28个省的农村人口自然增长率高于16‰，而只有一个省的城市人口自然增长率高于16‰。有31个省的城市人口自然增长率低于10‰，有5个省的农村人口自然增长率低于10‰。

С.А.诺沃谢利斯基主要利用了1897年俄国第一次人口普查材料对城市

和农村人口的死亡率进行分析，他对性别和年龄结构上的差异进行了修正，具体数据见表 9-23。

表 9-23　1897 年俄国居民的总体死亡率及其修正值

单位：‰

	总体死亡率	修正后死亡率
农村	32.32	32.09
居民少于 10 万人的城市	29.14	33.53
居民不少于 10 万人的城市	26.82	36.75

С. А. 诺沃谢利斯基写道："上述计算表明，因为年龄构成的不同，俄国居民的死亡率在从农村迁居至大城市的过程中会上升，这与所示的一般死亡率数据完全相反，这些数据显示从大城市到农村的过程中死亡率会有所上升。

因此，根据一般数据，我们的城市人口死亡率显然较低，这完全是由城市的特殊年龄构成造成的，而不是卫生或社会原因造成的，所以我们得出结论，城市的人口死亡率比农村高得多。"①

笔者认为有必要对 С. А. 诺沃谢利斯基的结论进行分析。

俄国各城市居民在性别和年龄上的分布差异很大。诺沃谢利斯基写道："作为纯粹的城市人口类型，我把人口不少于 10 万人的城市挑出来作为一个特殊研究对象。"根据 1913 年的数据，此类城市中居民的数量占城市居民总数的 40%。然而，在不同规模的城市中，按性别和年龄划分的人口构成存在很大差异。因此，我们仅根据与最大型城市有关的数据来估算城市的人口死亡率是不足的。值得一提的是，С. А. 诺沃谢利斯基在研究中使用的是 1897 年的数据。从 1897 年到 1913 年，人口死亡率和按性别和年龄划分的城市人口分布都发生了重大变化。

---

① С. А. Новосельский. О различиях в смертности городского и сельского населения в Европейской России. общественный врач №4. 1911.

上述过程不仅发生在首都,也发生在许多其他城市,大城市人口的性别和年龄构成与其他城市人口的性别和年龄构成差异不大。

总体而言,认识到 C. A. 诺沃谢利斯基研究成果的重要性后,笔者认为,上述对城市和农村人口死亡率的对比分析具有独特和重要的意义。

在整个研究期间(1861~1913年),欧俄地区的平均人口出生率为48.9‰,而这一指标在各个省之间有很大的差异。

我们的研究表明,各省的结婚年龄与人口出生率之间存在着明确的关联。另外,早婚主要是由经济和生活条件造成的。

数以百万计的工人群众的物质生活条件十分艰苦,十月革命前的俄国公共卫生条件极其恶劣,流行病肆虐,居民的医疗条件异常简陋,因此死亡率很高。农民经常挨饿,由于连年歉收,成千上万的人不断死于饥饿和瘟疫。这种情况越来越多地出现。

1861~1913年,欧俄地区的平均人口死亡率为34‰,各省的人口死亡率各异。

1861~1913年,欧俄地区的平均人口自然增长率为14.9‰。这个数字在各省的波动也非常大。

在伟大的十月革命爆发的前几年里,俄国的人口死亡率一直保持在很高的水平。十月革命之后,劳动人民的物质生活条件有了很大的改善,居民的文化水平提高,整个医疗系统和卫生网络广泛发展,在二战前几年就已经出现了人口死亡率特别是婴儿死亡率大幅下降的现象。

在苏共中央委员会第二十次代表大会的报告中,H. C. 赫鲁晓夫说:"劳动人民物质福利的改善也可以通过我们国家在第五个五年计划期间人口增长达到1630万的事实来解释。"①

我们在长期的研究中发现,婴儿死亡率没有明显下降。俄国的婴儿死亡率仍然过高。平均而言,在45年间(1867~1911年),1岁以下婴儿的死亡率为26%~27%。工厂工人子女的死亡率特别高。

---

① Правда. 15 февраля 1956.

在苏联时期，婴儿死亡率大幅下降。这是人民福利改善，文化水平急剧提高，大量的妇产医院、儿童诊所、托儿所、保育院得到建设，以及政府为多子女母亲、单身母亲以及孕妇投入大量福利资金的结果。

关于城市和农村的人口自然增长率，根据 1902~1913 年的数据，农村的人口自然增长率为 17.3‰，而城市的人口自然增长率为 9.2‰。这在一定程度上受到城市和农村人口年龄结构差异的影响，但主要原因仍是一系列社会经济因素的影响。

在许多大城市，人口死亡率是如此之高，以致在 19 世纪 80 年代后半期之前，人口的自然增长率为负是它们的典型特征（彼得堡、莫斯科、萨拉托夫、科斯特罗马、梁赞、下诺夫哥罗德都是如此）。在这一时期，这些城市的人口增长完全是因为农村人口大量涌入城市，其中适龄劳动力的数量最多。

第四部分
俄国人口的构成材料

在了解完俄国人口的总体变动态势，城市人口的构成、变动及增长原因，以及农奴制改革之后俄国人口的自然变动趋势后，俄国居民的性别和年龄分布、文化水平和职业构成也值得探究，本部分以上述问题为切入点，研究俄国居民社会职业构成和文化水平的变化。

第 10 章
俄国居民的性别和年龄划分

在研究第 8 次人口调查数据时，К. И. 阿列谢尼耶夫引用了大量关于 1885 年欧俄地区不同性别纳税阶层的数据。他对纳税阶层范围的描述值得借鉴，他认为可以借此分析俄国人口的性别构成。К. И. 阿列谢尼耶夫写道："有关贵族和僧侣以及这些阶层性别构成的信息，通常都不尽如人意，所以在使用纳税阶层数据核算居民性别构成时，需要同时使用人口普查数据，这样的计算才更具说服力。

所谓纳税阶层，不仅包含各类农民，还包含城市居民，如商人、小资产阶级和行会手工业者。"[①]

应该指出的是，К. И. 阿谢尼耶夫所说的农民和城市居民是俄国人口的主体，具体数据见表 10-1。

由表 10-1 的数据可知，1885 年，在所有有纳税义务的居民中，平均每 1000 名男性对应着 1022 名女性。

1861 年农奴制改革前夕，欧俄地区全部人口的性别构成见表 10-2。

1858 年，在欧俄地区的全部人口中，平均每 1000 名**男**性对应着 1020 名女性，其中城市女性对应的数量为 836 名，农村女性对应的数量为 1042 名。女性在城市人口中所占比例较低的原因是大量男性农民离开家乡到城市务工。

[①] К. И. Аресеньев. Исследования о численности отношений полов в народонаселении России, Журнал министерства внутренних дел. 1844. ч. V. 17 А. Г. Рашин

表 10-1　1885 年欧俄地区人口的阶层和性别构成

阶层	男性（千人）	女性（千人）	合计（千人）	每 1000 名男性对应的女性数量（人）
所有有纳税义务的居民	22311.0	22808.9	45119.9	1022
其中包括：				
商人	123.8	111.1	234.9	897
小市民和车间工人	1239.7	1349.3	2589.0	1088
国家农民	7438.0	7835.8	15273.8	1053
地主农民	11260.4	11627.9	22888.3	1033
公爵皇族农民	733.7	802.3	1536.0	1093

表 10-2　1858 年欧俄地区人口的性别构成

人口	男性（千人）	女性（千人）	合计（千人）	每 1000 名男性对应的女性数量（人）
所有人口	29367.4	29963.3	59330.7	1020
城市人口	3040.3	2541.8	5582.1	836
农村人口	26327.1	27421.5	53748.6	1042

资料来源：Статистические таблицы Российской империи, вып, Ⅱ, Наличное населенне империи за 1858 г. СПБ., 1863. стр. 182–183。

1858 年俄国人口的阶层和性别构成见表 10-3。

在僧侣阶层（每 1000 名男性对应 1075 名女性）和市民阶层（每 1000 名男性对应 1083 名女性）中，女性占主导地位。总体而言，城市和农村人口的阶层和性别构成存在一定的差异。

基于 1858 年的材料，可以看出欧俄地区各省的男女比例存在差异，具体数据见表 10-4。

表 10-3　1858 年俄国人口的阶层和性别构成

阶　层	男性（千人）	女性（千人）	合计（千人）	每 1000 名男性对应的女性数量（人）
贵族阶层	445.4	441.4	886.8	991
僧侣阶层	290.1	311.8	601.9	1075
城市阶层	2089.1	2211.3	4300.4	1058
商人	204.3	195.3	399.6	956
市民阶层	1705.8	1847.5	3553.3	1083
农村阶层	23889.3	25064.2	48953.5	1049
国家农民	9747.4	10302.9	20050.3	1057
临时义务农民	10354.7	10809.2	21163.9	1044
军人阶层	2213.7	1553.7	3767.4	702

资料来源：Статистические таблицы Российской империи. вып. Ⅱ. Наличное населенне империи за 1858 г. СПБ., 1863. стр. 267-285。

表 10-4　1858 年欧俄 49 省的男女比例

单位：人

省　份	每 1000 名男性对应的女性数量	省　份	每 1000 名男性对应的女性数量
雅罗斯拉夫	1151	阿尔汉格尔斯克	1051
科斯特罗马	1119	萨马拉	1047
奥洛涅茨	1111	爱斯特兰	1047
维亚特卡	1109	波尔塔瓦	1043
库尔兰	1063	普斯科夫	1039
卡卢加	1056	喀山	1033
辛比尔斯克	1055	顿河	1028
莫吉廖夫	1053	切尔尼戈夫	1027
诺夫哥罗德	1053	沃伦	1026
斯摩棱斯克	1052	萨拉托夫	1023

续表

省　份	每1000名男性对应的女性数量	省　份	每1000名男性对应的女性数量
奥伦堡	1017	维尔纳	1003
明斯克	1016	基辅	1000
奥廖尔	1013	梁赞	1000
彼尔姆	1098	波多利斯克	998
下诺夫哥罗德	1089	哈尔科夫	995
沃洛格达	1085	维捷布斯克	994
科夫诺	1085	土拉	974
利夫兰	1082	阿斯特拉罕	971
特维尔	1079	叶卡捷琳娜斯拉夫	957
弗拉基米尔	1065	莫斯科	938
沃罗涅日	1013	赫尔松	926
格罗德诺	1008	比萨拉比亚	912
库尔斯克	1007	塔夫里达	848
奔萨	1004	彼得堡	727
唐波夫	1003	欧俄49省	1023

资料来源：Статистические таблицы Российской империи, вып. Ⅱ. Наличное население империи за 1858 г. СПБ., 1863. стр. 182-183。

由表10-4中数据可知，有4个省，即雅罗斯拉夫、科斯特罗马、奥洛涅茨和维亚特卡，每1000名男性对应的女性超过1100名；有11个省的男性人口数量超过女性。

根据第10次人口调查资料，农民中女性所占的比例超过了女性在总人口中所占的比例。1858年欧俄地区部分省份农民的性别构成见表10-5。

表10-5　1858年欧俄地区部分省份农民的性别构成

省　份	男性(千人)	女性(千人)	合计(千人)	每1000名男性对应的女性数量(人)
雅罗斯拉夫	257.3	294.2	551.5	1143.4
彼尔姆	178.2	203.2	381.4	1140.2

续表

省 份	男性(千人)	女性(千人)	合计(千人)	每1000名男性对应的女性数量(人)
科斯特罗马	292.6	324.6	617.2	1109.3
弗拉基米尔	326.7	361.7	688.4	1107.1
下诺夫哥罗德	347.4	383.1	730.5	1102.7
格罗德诺	200.6	219.4	420.0	1093.7
沃洛格达	102.8	112.3	215.1	1092.4
波尔塔瓦	326.4	355.2	681.6	1088.2
特维尔	361.7	393.4	755.1	1087.6
奥洛涅茨	5.4	5.8	11.2	1074.0
莫斯科	298.0	316.6	614.6	1062.4
辛比尔斯克	214.9	227.5	442.4	1058.6
卡卢加	284.6	301.1	585.7	1057.9
欧俄地区	10694.4	11281.8	21976.2	1054.9

资料来源：A. Тройницкий. Крепостное население в России по 10-й народной переписи. СПБ., 1861. стр. 26-27 и 5。

由表10-5中数据可知，1858年在欧俄地区的农民人口中，每1000名男性对应着1054.9名女性，而在雅罗斯拉夫尔、彼尔姆、科斯特罗马、弗拉基米尔和下诺夫哥罗德等工业较发达的省份，女性在农民人口中所占的比例尤为突出（每1000名男性对应超过1100名的女性）。

有关这个问题的更多信息，参见1897年的人口普查。[①]

欧俄地区城市和农村人口的性别差异相对较大，具体数据见表10-6。

由表10-6中数据可知，1897年欧俄地区每1000名男性对应1042名女性，城市人口中每1000名男性对应906名女性，农村人口中每1000名男性对应1064名女性。

1897年欧俄地区居民的性别和阶层构成见表10-7。

---

① Общий свод по империи результатов разработки данных первой всеобщей переписи населения, произведенной 28 января 1897 г. СПБ., 1905.

表 10-6　1897 年欧俄地区人口的性别划分

人口	男性（千人）	女性（千人）	合计（千人）	每 1000 名男性对应的女性数量（人）
人口总数	45749.6	47693.2	93442.8	1042
城市人口	6321.0	5728.3	12049.3	906
农村人口	39428.6	41964.9	81393.5	1064

表 10-7　1897 年欧俄地区居民的性别和阶层构成

阶层	男性（千人）	女性（千人）	合计（千人）	每 1000 名男性对应的女性数量（人）
世袭贵族	418.2	467.6	885.8	1118
终身贵族、非贵族出身的官员	231.7	255.3	487.0	1102
神职人员	230.4	271.1	501.5	1177
世袭和终身荣誉公民	156.6	151.0	307.6	964
商人	116.4	123.2	239.6	1058
市民阶层	4828.5	5117.5	9946.0	1060
农民阶层	38556.9	40084.5	78641.4	1040
哥萨克	704.3	735.4	1439.7	1044

资料来源：Общий свод по империи результатов разработки данных первой всеобщей переписи населения, произведенной 28 января 1897 г. СПБ., 1905. стр. 160-161。

1897 年的人口普查资料中列出了欧俄 50 省每 1000 名男性对应的女性数量，具体数据见表 10-8。

由表 10-8 中数据可知，各省居民的性别构成差别很大。

雅罗斯拉夫每 1000 名男性对应 1326 名女性，卡卢加每 1000 名男性对应 1258 名女性，特维尔每 1000 名男性对应 1248 名女性，科斯特罗马每 1000 名男性对应 1226 名女性。相反，在赫尔松、叶卡捷琳诺斯拉夫、塔夫里达和彼得堡等省，女性人口低于男性人口。在这些省份，主要是男性在当地工厂务工或从事农业工作。

表 10-8　1897 年欧俄 50 省居民的性别构成

单位：人

省　份	每 1000 名男性对应的女性数量	省　份	每 1000 名男性对应的女性数量
雅罗斯拉夫	1326	弗拉基米尔	1196
卡卢加	1258	梁赞	1136
特维尔	1248	土拉	1132
奥洛涅茨	1121	下诺夫哥罗德	1129
斯摩棱斯克	1118	维亚特卡	1125
阿尔汉格尔斯克	1116	维捷布斯克	1021
沃洛格达	1111	乌法	1020
诺夫哥罗德	1097	波尔塔瓦	1020
辛比尔斯克	1096	奥伦堡	1016
奔萨	1089	基辅	1014
彼尔姆	1080	维尔纳	1012
普斯科夫	1079	明斯克	1008
科夫诺	1077	波多利斯克	1004
奥廖尔	1068	莫斯科	993
库尔兰	1066	沃伦	989
唐波夫	1063	哈尔科夫	988
利夫兰	1062	顿河	981
切尔尼戈夫	1054	格罗德诺	965
喀山	1049	阿斯特拉罕	954
萨拉托夫	1048	比萨拉比亚	953
爱斯特兰	1039	赫尔松	951
莫吉廖夫	1038	叶卡捷琳诺斯拉夫	936
萨马拉	1036	塔夫里达	898
库尔斯克	1033	彼得堡	884
沃罗涅日	1022	欧俄 50 省	1042
科斯特罗马	1226		

正如 П. П. 谢苗诺夫所述，根据 1897 年的数据，在莫斯科工业区周边的一些省份，女性人口占比很高。其原因之一是男性人口离开家乡到首都谋生。

А. И. 秋普罗夫指出，根据 1897 年的人口普查资料，个别省份的人口和性别构成差异很大。他指出："俄国某些地区的人口性别和阶层差异主要取决于当地的经济状况。在俄国北部和东北部地区，居民的主要职业是打短工、在当地工厂和手工作坊务工，它们对男子的生命造成的危害大于女性，事实上，在女性人口众多的省份，男性的死亡率比女性高。相比之下，南部肥沃省份总是吸引着大量移民，而在这里，与其他地方一样，男性占主导地位。"[1]

现在，让我们来看看欧俄地区人口年龄构成的主要数据。根据 1897 年人口普查资料，笔者编制了按性别和年龄划分的俄国人口分布表（见表 10-9）。

表 10-9　1897 年欧俄地区居民的性别和年龄构成

年龄（岁）	男性		女性		合计	
	数量（千人）	占比（%）	数量（千人）	占比（%）	数量（千人）	占比（%）
<1	1696.7	3.7	1691.0	3.5	3387.7	3.6
1~10	10976.5	24.0	11143.0	23.4	22119.5	23.7
10~20	9763.1	21.3	10197.0	21.4	19960.1	21.4
20~30	7166.2	15.7	7629.6	16.0	14795.8	15.8
30~40	5677.7	12.4	5902.2	12.4	11579.9	12.4
40~50	4314.3	9.4	4465.7	9.4	8780.0	9.4
50~60	3014.7	6.6	3241.3	6.8	6256.0	6.7
60~70	1976.7	4.3	2137.4	4.5	4114.1	4.4
70~80	866.5	1.9	960.7	2.0	1827.2	2.0
≥80	281.0	0.6	309.9	0.6	590.9	0.6
年龄不详	16.2	0	15.5	0	31.7	0
总　计	45749.6	100.0	47693.3	100.0	93442.9	100.0

资料来源：Настоящая и следующая таблицы составлены на основании данных，опубликованных в Общем своде…，ч. I. СПБ.，1905。

---

[1] А. И. Чупров. Статистика народонаселения，Лекции. М.，1900. стр. 325.

欧俄地区人口年龄结构的特殊性表现在如下几个方面：20 岁以下的年轻人占总人口的近一半（48.7%），10 岁以下的人口占 27.3%，20～40 岁的人口占 28.2%，60 岁及以上人口仅占总人口的 7%，男女居民的年龄分布差异普遍较小。

1897 年欧俄地区部分城市和农村人口的年龄分布资料值得深究，具体数据见表 10-10。

表 10-10　1897 年欧俄地区部分城市和农村人口的年龄分布

年龄（岁）	城市		农村		合计	
	数量（千人）	占比（%）	数量（千人）	占比（%）	数量（千人）	占比（%）
<1	319.8	2.7	3067.8	3.8	3387.6	3.6
1～10	2040.2	16.9	20079.3	24.6	22119.5	23.6
10～20	2423.0	20.1	17537.1	21.5	19960.1	21.3
20～30	2691.5	22.3	12104.3	14.9	14795.8	15.8
30～40	1764.4	14.6	9815.4	12.0	11579.9	12.4
40～50	1215.6	10.1	7564.4	9.3	8780.0	9.4
50～60	798.1	6.6	5457.9	6.7	6256.0	6.7
60～70	510.0	4.2	3694.1	4.5	4204.1	4.5
70～80	218.0	1.8	1609.2	2.0	1827.2	2.0
≥80	61.4	0.5	529.4	0.6	590.8	0.6
年龄不详	7.1	0.1	24.4	0.0	31.5	0
总　计	12049.1	100.0	81483.3	100.0	93532.4	100.0

我们看到城市中某些年龄段居民的比例与农村地区相同年龄段居民的比例大不相同。为了更加清晰地展现该特征，笔者对相关数据进行了统计，具体内容见表 10-11。

由表 10-11 中数据可知，1897 年农村 10 岁以下人口占总人口的 28.4%，城市 10 岁以下人口占总人口的 19.6%；城市人口中 20～40 岁适龄劳动人口的占比为 36.9%，农村人口中此类人口的占比仅为 26.9%。

1897 年欧俄地区部分城市和农村人口的年龄和性别构成的差异在男性人口中更为明显，具体数据见表 10-12。

表 10-11 1897 年欧俄地区部分城市和农村人口的年龄构成

单位：%

年龄（岁）	城市	农村	合计
0~10	19.6	28.4	27.2
10~20	20.1	21.5	21.3
20~40	36.9	26.9	28.2
40~60	16.7	16.0	16.1
≥60	6.6	7.1	7.1
总　计	100.0	100.0	100.0

表 10-12 1897 年欧俄地区部分城市和农村人口的年龄和性别构成

单位：%

年龄（岁）	城市		农村	
	男性	女性	男性	女性
0~10	18.5	20.8	29.2	28.8
10~20	19.6	20.7	21.6	21.5
20~40	40.8	32.9	26.1	27.8
40~60	15.9	17.7	16.1	16.0
≥60	5.2	7.9	7.0	6.9
总　计	100.0	100.0	100.0	100.0

由表 10-12 中数据可知，1897 年在 20~40 岁的城市人口中，男性占比为 40.8%，女性占比为 32.9%。

关于这个问题，我们还参考了 C. A. 诺沃谢利斯基的相关数据："与西欧一样，俄国城乡人口的年龄构成存在显著差异。城市以适龄劳动人口为主，而儿童和老人的比例低于农村。"具体数据见表 10-13。

表 10-13　1897 年俄国城市和农村人口的年龄构成

单位：人

年龄（岁）	城市人口		农村人口	
	绝对数量	每 1000 人所包含的数量	绝对数量	每 1000 人所包含的数量
0~1	451738	26.8	3839987	35.3
1~15	4589882	272.7	39426412	362.3
15~60	10771229	636.9	57962921	532.7
≥60	1058363	62.9	7542977	69.3
年龄不详	11113	0.7	37329	0.4

资料来源：С. А. Новосельский. Обзор главнейших данных по демографии и санитарной статистике России. Пг.，1916. стр. 26。

笔者使用了З. М. 斯瓦维茨基和Н. А. 斯瓦维茨基在《1880~1913 年地方户口普查结果》中发布的相关数据，其中包括家庭普查数据，主要是在 1897 年普查之后的相关数据，其中年龄间隔大致相同。笔者选取了 110 个县不同年龄段农村人口共计约 1500 万人，具体数据见表 10-14。

表 10-14　1894~1912 年欧俄地区部分省份 110 个县农村人口的年龄构成

性别	各年龄段人口合计（千人）	7 岁以下（％）	7~18 岁*（％）	18~60 岁**（％）	60 岁及以上***（％）
男性	7398.9	21.6	24.5	48.0	5.9
女性	7518.5	21.4	20.3	49.3	9.0
合计	14917.4	21.5	22.4	48.6	7.5

* 女性为 7~16 岁；** 女性为 16~55 岁；*** 女性为 55 岁及以上。

不同年龄段男性和女性分布的一大特点是男性老年居民比女性老年居民占比稍低一些。适龄劳动人口占农村总人口的 48.6%。

为更好地进行研究，笔者对欧俄地区部分省份 110 个县农村人口的相关数据进行了分析，具体内容见表 10-15 和表 10-16。

表 10-15 欧俄地区部分省份 110 个县农村人口的年龄构成

省 份	县的数量（个）	年份	各年龄段人口合计（千人）	各年龄段占总数的比例（%）				
				7岁以下	7~14岁*	14~18岁**	18~60岁***	60岁及以上****
弗拉基米尔	13	1897~1900	1331.3	19.3	12.8	8.1	50.3	9.5
沃洛格达	6	1900~1913	867.6	18.3	22.4	22.4	48.6	7.5
沃罗涅日	5	1900	319.4	22.1	13.0	8.7	50.5	5.7
维亚特卡	11	1900~1912	680.3	22.9	10.7	8.4	50.1	7.9
叶卡捷琳诺斯拉夫	2	1901~1904	353.4	29.5	12.5	7.9	43.7	6.4
科斯特罗马	9	1896~1919	1043.5	22.5	13.5	6.0	49.8	8.2
莫斯科	3	1910	62.0	22.0	11.0	7.8	52.3	6.9
诺夫哥罗德	1	1907	93.9	20.4	13.6	9.4	50.1	7.0
奥廖尔	2	1894	275.1	20.6	14.0	8.1	49.8	7.5
奔萨	—	1910~1912	129.6	21.8	17.8	6.2	47.1	7.1
彼尔姆	4	1902~1906	1007.9	20.6	12.2	8.2	49.7	9.3
波尔塔瓦	15	1910	2606.6	21.7	15.0	9.7	47.7	5.9
萨马拉	2	1911~1913	591.9	21.9	14.9	9.0	45.2	9.0
塔夫里达	3	1900~1904	369.6	24.5	17.2	9.5	42.6	6.2
特维尔	7	1911~1913	1003.2	21.6	10.9	8.3	49.1	10.1
土拉	12	1910~1912	1509.0	21.1	23.3		49.2	6.4
哈尔科夫	10	1913	2164.0	22.2	15.5	9.4	46.8	6.1
雅罗斯拉夫	5	1897~1901	509.0	20.0	12.8	6.0	51.2	10.0
合计/平均	110	—	14917.4	21.5	22.4		48.6	7.5

* 女性为 7~12 岁；** 女性为 12~16 岁；*** 女性为 16~55 岁；**** 女性为 55 岁及以上。
表中部分省份各年龄段占比数据疑有误，因无充分修改依据，保留原文，下表同。——编者注
资料来源：Настоящая таблица и следующая составлены на основании данных, опубликованных в издании Земские подворные переписи 1880–1918. поуездные итоги. Составили З. М. и Н. А. Свавицкие. М., 1926。

第10章 俄国居民的性别和年龄划分

表10-16 欧俄地区部分省份110个县农村人口的年龄和性别分布

省份	县的数量(个)	年份	各年龄段人口合计(千人)	男性 7岁以下	男性 7~14岁	男性 14~18岁	男性 18~60岁	男性 60岁及以上	各年龄段人口合计(千人)	女性 7岁以下	女性 7~12岁	女性 12~16岁	女性 16~55岁	女性 55岁及以上
				占总数的比例(%)						占总数的比例(%)				
弗拉基米尔	13	1897~1900	639.9	19.7	15.4	7.8	49.8	7.3	691.5	18.8	10.4	8.4	50.7	11.7
沃洛格达	6	1900~1913	423.9	18.6	15.9	8.5	51.2	5.8	443.7	18.1	19.7	4.2	51.9	10.3
沃罗涅日	5	1900	161.9	22.0	15.2	8.4	49.7	4.7	157.5	22.1	10.7	9.0	51.4	9.1
维亚特卡	11	1900~1912	332.5	23.0	12.9	8.4	49.2	6.5	347.8	22.9	8.5	8.5	51.0	9.1
叶卡捷琳诺斯拉夫	2	1901~1904	182.3	28.7	14.1	7.8	43.8	5.6	171.1	30.2	10.9	8.1	43.6	7.2
科斯特罗马	9	1896~1919	501.1	23.0	13.9	8.1	49.2	5.8	542.4	22.1	13.1	3.9	50.4	10.5
莫斯科	3	1910	29.3	22.6	13.7	7.5	50.1	6.1	32.7	21.4	8.5	8.1	54.3	7.7
诺夫哥罗德	1	1907	45.7	19.8	16.2	9.5	49.4	5.1	48.2	18.9	11.3	9.3	51.7	8.8
奥廖尔	2	1894	138.0	20.6	16.0	8.0	48.5	6.6	137.1	20.6	12.6	8.3	50.7	8.4
奔萨	—	1910~1912	64.4	21.8	18.1	8.1	46.5	5.6	65.2	21.8	17.7	4.3	47.7	8.5
彼尔姆	4	1902~1906	498.7	20.5	14.4	8.2	49.3	7.6	509.2	20.7	10.2	8.1	50.1	10.8
波尔塔瓦	15	1910	1323.8	21.6	16.7	9.5	46.9	5.3	1282.8	21.9	13.2	10.0	48.5	6.4
萨马拉	2	1911~1913	292.8	22.0	17.6	8.8	44.1	7.5	299.1	21.8	12.2	9.5	46.1	10.6
塔夫里达	3	1900~1904	191.2	24.0	19.7	8.7	42.0	5.6	178.4	25.0	14.5	10.2	43.3	7.0
特维尔	7	1911~1913	482.6	22.0	13.6	8.0	49.4	7.3	520.6	21.2	8.4	8.7	49.0	12.7
土拉	12	1910~1912	748.7	21.3	17.3	8.0	48.8	4.6	760.3	20.8	12.9	21.4	49.6	8.2
哈尔科夫	10	1913	1103.6	21.9	18.1	8.8	46.0	5.2	1060.4	22.4	10.1	10.1	47.7	6.9
雅罗斯拉夫	5	1897~1901	238.5	21.0	13.4	8.3	50.8	6.5	270.5	19.1	12.2	3.9	51.7	13.1
合计/平均	110	—	7398.9	21.0	16.0	8.5	48.0	5.9	7518.5	21.4	20.3		49.3	9.0

由表 10-16 中数据可知，在生育率相对较高的省份，如叶卡捷琳诺斯拉夫省，儿童占比较高，而适龄劳动人口比例相对较低。在莫斯科省、雅罗斯拉夫省和沃洛格达省，适龄劳动人口的比例略高于 18 个省的平均数。但总体来说，在大多数省份，适龄劳动人口的男女比例与所有 110 个县的比例相差不大。

1811~1913 年，俄国城市居民的性别和年龄构成变化是其社会经济发展变化的结果。К. 赫尔曼于 1811 年发布了关于俄国城市人口性别构成的数据′，并根据这些数据编制了表 10-17。

表 10-17　1811 年俄国城市人口的性别构成

城市人口规模（人）	城市数量（个）	人口数量（千人）			每 1000 名男性对应的女性数量（人）
		男性	女性	合计	
≥70000	2	350.6	166.1	516.7	474
30000~70000	5	133.0	99.1	232.1	745
10000~30000	30	241.4	225.7	467.1	935
5000~10000	91	310.1	312.8	622.9	1009
2000~5000	233	372.0	365.5	737.5	983
1000~2000	141	104.9	100.3	205.2	956
<1000	128	40.8	27.7	68.5	679
合　　计	630	1552.8	1297.2	2850.0	835

资料来源：К. Герман, Статистические исследования относительно Российской империи. ч. Ⅰ. СПБ., 1819. стр. 246-263。

1811 年，城市总人口为 285 万人，其中男性 155.28 万人，女性 129.72 万人，平均每 1000 名男性对应 835 名女性，但在不同类型的城市，这一数字波动较大。在首都，每 1000 名男性只对应 474 名女性。在人口为 2000~10000 人的城市，男性和女性人口的数量几乎一致。在人口少于 1000 人的城市，女性人口严重不足。

К. 赫尔曼写道："在城市中，男性的人口的确更多。但是，我认为女性人口核算数据不太正确。"①

П.И. 克片在1840年在科学院宣读的报告中提供了1838年俄国城市人口按性别分布的相关数据，具体内容见表10-18。

表10-18　1838年俄国城市人口构成

地区	人口数量（千人）			每1000名男性对应的女性数量（人）
	男性	女性	合计	
欧俄地区*	2579.6	1947.4	4527.0	755
俄罗斯亚洲部分	131.4	87.3	218.7	664
合　计	2711	2034.7	4745.7	751

* 不包括波兰。

资料来源：Санктпетербургские Ведомости. 1841., №127。

1838年，俄国城市人口中每1000名男性对应751名女性。如果我们将这些数据与1811年的数据进行比较，那么似乎可以断言，随着城市人口的显著增长，男性人口的增长速度略高于女性，其原因之一就是城市商业人口和工业人口的增长。

1867年首次公布了改革后俄国城市人口的性别构成数据，具体内容见表10-19。

表10-19　1867年俄国城市人口的性别构成

地区	人口数量（千人）			每1000名男性对应的女性数量（人）
	男性	女性	合计	
欧俄地区	3496.3	3047.1	6543.4	872
高加索地区	237.0	187.9	424.9	793
西伯利亚地区	137.3	107.2	244.5	781
中亚地区	98.8	83.4	182.2	844
合　计	3969.4	3425.6	7395.0	863

资料来源：Статистический временник Российской империи, сер. Ⅱ. вып. Ⅰ. СПБ., 1871。

---

① К. Герман. Статистические исследования относительно Российской империи. ч. Ⅰ. СПБ., 1819. стр. 246-263.

1867年，在俄国城市中平均每1000名男性对应着863名女性。事实证明，高加索和西伯利亚的女性人口有所减少。还应指出，人口性别分布的数据因城市而异。例如，维尔纳每1000名男性对应1010名女性，土拉每1000名男性对应949名女性，梯弗里斯每1000名男性对应787名女性，基辅每1000名男性对应763名女性。

1897年俄国城市人口的性别构成见表10-20。

表10-20　1897年俄国城市人口的性别构成

地区	人口数量（千人）			每1000名男性对应的女性数量（人）
	男性	女性	合计	
欧俄地区*	6331.5	5733.3	12064.8	906
高加索地区	682.7	517.5	1200.2	758
西伯利亚地区	283.1	213.5	496.6	754
中亚地区	525.1	409.3	934.4	779
合　计	7822.4	6873.6	14696.0	879

＊不包括波兰。

资料来源：Окончатель о установленное при разработке переписи наличное население городов. Первая всеобщая перепись населения Российской империи1897 г. СПБ., 1905。

《总汇编……》①中将男性在城市人口中占主导地位的原因描述为："不言而喻，城市作为工厂企业的集中地，或者说作为比较容易找到工作的地方，又或者说军事机构所在地，男性的贡献率应该高于女性。俄国总人口普查数据证实了这一点，男性在城市居民中占主导地位的现象在帝国所有地区都存在。"②

截至1913年，俄国城市人口的性别构成数据证明了女性在城市人口中的比例进一步增长，具体数据见表10-21。

---

① 原著为«Свод……»，应是《根据1897年1月28日全俄第一次人口大普查数据制定的总汇编》（Общий свод по империи результатов разработки первой всеобщей переписи населения. произведенной 28 января 1897 г. СПБ.）。——译者注

② Ч. Ⅰ. СПБ., 1905. стр. Ⅳ.

表 10-21 1913 年俄国城市人口的性别构成

地区	人口数量（千人）			每 1000 名男性对应的女性数量（人）
	男性	女性	合计	
欧俄地区*	9481.2	9115.6	18596.8	961
高加索地区	1035.0	843.0	1878.0	814
西伯利亚地区	659.1	534.5	1193.6	811
中亚地区	865.6	743.2	1608.8	859
合　计	12040.9	11236.3	23277.2	933

*不包括波兰。

资料来源：Статистический ежегодник России 1914 г. СПБ., 1915。

1913 年，在整个俄国的城市中，平均每 1000 名男性对应 933 名女性，在欧俄地区则对应 961 名女性。与 1897 年相比，1913 年女性在城市人口中的比重大幅增加。

有必要注意一些大城市的人口按性别和年龄分布的特征。例如，在 1785 年的莫斯科，男性人口为 124200 人，女性为 64500 人，每 1000 名男性对应 519 名女性。

В. 安德罗索夫在《莫斯科统计报告》中公布了 1830 年莫斯科人口性别构成的相关数据，具体内容见表 10-22。

表 10-22 1830 年莫斯科人口的性别构成

人口	人口数量（千人）			每 1000 名男性对应的女性数量（人）
	男性	女性	合计	
总人口	185.0	120.6	305.6	652
农民和仆人	102.7	41.2	143.9	401
其他人口	82.3	79.4	161.7	965

资料来源：В. Андросов, Статистическая записка о Москве. М., 1932. стр. 52-53。

表 10-22 中数据足以证明，莫斯科人口中男性占比较高的主要原因是农民和仆人定居在莫斯科。

1830 年莫斯科农民和仆人的性别构成见表 10-23。

表 10-23 1830 年莫斯科农民和仆人的性别构成

人口分类	人口数量(千人)			每 1000 名男性对应的女性数量(人)
	男性	女性	合计	
Ⅰ 农民	60.5	12.5	73.0	207
经济农民	20.6	6.0	26.6	291
皇室农民	2.1	0.7	2.8	333
地主农民	37.8	5.8	43.6	153
Ⅱ 仆人	42.2	28.7	70.9	680
总　计	102.7	41.2	143.9	401

值得注意的是，在仆人中，每 1000 名男性对应 680 名女性，而在农民中，则只对应 207 名女性。

1871~1915 年，莫斯科女性人口的增长速度要高于男性人口，具体数据见表 10-24。

表 10-24　1871~1915 年莫斯科人口的性别构成

年份	人口数量(千人)			每 1000 名男性对应的女性数量(人)
	男性	女性	合计	
1871	354.1	247.9	602.0	700
1882	432.5	321.0	753.5	742
1897	591.9	446.7	1038.6	755
1902	664.8	509.9	1174.7	767
1907	746.5	599.2	1345.7	803
1912	877.7	740.0	1617.7	843
1915	1048.9	934.8	1983.7	891

资料来源：Таблица составлена на основании данных, опубликованных в Статистическом ежегоднике г. Москвы и Московской губернии. вып. Ⅱ. Статистикческие данные по г. Москве за 1914-1925 гг. М., 1927。

由表 10-24 中数据可知，莫斯科每 1000 名男性对应的女性人口不断增加，从 1871 年的 700 名增加到 1915 年的 891 名。

对于莫斯科（不包括郊区）人口按年龄的分布情况，可以使用 1871 年、1882 年、1902 年和 1912 年四次人口普查数据进行分析，具体内容见表 10-25。

表 10-25　1871~1912 年莫斯科人口的年龄构成

单位：人

年龄（岁）	人口数量				每 1000 人中各年龄段人口数量			
	1871 年	1882 年	1902 年	1912 年	1871 年	1882 年	1902 年	1912 年
0~10	63952	84630	146956	214229	106	113	135	153
10~20	126247	156335	208157	270363	210	208	191	194
20~30	146787	184229	288649	367866	244	246	264	264
30~40	108364	135132	201528	251424	180	180	185	180
40~60	125862	149035	193952	234458	209	199	178	168
60~80	29087	38579	48450	53901	48	51	44	39
≥80	1443	2241	2924	3299	3	3	3	2
总　计	601742	750181	1090616	1395540	1000	1000	1000	1000

注：应当指出的是，莫斯科人口中的一小部分没有标注年龄。本表和以下关于莫斯科人口组成的表格根据以下出版物上公布的材料编制，具体文献见 Главнейшие предварительные данные переписи Москвы 31 января 1902, вып. Ⅲ. Возрастной состав населения Москвы и ее пригородов. М., 1903 и статистический ежегодник города Москвы. вып. 4-й. 1911-1913 гг. М., 1916。

在所调查的这些时段里，莫斯科人口的年龄结构发生了重大变化。0~10 岁和 20~30 岁年龄段人口的比重有所上升，30~40 岁年龄段的人口总体保持稳定，而其他年龄段人口的占比呈下降趋势。还需要注意的是，在莫斯科人口中，适龄劳动人口占主导：1912 年，每 1000 人中，15~60 岁的居民数量为 748 人。人口普查资料直观地展示了 1871~1912 年莫斯科儿童人口所占比例的明显增长，具体数据见表 10-26。

42 年间，莫斯科 10 岁以下儿童的数量增加了 15 万人。儿童人口的增长速度远高于总人口的增长速度：年龄在 1 岁以下的婴儿人口增加了 272.9%。

关于彼得堡，我们也收集了数年间人口性别和年龄构成的大量资料，18 世纪末的相关数据表明，首都人口中男性数量占绝对优势（见表 10-27）。

表 10-26　1871~1912 年莫斯科儿童的年龄构成

年龄 （岁）	儿童数量（人）				儿童的增长率（%）			
	1871 年	1882 年	1902 年	1912 年	1871~ 1882 年	1882~ 1902 年	1902~ 1912 年	1871~ 1912 年
<1	8438	12473	23423	31469	47.8	87.8	34.4	272.9
1~5	25281	33070	60698	85470	30.8	83.5	40.8	238.1
5~10	30233	39087	62835	97290	29.3	60.8	54.8	221.8

表 10-27　18 世纪末彼得堡人口的年龄和性别构成

年份	人口数量（千人）			每 1000 名男性 对应的女性数量（人）
	男性	女性	合计	
1789	148.7	69.5	218.2	467
1792	143.9	67.7	211.6	470

由表 10-27 中数据可知，1792 年，彼得堡每 1000 名男性对应 470 名女性。在这个问题上，我们认为有必要提供更多资料。①

根据 И. Г. 乔治 1789 年和 1792 年的资料，笔者编制了彼得堡人口的职业和性别构成表，具体内容见表 10-28。

表 10-28　1789 年和 1792 年彼得堡人口的职业和性别构成

单位：人

职业	1789 年			1792 年		
	男性	女性	合计	男性	女性	合计
陆军人员	30473	7791	38264	29367	10496	39863
海军人员	10147	3717	13864	11913	4767	16680
教育机构人员	3265	1783	5048	3512	2068	5580
其他宫廷人员	2546	1916	4462	2739	1312	4051
上述部门的其他人员	—	—	—	4211	2339	6550
所有领薪水的人员	46431	14507	60938	51742	20981	72723
自营人员	102312	54956	157268	92193	46716	138909
合　计	195174	84670	279844	195677	88679	284356

---

① И. Г. Георги, Описание российского столичного города Санкт - Петербурга. СПБ., 1794. I. стр. 167-173.

彼得堡男性人口中陆军和海军人员占比较高，由此可知，彼得堡的居民中主要是男性。

1843年的数据更能凸显彼得堡人口的阶层和性别构成分布，具体数据见表10-29。

表10-29　1843年彼得堡人口的阶层和性别构成

单位：人

阶层	人口数量			每1000名男性对应的女性数量
	男性	女性	合计	
1. 工商阶层				
商人	6179	5243	11422	849
小市民和工商业者	23933	21025	44958	878
车间工人	9775	5502	15277	563
其他	852	659	1511	773
合计	40739	32429	73168	796
2. 僧侣	1087	1131	2218	1040
3. 贵族阶层				
公职人员	17859	14608	32467	818
其他	6726	10180	16906	1514
合计	24585	24788	49373	1008
4. 平民阶层				
农民	82437	18571	101008	225
仆人	37562	18759	56321	499
其他	17514	17611	35125	1005
合计	137513	54941	192454	400
5. 底层军人	68159	26016	94175	382
6. 外国人	7575	6431	14006	849
7. 各机构的毕业生	11184	4153	15337	371
总计	290842	149889	440731	514

注：应当指出的是，笔者对计算结果进行了一些必要的修正，还有一小部分人口没有按阶层和性别来区分。

资料来源：Таблица составлена на основании данных, опубликованных в статье Население С-Петербургской столицы в 1843 г. Журнал министерства внутреших дел. 1844. ч. V。

1843 年，彼得堡每 1000 名男性平均对应 514 名女性，但该比例在彼得堡各人口阶层中的差异很大。

根据 1864 年彼得堡人口调查资料，笔者编制了 1864 年彼得堡人口的年龄和性别构成分布表，具体数据见表 10-30。

表 10-30　1864 年彼得堡人口的年龄和性别构成

年龄 （岁）	男性 （千人）	女性 （千人）	合计 （千人）	每 1000 名男性 对应的女性数量（人）
<10	27.8	28.5	56.3	1025
10~20	58.3	34.6	92.9	593
20~30	72.4	56.0	128.4	773
30~40	60.2	47.3	107.5	786
40~50	36.1	28.6	64.7	792
50~60	16.6	16.9	33.5	1018
60~80	7.9	11.2	19.1	1418
≥80	0.2	0.6	0.8	3000
总计	279.5	223.7	503.2	800

1864 年，在彼得堡，每 1000 名男性对应 800 名女性。10~20 岁年龄段中女性比例尤其低，在该年龄段每 1000 名男性对应 593 名女性。在 50 岁及以上的年龄段中，女性人口较多，但在总体人口中占比较少。

1869~1910 年彼得堡人口的性别构成也具代表性，具体数据见表 10-31。

农奴制改革后，彼得堡女性人口的增长率高于男性人口，所以，这些年间男性和女性人数之间的差距逐渐缩小。

根据 1869~1910 年彼得堡人口调查资料，笔者编制了彼得堡人口的年龄构成分布表，具体数据见表 10-32。

表 10-31　1869~1910 年彼得堡人口的性别构成

年份	人口数量（千人）			每 1000 名男性对应的女性数量（人）
	男性	女性	合计	
1869*	377.4	289.8	668.0**	768
1881	473.2	388.1	861.3	820
1890	512.7	441.7	954.4	862
1900	680.1	568	1248.1	835
1910	854.9	782.2	1637.1	915

* 不包含郊区；** 800 人没有按性别来区分。

资料来源：Таблица составлена на основании данных опубликованных в статистикческом сборнике по Петрограду и Петроградской губернии 1922 г. Пг.，1922. стр. 3。

表 10-32　1869~1910 年彼得堡人口的年龄构成

年份	各年龄段人口在总人口中的占比（%）					
	<15 岁	15~30 岁	30~60 岁	≥60 岁	年龄不详	合计
1869	19.5	37.0	38.8	4.6	0.1	100.0
1881	21.7	39.7	34.6	3.9	0.1	100.0
1890	22.2	38.2	34.9	4.6	0.1	100.0
1900	23.1	39.8	32.8	4.2	0.1	100.0
1910	24.9	38.9	32.1	3.6	0.5	100.0

资料来源：Население С-Петербурга по переписи 15 декабря 1900 г.，Статистический ежегодник С-Петербурга за 1901-1902 гг. стр. 13. и Петроград по переписи 15 декабря 1910 года，Население. СПБ.，1905. Пг.，1915。

15 岁以下年龄段人口的增长十分显著，1869 年占比为 19.5%，1910 年占比为 24.9%。

这些数据表明，与家人一起生活在彼得堡的人口占比明显提高，30~60 岁年龄段人口占比呈下降趋势（由 1869 年的 38.8% 下降到 1910 年的 32.1%）。

由表 10-33 中数据可知，1910 年，彼得堡每 1000 名男性对应 911[①] 名

[①] 此数据与表 10-31 中的数据略有出入，因无充分修改依据，保留原文。——编者注

女性，但这个数字因年龄而异。女性在10岁以下和50岁及以上的年龄段中占多数，尤其是在60岁及以上的年龄段。在其他所有年龄段中，特别是劳动适龄段，男性人口占主导地位。

表10-33　1910年彼得堡人口的年龄和性别分布（根据1910年人口普查）

年龄 （岁）	人口数量（千人）			每1000名男性 对应的女性数量（人）
	男性	女性	合计	
<10	172.7	177.3	350.0	1027
10~20	203.9	169.2	373.1	830
20~30	272.9	222.1	495.0	814
30~40	181.9	143.5	325.4	789
40~50	98.6	91.6	190.2	929
50~60	42.8	54.0	96.8	1262
≥60	19.7	46.5	66.2	2360
总　计	992.5	904.2	1896.7*	911

* 包括郊区。

资料来源：Петроград по переписи 15 декабря 1910 г. ч. I. Пг., 1915.

在《1920年8月18日人口普查中彼得堡人口的年龄构成》一文中，С. А. 诺沃谢利斯基引用了1900年和1910年彼得堡人口的年龄构成数据，具体数据见表10-34。

表10-34　1900年和1910年彼得堡人口的年龄构成

单位：%

年龄 （岁）	1900年			1910年		
	男性	女性	合计	男性	女性	合计
<10	13.42	16.73	14.91	16.09	18.13	17.07
10~20	20.10	16.36	18.41	19.21	17.52	18.41
20~30	30.04	23.60	27.14	27.43	21.62	26.08
30~40	18.50	17.52	18.06	19.23	16.63	17.99
40~50	10.51	11.57	10.99	10.73	10.64	10.69
50~60	4.76	7.19	5.86	4.92	6.42	5.67
60~70	1.97	4.55	3.13	1.79	3.88	2.78

续表

年龄 （岁）	1900 年			1910 年		
	男性	女性	合计	男性	女性	合计
70~80	0.60	2.02	1.24	0.51	1.68	1.07
≥80	0.10	0.46	0.26	0.09	0.41	0.24
合　计	100.0	100.0	100.0	100.0	100.0*	100.0

* 此栏合计非 100%，原著疑误，因无充分修改依据，保留原文。——编者注

资料来源：Материалы по статистике Петрограда. вып. Ⅳ. 1921. стр. 9-10。

C. A. 诺沃谢利斯基通过对这些数据的分析后得出："俄国农村人口的无产阶级化加剧，他们带着家庭定居在城市，女性更多地参与到工业劳动和城市劳动中，这一切都导致俄国城市和彼得堡居民的年龄和性别构成逐渐接近西欧城市。这种演变过程在 19 世纪非常缓慢，但随着 19 世纪末 20 世纪初俄国工业的迅速发展，这一过程明显加快。"①

为此，笔者对比了 1864 年和 1910 年彼得堡人口的年龄构成情况，具体数据见表 10-35。

表 10-35　1864 年和 1910 年彼得堡人口的年龄构成

年龄（岁）	各年龄段人口在总人口中的占比（%）	
	1864 年	1910 年
0~10	11.2	17.1
10~20	18.4	18.4
20~30	25.5	26.1
30~40	21.3	18.0
40~50	12.9	10.7
50~60	6.7	5.7
60~80	3.6	3.8
≥80	0.2	0.2
合　计	100.0	100.0

① Материалы по статистике Петрограда. , вып. Ⅳ. 1921. стр. 9-10.

我们还掌握了其他一些城市人口的性别构成数据。例如，巴库女性在巴库人口中所占比例相对较低。1897 年，每 1000 名男性对应 679 名女性，1913 年则对应 761 名女性。

根据 1913 年的数据，统计学家 Г. 格里戈里用石油工业和海港吸引男性人口到巴库工作来解释这一现象。

根据 1912 年托木斯克的人口普查资料，笔者编制了该地居民的性别和年龄分布表格，具体数据见表 10-36。

表 10-36　1912 年托木斯克人口的年龄和性别构成

年龄（岁）	人口数量（千人）			每 1000 名男性对应的女性数量（人）
	男性	女性	合计	
0~10	9.7	9.8	19.5	1010
10~20	9.0	10.5	19.5	1167
20~30	13.0	9.9	22.9	762
30~40	7.5	6.3	13.8	840
40~50	4.8	4.3	9.1	896
50~60	3.0	3.0	6.0	1000
≥60	1.9	2.4	4.3	1263
总计	48.9	46.2	95.1	945

资料来源：П. М. Мультановский, Население г. Томска по переписи 2 декабря 1912 г. Томск., 1915. стр. 6-7。

男性人口占主导地位主要是由于外来劳动人口、学生和士兵数量大增，所以 20~50 岁年龄的男性人口比例更高。

1811~1913 年，俄国各城市人口的男女数量差距明显缩小，具体数据见表 10-37。

表 10-37　1811~1913 年俄国各城市人口的性别构成

年份	每 1000 名男性对应的女性数量（人）
1811	835
1838	753

续表

年份	每1000名男性对应的女性数量（人）
1867	868
1897	879
1913	933

当然，这些数据足以证明与家人一起居住在城市的常住人口已形成。

城市中男性和女性人口的差距变得并不明显。在一些大城市中，儿童人口的增长速度高于总人口的增速。

第11章
19世纪初俄罗斯居民的识字率

本章旨在1880~1914年资料的基础之上,对关于十月革命前俄国居民识字率的统计数据进行系统分析。

众所周知,处于发展中的资本主义工业和农业对工人的文化素养提出了要求。因此,在农奴制改革后,居民的受教育水平略有提高,但总体上仍然很低。

为了更具体地了解十月革命前俄国发生的文化革命,必须把公共教育的规模同俄国的教育水平进行比较。众所周知,俄国的学校特别匮乏。列宁在《论国民教育部的政策问题》一文中对1908年官方数据进行分析后写道:"这样,学龄儿童有22%,而学生只有4.7%,也就是说差不多只有1/5!!这就是说在俄国有将近4/5的儿童和少年被剥夺了受国民教育的权利!!

人民群众这样被剥夺了接受教育、获得光明、求取知识的权利的野蛮的国家,在欧洲除了俄国以外,再没有第二个。人民群众特别是农民被弄得这样粗野不是偶然的,这在地主的压迫下是不可避免的,这些地主强占了数千万俄亩的土地,在杜马和国务会议内窃取了国家政权,而且还不仅仅在这些比较起来还是低级的机构里……"①

在俄国,大部分人仍然是文盲,在受教育人群中,仅接受过初等教育的

---

① В. И. Ленин, Соч., т. 19. стр. 115.

人较多。针对这一现象，我们着重研究该时期初等教育的特点。

需要注意的是，对这个问题，笔者并未掌握在此时期内连续的、可比的、动态的指标可供参考。

笔者根据政府、地方自治机构和城市公共教育机构的统计数据进行了相应计算。后文我们会指出政府在公共教育统计方面的缺陷。除此之外，专门进行的公共教育普查和调查的材料也是重要的资料来源。为描述俄国初等教育的特征，笔者引用了在统计学家 В. И. 波克罗夫斯基指导下进行的 1911 年初等教育普查的资料，这些材料价值颇高。

一 俄国人口的识字率

本章汇总了 1860～1913 年以来影响俄国人口识字率变化的主要指标。由于该时期城市和农村人口的识字率差异很大，我们单独列出相应的指标。

笔者对俄国农村人口识字率的指标进行分析后发现，农奴制改革后至 19 世纪 80 年代初期，农村人口的识字率都非常有限。目前，很多历史材料中都含有 1880～1913 年人口识字率的数据。1867 年科斯特罗马省农村人口识字率的详细数据见表 11-1。

表 11-1 1867 年科斯特罗马省农村人口的识字率（按性别划分）

性别	总人口（千人）	识字者（千人）	识字者占比（%）
男性	474.8	77.3	16.3
女性	559.0	11.7	2.1
合计	1033.8	89	8.6

资料来源：Материалы для статистики Костромской губернии, под. ред. В. Пирогова, вып. I. Кострома., 1870. вып. Ⅱ. 1875。

1867 年，在工业发达、小手工业普及的科斯特罗马省，农村人口识字率总体为 8.6%，其中男性为 16.3%，女性为 2.1%。

值得注意的是，各县农村人口识字率存在差异。例如，丘赫洛马县男性人口的识字率为33.9%，科斯特罗马县男性人口的识字率为23.1%，索利加利奇斯基县男性人口的识字率为23.1%。与此同时，马卡里耶夫县的男性人口只有9.9%的识字率，瓦尔纳文县为9.2%，韦特卢日斯基县为4.8%。各乡的识字率差异更为显著，1867年，涅列赫塔、尤里耶夫、马卡里耶夫和韦特卢日斯基县所属的15个乡中甚至没有一个识字的女性。在对1867年人口普查资料的文本审查中，В. 皮罗戈夫写道："目前科斯特罗马省的识字率水平在俄国其他地区较为普遍。"①

笔者在核算莫斯科省农村人口识字率的大量统计数据时，也引用了1869年的户口普查资料，此时莫斯科的农村人口识字率见表11-2。

表11-2 1869年莫斯科省农村人口的识字率（按性别划分）

性别	总人口（千人）	识字者（千人）	识字者占比（%）
男性	570.2	77.6	13.6
女性	613.1	11.0	1.8
合计	1183.3	88.6	7.5

资料来源：Н. Боголепов. Статистические сведения о грамотности крестьянского населения Московской губернии по подворной переписи 1869 и 1883 гг. Статистический ежегодник Московской губернии за 1895 г。

总体而言，在1869年的莫斯科省，农村人口识字率为7.5%，低于科斯特罗马省。各县的识字率差异非常明显：科洛姆纳县为11.5%，博戈罗德斯克县为10.3%，韦列伊斯克县和鲁扎县均为4.1%。在莫斯科省的农村女性人口中，识字率为1.8%，部分县甚至更低，如莫扎伊斯克县为0.5%，鲁扎县为0.4%，即每200~250名女性中只有1名识字的女性。

尽管关于科斯特罗马省和莫斯科省农村人口识字率的第一批大规模统计数据具有重要意义，但这些数据不能代表整个俄国农村人口的识字率。这两个省都是工业省，它们的识字率远超全俄的平均水平。特别要指出的是，根据1867~1868年的数据，在招募的新兵中，平均识字率为9%~10%，其中

---

① Материалы для статистики Костромской губернии, под. ред. В. Пирогова. вып. Ⅲ. стр. 204.

科斯特罗马省为 20.6%，莫斯科省为 19.1%。①

地方自治委员会数据显示，在 1872~1873 年的沃洛格达县，男性识字率为 18.2%，女性为 0.7%，总识字率为 9.5%。②

基于 1873 年顿河哥萨克军区的人口调查数据，笔者对该地区人口的识字率进行了分析，具体数据见表 11-3。

表 11-3 1873 年顿河哥萨克军区人口的识字率

性别	总人口（千人）	识字者（千人）	识字者占比（%）
男性	671.2	92.4	13.8
女性	665.5	17.2	2.6
合计	1336.7	109.6	8.2

资料来源：Область Войска Донского по переписи 1873 г. Итоги жителей в поселениях Область Войска Донского. кн. 5. Новочеркасек. , 1879。

由于该地区的城市人口数量很少，可以认为农村人口的识字率接近上述指标。

其他一些省份农村人口的识字率甚至更低。1863 年 M. 塞梅夫斯基的数据显示，在普斯科夫省，在 601700 名农民中，识字居民为 10500 名，占比仅为 1.7%。③

M. 谢梅夫斯基写道："在普斯科夫省，受过教育的国家农民人数似乎可以忽略不计，如果我们对这个数字进行分析，就会发现他们中只有 1/3 可以被认定为受过教育，其余的人只会宗教祈祷和阅读宗教字母，而不会阅读非宗教字母，如部分受过古老信徒派学校教育的居民不会阅读非宗教字母，只有少数人能看懂，能自己书写的就更少了。农民识字率超低，这从 30 个

---

① Военно-статистический сборник вып. Ⅳ. под ред, Н. Н. Обручева. СПБ. , 1871. отд. Ⅱ. стр. 35-36.
② Вологодский сборник. т. Ⅰ. Вологда. , 1879. стр. 50.
③ М. Семевский. Грамотность в деревнях государственных крестьян Псковской губернии в 1863 г. СПБ. , 1864. стр. 86-87.

乡长、2个村长的签名状况中就可见一斑，当时只有 13 个人能签上自己的名字。"①

关于维亚特卡省，我们掌握了 1870～1872 年已婚者识字率的有趣资料。② 一般而言，结婚时识字的人都会在婚姻登记册上面签名，C.努尔明斯基编纂的维亚特卡省所有教区的登记册颇具参考价值。根据 1870～1872 年维亚特卡省农村人口识字率的最终数据，已婚人群的识字率为 4.59%，其中男性识字率为 8.40%，女性识字率为 0.78%。这些数字无疑高于维亚特卡省全部人口的平均识字率，因为他们属于青年人群体。③

Г.丹尼列夫斯基写道："直到 1864 年 1 月 1 日，在哈尔科夫省，只有 285 所公立学校供 130 万名农民使用，这 285 所学校的男女学生总数为 2790 人。"他还通过对哈尔科夫省 100 多个村庄的访问，对农村人口的识字率做了如下粗略的估计："事实证明，无论我在哪里，对于我在前地主乡镇委员会以及南方定居点总部的办公室提出的问题，他们都回答我说，的确，走访过的每个村或乡，平均每 100 个农民中，无论多大年龄，识字的人数不超过两人，很少有三人的情况。实际上，在有些村庄和乡，特别是在地主和退伍军人中，300 多人中都找不到一个识字的人。"

关于 19 世纪 60 年代中期西伯利亚省农村人口的识字情况，M.苏贝兰斯基写道："总体而言，识字的农民很少。有时全村一个识字的人都没有，甚至在个别农村中，村长、工长等岗位上也经常是不识字的人，学校没有培养爱读书的习惯，而且农民也很难读得到书，农民很少去学校学习，所以识字率很低。"④

---

① М. Семевский. Грамотность в деревнях государственных крестьян Псковской губернии в 1863 г. СПБ., 1864. стр. 71.
② С. Нурминский. Статистические сведения о числе грамотных и неграмотных в православном и единоверческом населении Вятской губернии. Вятка., 1875. стр. 2 и 69.
③ Г. Данилевский. Об образовании низших классов России, Сельские училища и народное образование в харьковской губернии. Отечественные записки №4. 1864. стр. 533-535.
④ М. Суперанский. Начальная народная школа в симбирской губернии. симбирск., 1906. стр. 72.

几乎可以断言，19世纪60年代下半期俄国农村人口的识字率约为5%~6%。各省农村人口的识字率大不相同。

在1859年出版的《迷信与逻辑规则》中，Н.Г.车尔尼雪夫斯基指出："夸大点计算，假设在俄国的6500万~7000万居民中，只有500万人能够阅读书籍。但这个数字可能太高了，大多数识字人口集中在城市。农村识字人口不能达到城市识字人口的一半，但即使是在城市，也有超过一半的人口不识字。由此而言，我们认为俄国的识字人口不可能超过400万人。"①

即使根据这些"最慷慨"的计算，识字人口也仅占俄国总人口的6%左右。

农村人口占俄国人口的绝大多数（根据1897年的数据，占86.6%），因此，农村人口的识字率也决定了全俄总人口的识字率。

19世纪80年代上半期农村人口的识字率，可以从Н.比奇科夫和Н.А.布拉戈维申斯基的著作中看出。②

Н.比奇科夫通过对110个县的研究材料计算出农村人口的识字率，他写道："笔者选取的地区共有居民14891437人（其中，男性7397405人，女性7494032人），占全国总人口的1/7，其中识字的男性居民为1200690人，识字的女性居民为193080人。"

各地区学校发展的极不平衡足以反映各县人口识字率的差异。从Н.比奇科夫在1882~1886年户口普查材料基础上确定的一份识字率表格可以看出这些差异到了何种严重的程度，具体数据如下。

	男性	女性	总计
最大值	51.6%	31.3%	38.3%
最小值	8.9%	0.1%	2.1%
平均值	16.2%	2.6%	9.4%

---

① Н. Г. Чернышевский. Полное собрание соч., т. Ⅳ. СПБ., 1906. стр. 556.
② Н. Бычков. Грамотность сельского населения по данным земской статистики. Юридический Вестник., 1890. июль- август. стр. 310-312.

笔者注意到一些识字率相对较高和较低的县，这些县的人口识字率分别为彼得堡（38.3%）、卡米申斯基（36.8%）、佩雷科普斯基（30.2%）、谢尔普霍夫斯基（25.0%）、波尔塔瓦（3.1%）、霍廷斯基（2.5%）、米尔戈罗德（2.2%）和布古明斯基（2.1%）。

在 Н. А. 布拉戈维申斯基编写的《地方自治机构关于住户经济信息的普查汇总统计纲要》中，识字率数据涵盖了 21 个省，约 1800 万人，具体数据见表 11-4。

表 11-4　19 世纪 80 年代上半期部分省份农村人口识字率

单位：%

省份	识字居民占比	学生占比	识字居民和学生总占比
彼得堡	17.2	2.5	19.7
特维尔	14.4	2.4	16.8
诺夫哥罗德	9.3	1.6	10.9
维亚特卡	8.6	1.7	10.3
彼尔姆	11.7	2.5	14.2
斯摩棱斯克	11.5	1.9	13.4
莫斯科	17.6	3.1	20.7
梁赞	7.2	1.6	8.8
唐波夫	4.6	1.2	5.8
萨拉托夫	12.6	3.1	15.7
萨马拉	10.5	2.9	13.4
奥瘳尔	7.1	1.9	9.0
库尔斯克	6.2	1.6	7.8
沃罗涅日	6.6	1.3	7.9
切尔尼戈夫	4.0	1.3	5.3
哈尔科夫	4.8	1.4	6.2
波尔塔瓦	4.7	1.3	6.0
叶卡捷琳诺斯拉夫	9.7	2.5	12.2
赫尔松	6.2	—	—
比萨拉比亚	2.5	0.8	3.3
塔夫里达	16.3	4.2	20.5
21 省平均	9.2	2.0	11.4

资料来源：Н. А. Благовещенский. Сводный статистичсский сборник хозяйственных сведений по земским подворым переписям. т. Ⅰ. М., 1893. стр. 128。

根据这些数据，在 21 个省份农村人口中，识字居民和学生总占比为 11.4%。其中，莫斯科省（20.7%）、彼得堡省（19.7%）和特维尔省（16.8%）的农村人口识字率高于其他省份。而波尔塔瓦省（6.0%）、唐波夫省（5.8%）、切尔尼戈夫省（5.3%）和比萨拉比亚省（3.3%）农村人口的识字率非常低。

根据 1883 年莫斯科省户口普查资料和各县农村人口识字率数据，在 19 世纪 80 年代上半期的莫斯科省，各县农村人口识字率的具体数据见表 11-5。

表 11-5 1883 年莫斯科省各县农村人口识字率

单位：%

县	识字居民和学生人口占比		
	男性	女性	合计
科洛姆纳	47.3	9.8	27.9
谢尔普霍夫	43.8	7.7	25.0
布龙尼齐	39.8	5.6	22.2
莫斯科	38.3	6.4	21.8
克林	39.3	5.6	21.7
多利斯克	36.8	4.3	19.8
博戈罗茨克	35.6	4.8	19.7
沃洛科拉姆斯克	33.5	3.2	17.9
兹韦尼哥罗德	39.3	4.4	17.5
鲁扎	32.4	2.7	16.8
德米特罗夫斯克	30.7	2.1	16.1
韦列亚	29.5	3.0	15.7
莫扎伊斯克	28.8	1.8	15.0
各县平均	36.5	4.7	19.8

资料来源：Сборник статистических сведений по Московской губернии. т. Ⅸ. Народное образование. М., 1884. стр. 209-211。

值得注意的是，在 1883 年的莫斯科省，依然有 42% 的农民家庭是没有接受过教育的，且只有 58.6% 的村长识字。

以下是个别省份农村人口识字率的一些数据。根据19世纪80年代上半期的户口普查资料，在库尔斯克省，每1000名农民中识字人口（含半文盲）为47人，学生为15人。И.维尔纳写道："在全省1000个家庭中，有222个家庭中有识字者，而有778个家庭中没有一个识字的人。户口普查发现有823个社区甚至没有一个识字的人。值得一提的是，识字男性的数量远远大于识字女性的数量，在每100名识字的男女中，有96名男性和4名女性；在每1000名学生中，有970名男孩和30名女孩。"

为了展现19世纪80年代初期农民识字率的特点，В.И.波克罗夫斯基对特维尔省农民人口的统计颇具价值。值得一提的是，特维尔大量农民外出务工是其当时的主要特征之一。

"尽管如此，特维尔省的绝大多数农民仍然是文盲，从以下数据中可以很容易地看出，除7岁以下的儿童外，特维尔省的农民总数有120万人。据1881年统计数据，其中35000人在学校学习，此外还有识字人口和接受家庭教育者共计115500人。因此，识字人口和学生总数仅略高于15万人，而文盲人数约为105万人。如果我们排除已知的35000名学生之外，假设还有同样数量的人在家学习（这个假设非常夸张），而即便如此，特维尔省的非学生、未受教育者和文盲人数也还是超过100万人。"[①]

1897年按性别和年龄分列的农村人口识字率的主要指标也值得借鉴，具体数据见表11-6。

表11-6　1897年按性别和年龄分列的农村人口识字率

年龄(岁)	人数(千人)			识字者占比(%)		
	男性	女性	合计	男性	女性	合计
<10	15407.1	15473.9	30881.0	3.9	2.0	2.9
10~20	11389.9	11718.4	23108.3	41.4	17.1	29.1

---

① В. И. Покровский. историко-статистическое описание Тверской губернии. 1882. стр. 260.

续表

年龄(岁)	人数(千人)			识字者占比(%)		
	男性	女性	合计	男性	女性	合计
20~30	7809.5	8756.8	16566.3	38.5	14.7	25.9
30~40	6593.3	6789.5	13382.8	34.7	11.7	22.9
40~50	5015.4	5044.2	10059.6	28.0	9.3	19.1
50~60	3588.9	3641.1	7230.0	22.5	8.2	15.3
≥60	3740.4	3802.6	7543.0	17.1	7.2	12.1
总计	53544.5	55226.5	108771	26.6	10.0	18.2

资料来源：Первая всеобщая перепись населения, произведенной 28 января 1897 г. СПб., 1905。

这些指标是根据第一次人口普查数据计算得出的，涉及1.088亿人。在农村人口中，识字人口占俄国农村总人口的18.2%。识字女性的比例比男性低16.6个百分点。各年龄段农民的识字率相差悬殊，10~20岁和20~30岁人口的识字率（分别为29.1%和25.9%）远远高于50~60岁和60岁及以上人口的识字率。

1897年各省在女性识字率上的差异非常显著。例如，在雅罗斯拉夫省的农村女性人口中，识字率为21.6%，其余各省女性的识字率如下：莫斯科为14.4%、沃罗涅日为4.4%、库尔斯克为4.3%、奥廖尔为3.9%、奔萨为4.3%、波尔塔瓦为4.1%、哈尔科夫为4.0%，中亚大部分省份农村地区女性的识字率甚至不足1%。

1908~1913年欧俄12省农村人口识字率的具体数据见表11-7。

表11-7　1908~1913年欧俄12省农村人口识字率

省份	所调查的县城数量(个)	年份	识字者占比(%)		
			男性	女性	合计
莫斯科	4	1909~1912	58.6	25.9	41.7
特维尔	7	1911~1913	51.0	18.5	34.1
奥洛涅茨	7	1909	45.0	13.5	30.4

续表

省份	所调查的县城数量(个)	年份	识字者占比(%)		
			男性	女性	合计
土拉	12	1910~1912	46.3	11.0	28.5
哈尔科夫	10	1913	39.1	10.6	25.1
波尔塔瓦	15	1910	38.2	8.7	23.7
沃洛格达	2	1908~1911	39.3	5.3	22.0
诺夫哥罗德	2	1907~1908	35.9	7.7	21.6
卡卢加	—	1910~1911	—	—	20.3
萨马拉	2	1911~1913	31.1	8.1	19.5
比萨拉比亚	8	1910~1911	27.6	3.8	15.6
奔萨	—	1910~1912	25.9	3.8	14.8

资料来源：З. М. и Н. А. Свавицки в сборнике Земские подворные переписи 1880 - 1913 гг. Поуездные итоги. изд. ЦСУ. 1926 и в работе Учет грамотности и образования населения Олонецкой губернии. Петрозаводск. , 1910。

1908~1913年，上述省份的农村人口识字率在14.8%（奔萨省）至41.7%（莫斯科省）之间。

1908~1913年，男女人口识字率的差距有所缩小，但对于农村居民而言，这一差距仍然很大。在所研究的省份中，男性识字率平均为38%，女性识字率平均只有9%，约是男性居民识字率的1/4。

改革后俄国城市人口识字率的变化可以通过不同年份和时期的一些材料来追踪。

笔者根据1863~1879年各城市的人口调查资料，编制了各城市人口识字率的汇总表，具体内容见表11-8。

表11-8 1863~1879年各城市人口识字率

单位：%

城市	年份	男性	女性	合计
彼得堡	1869	62.0	46.4	55.6
普斯科夫	1870	51.8	33.4	45.6

续表

城市	年份	男性	女性	合计
基辅	1874	52.9	33.2	44.3
莫斯科	1871	49.5	34.1	43.2
新切尔卡斯克	1872	52.2	30.3	41.8
奥姆斯克	1877	51.0	27.0	41.0
梯弗里斯	1875	44.7	28.5	38.3
哈尔科夫	1866	45.5	26.8	36.9
哈尔科夫	1879	47.3	31.3	40.0
诺夫哥罗德	1865	52.7	27.0	39.9
科斯特罗马省下辖城市	1867	49.1	24.9	36.8
叶卡捷琳诺斯拉夫	1873	43.7	28.6	36.5
喀山	1863	39.0	30.3	35.4
尼古拉耶夫	1875	39.0	27.0	34.8
土拉	1865	40.2	20.9	30.6
敖德萨	1873	35.7	22.4	30.9
喀山省亚德里诺市	1871	42.8	14.4	26.8

资料来源：Санкт－Петербург по переписи 10 декабря 1869 г. СПБ., 1872；Результаты одиодневной переписи городов Псковской губернии 28 ноября 1887 г. вып. Ⅰ. Псков., 1889；Киев и его предместья по переписи 2 марта 1874 г. Киев., 1875；Статистикческие сведения о жителях г. Москвы по переписи 12 декабря 1871 г. Москва., 1874；Новочеркасск по переписи 15 декабря 1872 г. Новочеркасск., 1874；Материалы по истории и статистике омска, извлеченные из отдельной переписи 1877 г. Омск., 1878；Тифлис по однодневной переписи 25 марта 1875；Сборник сведений о Кавказе. т. Ⅵ. Тифлис., 1880；Главнейшие итоги переписи г. Харькова 8 декабря 1912 г. Харьков., 1914；Материалы для статистики Костромской губернии вып Ⅰ и Ⅲ. Кострома 1870 и 1875；Результаты однодневной переписи произведенной 26 марта 1873 г. (Материалы для статистики г. Екатеринбурга). Екатеринбург., 1873；Николаев с его пригородами и хуторами по переписи, произведенной 27 апреля 1875 г. Николаев., 1877；Перепись населения г. Одессы, произведенная 11 сентября 1873 г. Одесса., 1873；Опыт разработки результатов народных переписей в городах Казанской губерний. Казань., 1871。

1897年人口普查资料中关于城市人口识字率的数据较为完整，具体数据见表11-9。

在城市中，10~20岁和20~30岁年龄段的男性和女性识字率相对较高。如果我们将这些数据与19世纪70年代上半期的数据进行比较就会发现，20 多年间识字率的提升有限。同时，有必要考虑到在所调查的这些年里，俄国城市人口大幅增长这一重要事实。城市人口增长的主要来源是农村人口，即识字率相对较低的群体，这种情况影响了城市的总体识字率。

表 11-9　1897 年按年龄和性别分布的俄国城市人口识字率

年龄（岁）	人数（千人）			识字者占比（%）		
	男性	女性	合计	男性	女性	合计
<10	1723.9	1734.6	3458.5	11.2	9.0	10.1
10~20	1704.4	1641.0	3345.4	72.4	55.6	64.1
20~30	2335.5	1459.1	3794.6	66.2	48.5	59.4
30~40	1229.7	1123.0	2352.7	64.2	40.2	53.0
40~50	858.1	788.7	1646.8	58.8	33.5	46.7
50~60	521.9	587.5	1109.4	53.9	31.8	42.2
≥60	462.3	596.1	1058.4	47.2	25.8	35.1
总计	8835.8	7930	16765.8	53.4	34.9	44.4

资料来源：Первая всеобщая перепись населения. произведенной 28 января 1897 г. СПб., 1905。

1897 年人口普查后，没有关于城市识字率的全面数据，只有个别城市的人口普查资料。部分城市不同时期人口识字率的变化见表 11-10。

表 11-10　部分城市不同时期人口识字率的变化

单位：%

城市	年份	识字人口占比		
		男性	女性	合计
彼得堡	1897	71.8	51.5	52.6
	1910	76.1	56.7	66.9
莫斯科	1897	66.9	42.3	56.3
	1912	74.6	51.3	64.0
哈尔科夫	1897	61.7	41.9	52.5
	1912	74.2	58.6	66.6

续表

城市	年份	识字人口占比		
		男性	女性	合计
沃罗涅日	1897	60.4	43.4	52.1
	1911	—	—	61.2
	1916	—	—	65.8
巴库*	1897	39.4	22.1	32.4
	1913	43.0	32.5	38.8

* 巴库市和油矿工厂区。

资料来源：本表根据1897年全国人口普查和1910~1916年城市人口普查公布的数据编制。

除了人口识字率相对较高的彼得堡和莫斯科之外，表中仅列出了巴库、哈尔科夫和沃罗涅日的数据。因此，这些数据不具有足够的典型性来表征十月革命前俄国城市人口的总体识字率，但这些数据足以从总体上反映1897~1913年城市人口识字率的一些变化。

让我们用个别大城市更详细的数据来补充俄国城市人口识字率的相关指标。

笔者对莫斯科人口统计数据进行汇总，列出了1871~1912年莫斯科城市人口识字率变化的主要指标，具体数据见表11-11。

表11-11 1871~1912年莫斯科城市人口识字率

年份	5岁及以上人口数（千人）			5岁及以上识字人口占比（%）		
	男性	女性	合计	男性	女性	合计
1871	337.2	231.0	568.2	52.0	36.5	45.7
1882	409.7	298.2	707.9	58.0	38.6	49.8
1897	554.4	409.1	963.5	71.4	46.1	60.7
1902	619.1	464.3	1083.4	74.2	48.6	66.0
1912	807.7	670.1	1477.8	81.1	56.6	70.0

资料来源：Статистический атлас г. Москвы и Московской губернии. вып.Ⅰ. 1924. стр. 20。

让我们再看看彼得堡的相关数据。

В. И. 宾士托克列举了1869~1910年彼得堡人口识字率数据，具体内容见表11-12。

表 11-12　1869~1910 年彼得堡人口识字率

单位：%

年份	6 岁及以上识字人口占比		
	男性	女性	合计
1869	66.3	50.7	59.5
1881	71.8	55.1	64.4
1890	74.3	53.5	64.8
1900	79.7	59.4	70.5
1910	86.3	65.8	76.6

注：不包括郊区。

资料来源：Материалы по статистике Петрограда，вып. Ⅳ. Пг.，1921. стр. 20。

从表 11-12 中数据可知，整个时期女性识字率都处于滞后状态。

笔者计算出了 1897 年彼得堡按年龄和性别分布的城市人口识字率，具体数据见表 11-13。

表 11-13　1897 年彼得堡按年龄和性别分布的城市人口识字率

单位：%

年龄（岁）	6 岁及以上识字人口占比		
	男性	女性	合计
6~10	53.4	50.2	51.5
10~15	95.3	91.5	93.6
15~20	93.4	80.5	87.5
20~25	89.6	71.7	81.6
25~30	88.7	62.5	77.0
30~35	86.8	61.8	76.0
35~40	83.6	56.7	71.5
40~45	82.1	56.0	70.1
45~50	79.6	52.7	65.9
50~55	79.5	52.8	65.4
55~60	78.2	49.6	61.2
60~65	81.7	50.9	61.7
65~70	79.3	46.2	55.4
≥70	76.1	46.7	53.6
总计	82.0	59.3	69.4

注：包括郊区。

资料来源：Петроград по переписи 15 декабря 1910г. под ред. В. В. Степанова。

就全部城市人口而言，1897年彼得堡城市人口识字率为69.4%，男性人口识字率为82.0%，女性人口识字率为59.3%。

关于首都本地人口和外来人口识字率差异的统计数据也至关重要，笔者仅能根据一些单独的文献和数据来进行研究。

B. 米哈伊洛夫斯基在20世纪初首都人口普查数据的基础上，在《莫斯科人口的识字率》一文中率先发表了有关本地人口和外来人口识字率差异的有趣数据。① 根据对1902年莫斯科人口普查材料的分析，他得出以下结论："在首都出生并在这里度过一生的本地居民的识字率非常高，在8岁及以上的人口中，超过9/10的本地男性和超过4/5的本地女性均识字。相反，在外来人口中，识字率要低得多，超过1/4的外来男性人口是文盲，外来女性人口中的文盲率更是达到可怕的3/5，外来老年女性人口的文盲率为3/4。总的来说，外来人口的文盲率是莫斯科本地人口的文盲率的2.5倍。"② 有必要强调，外来人口在莫斯科总人口的构成中占主导地位。

1910年数据显示，彼得堡本地人口和外来人口的文盲率差距更大，具体数据见表11-14。

表11-14 1910年彼得堡本地人口和外来人口文盲率

单位：%

人口来源	8岁及以上人口文盲率		
	男性	女性	合计
本地人口	7.0	13.5	10.7
外来人口	21.6	50.9	33.6
所有人口	18.9	39.5	28.1

资料来源：Там же. стр. 17。

由表11-14中数据可知，彼得堡外来人口的文盲率是本地人口文盲率的3倍。

---

① Известия Московской городской думы. март 1904.
② Там же. стр. 16.

笔者还对1866~1912年哈尔科夫人口识字率的变化进行了研究，具体数据见表11-15。

表 11-15　1866~1912 年哈尔科夫人口识字率

单位：%

年份	8 岁及以上人口识字率		
	男性	女性	合计
1866	45.5	26.8	36.9
1879	47.3	31.3	40.0
1897	61.7	41.9	52.5
1912	74.2	58.6	66.6

资料来源：Труды статистического отдела Харьковской городской управы, вып. Ⅰ. главнейшие итоги переписи города харькова 8 декабря 1912 г. Харьков., 1912. стр. 42-43。

由表 11-15 中数据可知，哈尔科夫人口的总体识字率从 1866 年的 36.9% 上升到 1912 年的 66.6%。此外，女性的识字率上升得更快。尽管仍然有差距，但相比于 1866 年，1912 年哈尔科夫男性和女性识字率的差距有所缩小。

笔者还对俄国某些人口群体的识字率进行了研究。在关于人口识字率变化的研究中，应征入伍者的识字率显得非常重要。

《军事统计汇编》记录了大约 10 万名新兵的识字率数据，具体内容见表 11-16。

表 11-16　1867~1869 年各省应征入伍者的识字率

单位：%

第一组省份	识字者占比	第二组省份	识字者占比
雅罗斯拉夫	37.8	唐波夫	4.7
彼得堡	34.7	乌法	4.6
特维尔	21.8	维捷布斯克	4.5
科斯特罗马	20.6	哈尔科夫	3.8
弗拉基米尔	20.1	喀山	3.7
莫斯科	19.1	奔萨	3.4
沃洛格达	17.5	波尔塔瓦	2.8

资料来源：Военно-статистический сборник, вып. Ⅳ. СПБ., отд. Ⅱ. стр. 35-36。

1867~1869年，应征入伍的新兵平均识字率为9%~10%。① 各省新兵的识字率存在显著差异。非常重要的是，工业较发达且居民收入较高的省份（表中第一组省份）的识字率相对较高，第二组省份的识字率为2.8%~4.7%。

笔者还掌握了1874~1913年应征入伍者识字率变化的大规模动态数据，具体见表11-17。

表11-17 1874~1913年应征入伍者的识字率

单位：%

年份	识字率	年份	识字率	年份	识字率
1874	21.4	1888	30.1	1902	(51.5)
1875	21.2	1889	30.7	1903	52.9
1876	22.0	1890	31.5	1904	55.5
1877	21.0	1891	32.4	1905	55.9
1878	20.7	1892	34.8	1906	58.0
1879	21.2	1893	35.7	1907	61.9
1880	22.1	1894	37.8	1908	64.1
1881	23.1	1895	(39.0)	1909	62.9
1882	23.5	1896	40.2	1910	65.2
1883	24.5	1897	(42.3)	1911	66.7
1884	25.5	1898	44.5	1912	68.1
1885	26.6	1899	(46.8)	1913	67.8
1886	27.8	1900	49.0		
1887	29.3	1901	(50.0)		

注：括号里列举的数据是相邻年份的数据。

资料来源：Статистический временник Российской империи, сер. Ⅲ. вып. Ⅲ; Всеобщая воинская повинность в Российской империи за первое десятилетие 1874 - 1883 гг. СПБ., 1886; Сборник сведений о России 1896 г. СПБ., 1897; Вл. Фармаковский. Начальная школа министерства народного просвещения. СПБ., 1900; Статистические сведения по начальному образовано в Российской империи, вып. Ⅲ. Ⅳ. 1902 и 1903; Грамотность в России к Ⅹ съезду Советов. изд. ЦСУ. М., 1920. Данные в скобках выведены на основании данных за смежных годы.

---

① 根据V. V. 特鲁布尼科夫的数据，在更早的时期，在辛比尔斯克省的阿尔达托夫地区，1840~1849年新兵的识字率是2.33%，1851~1855年是3.83%。参见 Результаты народных переписей в ардатовском уезде Симбирской губернии в Сборнике статистических сведений о России. изд. Статистическое отделение русского географического общества. кн. 3. СПБ., 1858。

需要说明的是，这些指标并不能代表全民识字率的动态特征，只能反映 20～25 岁男性人口识字率的动态变化。当然，本报告所述期间学校数量的增加不会对老年人口识字率的提高产生重大影响。还应指出的是，应征入伍者的识字率明显低于志愿入伍者。《库尔斯克省的公共教育》一书公布了 1874～1895 年库尔斯克省应征入伍者和志愿入伍者的识字数据。[①] 1874 年，该省应征入伍者的识字率为 16.8%，而志愿入伍者的识字率为 25.0%。可见，志愿入伍者的识字率几乎是应征入伍者的 1.5 倍。1895 年，应征入伍者的识字率为 29.2%，志愿入伍者的识字率为 37.5%。

数据显示，1874～1913 年，入伍者的识字率大幅上升，但即便如此，1913 年入伍者中仍约 1/3（32.2%）为文盲。

笔者对 1874～1883 年、1894 年和 1904 年欧俄 50 省应征入伍者的识字率数据进行了分析，具体见表 11-18。

表 11-18　1874～1904 年欧俄 50 省应征入伍者的识字率

单位：%

省份	1874～1883 年	1894 年	1904 年
利夫兰	95	97	99
爱斯特兰	95	96	97
库尔兰	60	87	87
诺夫哥罗德	33	60	72
科斯特罗马	37	58	74
梁赞	30	57	79
雅罗斯拉夫	63	85	87
彼得堡	59	80	90
莫斯科	53	77	86
特维尔	41	68	86
弗拉基米尔	42	67	82
下诺夫哥罗德	23	46	64

---

① Народное образование в Курской губерний, составил И. Н. Белоконский. изд. Ⅱ. Курск., 1897. стр. 46-49.

续表

省份	1874~1883 年	1894 年	1904 年
塔夫里达	24	45	66
沃洛格达	29	45	67
顿河哥萨克军区	20	42	—
维亚特卡	17	42	56
奥廖尔	21	41	63
切尔尼戈夫	19	40	64
阿斯特拉罕	23	38	—
辛比尔斯克	18	38	53
赫尔松	24	38	58
喀山	13	27	40
波尔塔瓦	13	37	58
唐波夫	16	37	58
彼尔姆	17	37	50
库尔斯克	17	36	56
普斯科夫	20	36	55
叶卡捷琳诺斯拉夫	18	35	62
萨拉托夫	19	35	63
土拉	33	57	75
卡卢加	33	56	76
阿尔汉格尔斯克	35	52	—
奥洛涅茨	28	49	67
斯摩棱斯克	24	48	66
格罗德诺	23	34	57
沃罗涅日	16	33	55
莫吉廖夫	14	32	59
明斯克	19	32	35
哈尔科夫	14	30	54
奔萨	12	30	49
维捷布斯克	17	29	55
基辅	14	28	48
萨马拉	14	27	49
奥伦堡	13	25	—

续表

省份	1874~1883 年	1894 年	1904 年
科夫诺	19	25	34
波多利斯克	11	24	43
维尔纳	16	24	50
沃伦	12	22	35
比萨拉比亚	8	22	30
乌法	7	13	27

资料来源：Таблица составлена на основании данных, опубликованных в следующих изданиях： всеобщая воинская повинность в Российской империи за первое десятилетие 1874－1883 г. СПБ, 1886；Сборник сведений по России 1896 г. СПБ., 1897；Статистические сведения по начальному образованиюв Российской империи вып. Ⅵ（данные 1904 г.）. Одесса., 1907。

本报告所述期间俄国人口识字率指标波动非常大。总的来说，波罗的海各省份及部分工业化程度较高的省份，特别是雅罗斯拉夫尔、彼得堡、莫斯科、特维尔和弗拉基米尔，应征入伍者的识字率相对较高。在乌克兰和东部省份，应征入伍者的识字率低于全国平均水平。

1904～1913 年，应征入伍者的文盲比例仍然很高。一些文盲在服役期间被教读书写字，而教士兵读书写字是于 20 世纪初才强制性开始的。在军队中推行强制识字的主要动机之一是希望从村里最黑暗和最受压迫的农民中招募士官。这种愿望在《关于下级军官培训规定草案的解释性备忘录》中得到了非常清楚的反映。备忘录中写道："全盘考虑之后，最可靠和最理想的士官是以前的农夫，他们还保留着家庭纪律的烙印，而这种纪律已经在城市和工厂区中已逐渐消失了。但因这些通常来自偏远地区的新兵大多是文盲，军事学校应该帮助他们，以便让他们能继续服役，其意义不容置疑。"[①]

俄国公共教育水平普遍较低，非俄罗斯族在公共教育发展程度方面更为落后。俄国政府废除了当地的学校，推行愚民政策。

---

① Военный Сборник №3. 1902. стр. 34－35.

中亚的非俄罗斯民族的识字率明显落后。1897 年 770 万名中亚居民的识字率见表 11-19。①

表 11-19　1897 年中亚地区人口识字率

单位：%

	识字者占比		
	男性	女性	合计
俄罗斯族居民	37.0	13.8	26
非俄罗斯族居民	4.4	0.7	2.6
所有人口	7.6	2.0	5.0

最后，我们将提供更多有关十月革命前俄国全体人口识字率的数据。1897 年 1 月 28 日进行的第一次人口普查数据颇具代表性，它足以体现俄国居民的识字率。从这些指标中可以判断出 19 世纪末俄国总体人口识字率，具体数据见表 11-20。

表 11-20　1897 年俄国总体人口识字率

单位：%

地区	识字者占比		
	男性	女性	合计
欧俄地区*	32.6	13.7	22.9
高加索地区	13.2	6.0	12.4
西伯利亚地区	19.2	5.1	12.3
中亚地区	7.9	2.2	5.3
全俄	29.3	13.1	21.1

* 包含波兰。

资料来源：Общий свод по империи результатов разработки первой всеобщей переписи населения, произведенной 28 января 1897 г. СПБ., 1905。

---

① Общий свод по империи результатов разработки данных первой всеобщей переписи населения, произведенной 28 января 1897 г. СПБ., 1905. т. Ⅱ. стр. 174-175.

1897年，全俄识字人口占总人口的21.1%。男性和女性人口的识字率差异十分明显，男性人口的识字率是女性的2.2倍。高加索、西伯利亚特别是中亚地区的识字率远远落后于欧俄地区。1897年欧俄50省人口识字率的具体数据见表11-21。

表11-21　1897年欧俄50省的人口识字率

单位：%

省份	识字率	省份	识字率
爱斯特兰	77.9	沃洛格达	19.1
利夫兰	77.7	切尔尼戈夫	18.4
库尔斯克	70.9	基辅	18.1
彼得堡	55.1	喀山	17.9
科夫诺	41.9	明斯克	17.8
莫斯科	40.2	奥廖尔	17.6
雅罗斯拉夫	36.2	斯摩棱斯克	17.3
格罗德诺	29.2	阿斯特拉罕	23.3
维尔纳	28.8	诺夫哥罗德	23.0
塔夫里达	27.9	顿河哥萨克军区	22.4
弗拉基米尔	27.0	沃伦	17.2
赫尔松	25.9	莫吉廖夫	16.9
奥洛涅茨	25.3	波尔塔瓦	16.9
维捷布斯克	24.6	哈尔科夫	16.8
特维尔	24.5	乌法	16.7
科斯特罗马	24.0	唐波夫	16.6
萨拉托夫	23.8	沃罗涅日	16.3
萨马拉	22.1	库尔斯克	16.3
下诺夫哥罗德	22.0	维亚特卡	16.0
叶卡捷琳诺斯拉夫	21.5	比萨拉比亚	15.6
土拉	20.7	辛比尔斯克	15.6
奥伦堡	20.4	阿斯特拉罕	15.5
梁赞	20.3	波多利斯克	15.5
卡卢加	19.4	奔萨	14.7
彼尔姆	19.2	普斯科夫	14.6

前三个省份的识字率（70%～78%）几乎是最后四个省份识字率（14.6%～15.5%）的5倍。识字率相对较高的省份，除了波罗的海三省外，

还有彼得堡、科夫诺、莫斯科、雅罗斯拉夫等。1897年的数据显示，在比萨拉比亚、辛比尔斯克、阿斯特拉罕、波多利斯克、奔萨和普斯科夫六个省份之中，识字率在14.6%与15.6%之间波动。

1897年俄国全部人口按年龄和性别划分的识字率见表11-22。

表11-22　1897年人口按年龄和性别划分的俄国识字率

年龄(岁)	总人数(千人)			识字者占比(%)		
	男性	女性	合计	男性	女性	合计
<10	17131.0	17208.5	34339.5	4.6	2.7	3.6
10~20	13094.1	13359.4	26453.5	45.1	21.8	33.5
20~30	10045.1	10215.9	20261.0	45.3	19.5	32.3
30~40	7893.9	7912.1	15806.0	39.5	15.7	27.6
40~50	5873.6	5832.9	11706.5	33.2	12.6	22.9
50~60	4110.8	4211.6	8322.4	26.5	11.1	18.7
≥60	4182.6	4398.8	8581.4	20.0	9.7	14.8

如果不考虑第一个年龄段（10岁以下）居民，那么在其他年龄段中，随着年龄的增长，识字率逐步下降：10~20岁居民的识字率为33.5%，60岁及以上居民的识字率为14.8%。

不同年龄段男女人口的识字率差异非常显著。

统计十月革命前几年俄国人口的识字率也很有意义。由于我们所掌握的此期间的人口识字率材料不多，因此不得不利用现有关于农村人口识字率和城市人口的大量数据来计算相应指标。虽然我们获得的指标不是绝对准确，但它们仍然可以让我们大致了解1897~1913年人口识字率的变化。①

1910~1913年12个省的户口普查数据显示，农村人口的识字率为24.0%，而1897年农村人口的识字率为17.8%。考虑到1897年整个俄国的人口识字率是21.1%，笔者估计1910~1913年的识字率约为28.4%。由于人口普查数据主要来

---

① 1897年第一次人口普查的数据经常被用来描述这一时期俄国的文化水平。在这方面值得注意的是中央统计委员会的年鉴，在其中我们可以看到从1897年人口普查材料中获得的关于俄国人口文化水平的数据。与此同时，从1897年到1913年，学校事业的发展水平和居民文化水平有所提升。

自 1910~1913 年，甚至部分来自 1908~1909 年，基于此，1913 年的识字率可能提高至 30% 左右，而俄国 8 岁及以上人口的识字率约为 38%~39%。

这些数据都表明，在俄国资本主义长达 50 年的漫长历程中，人口识字率提高得非常缓慢。1913 年，全国 8 岁及以上人口中有 60% 以上是文盲，非俄罗斯族的识字率更低。1911 年人口普查数据显示，只有 23.8% 的 7~14 岁儿童在农村小学就读。直到十月革命之后，文化异常落后状况才逐渐改变。

二　俄国基础教育

1863 年俄国首次公布了学校数量和学生数量的汇总数据，根据所公布的数据，1863 年的学生人数超过 100 万人（115.58 万人），其中公立学校学生 92.8 万人，但这些数据明显虚高。[①] 甚至在 1862~1864 年国民教育部的官方报告中也是如此。据说，"这些学校中有一半以上是东正教神职人员在教堂开办的学校，众所周知，其中许多学校名存实亡，根本没有物质保障，没有自己的设施，也没有教材"[②]。

笔者通过 1863 年各部门所属初级教育机构及其学生数量的官方数据编制了相关表格，具体数据见表 11-23。

表 11-23　1863 年各部门所属初级教育机构及其学生数量

学校类型	学校数量（所）	学生数量（千人）
公立和私立学校	14315	541.1
教会学校	21420	413.5
合计	35735	954.6

资料来源：Данные опубликованных в издании Начальные народные училища и участие в них православного духовного ведомства. СПб., 1865. 有关小学的信息由中央统计委员会报告，而教会学校的信息则由各教会收集。

[①] Статистический временник Российской империи, вып. Ⅰ. раздел Сведения по статистике народного образования. СПБ., 1866.

[②] Отчет деятельности министерства народного просвещения и подведомственных ему учреждений в 1862, 1863 и 1864 гг. СПБ., 1865, стр. 205.

官方明显夸大了学校数量和学生数量，除此之外，还应该考虑到这样一个事实，即新建的学校没有好的师资。还应该注意到19世纪60年代农民扫盲学校的广泛发展。

改革后小学和学生人数动态数据的最重要来源是国民教育部部长的年度报告，虽然该报告曾多次受到媒体的批评。Г. 法里波尔克和В. 柴尔诺隆斯基写道："部长报告编写的方法十分官僚：公立学校的检查员向校长提交年度报告，校长向督学提交年度报告，督学向国民教育部大臣提交年度报告。此过程中的每一步仅是对收到的报告进行简单机械式的总结，对结论也没有任何评论。他们收到的报告中，无论是督学还是大臣都没有关于公立学校分类的准确数据。"①

但总体而言，根据国民教育部自1871年以来的报告，我们还是掌握了初等教育机构数量的动态数据，具体见表11-24。

表11-24　1871~1885年国民教育部所属初等教育机构及其学生数量

年份	学校数量（所）	学生数量（千人）	年份	学校数量（所）	学生数量（千人）
1871	16 375	675.3	1879	20 240	1077.0
1872	19 658	761.1	1880	21 240	1119.1
1873	18 722	821.3	1881	22 762	1207.4
1874	22 389	919.9	1882	—	1362.0
1875	23 936	955.5	1883	25 317	1472.3
1877	24 853	1065.9	1885	25 194	1557.9

1871~1885年，学生人数增加了130.7%，但公立小学的教育质量却处于很低的水平，甚至国民教育部部长的官方报告也承认："除了国民教育部所属的学校，我们大量公立学校教师的文化水平很低……拥有大量半文盲的教师，只有国民教育部所属的学校有全额财政支持。在绝大多数情况下，地方自治机构所属学校、公立学校和其他学校得到的支持非常少，教会学校仍

---

① Г. Фальборк и В. Чарнолусский. Народное образование в России. СПБ., 1898. стр. 122-124.

然没有得到任何支持。因此，占多数的上述学校不可能有好的师资，也没有必要的教具，甚至没有足够的校舍。"①

1885~1900 年国民教育部所属初等教育机构及其学生数量见表 11-25。

表 11-25　1885~1900 年国民教育部所属初等教育机构及其学生数量

年份	学校数量（所）	学生数量（千人）	年份	学校数量（所）	学生数量（千人）
1885	25194	1557.9	1894	29241	1937.1
1886	26546	1565.3	1895	29910	1978.4
1887	26940	1625.8	1896	29432	2036.6
1889	24601	1572.0	1897	33401	2318.1
1890	26986	1752.1	1898	37027	2456.5
1891	27707	1833.3	1899	38470	2537.4
1892	28450	1910.3	1900	36829	2592.6
1893	28120	1915.9			

由表 11-25 中数据可知，1885~1900 年，学校增加了 11635 所，学生增加 103.5 万人。

俄国政府在 19 世纪 80~90 年代加强了对教会学校的扶植。这在很大程度上影响了 1885~1895 年的教育水平。国民教育部所属学校的学生人数只增加了 42 万人，增幅为 27%。但是，19 世纪 90 年代后半期，学生人数的增加更为显著。②

根据《俄罗斯帝国基础教育统计资料》公布的数据，笔者编制了 1885 年和 1898 年城市和农村初等教育机构中男女学生人数的变化表格，具体数据见表 11-26。

表 11-26　1885 年和 1898 年初等教育机构中男学生和女学生人数对比

指标	1885 年			1898 年		
	男学生	女学生	合计	男学生	女学生	合计
城市学校						
学生数量（千人）	282.2	147.3	429.5	393.4	223.1	616.5
学生人口占比（%）	4.0	2.3	3.1	4.5	2.9	3.7

---

① Извлечение из отчета министра народного просвещения за 1872 г. стр. 61.
② Вып. Ⅲ. ред. В. И. Фармаковского. СПБ., 1902. стр. 170-193.

续表

指标	1885年			1898年		
	男学生	女学生	合计	男学生	女学生	合计
农村学校						
学生数量（千人）	1361.0	393.5	1754.5	2695.7	800.0	3495.7
学生人口占比（%）	3.0	0.9	1.9	4.9	1.4	3.2

1885~1898年，城市学校的学生人数增加了43.5%，农村学校的学生人数增加了99.3%。尽管如此，在十月革命前的俄国，国民教育的落后仍然是一个可悲的事实。

В. И. 法尔玛科夫斯基通过计算后指出，1898年小学生占全国总人口的3.2%，其中男生占4.8%，女生占1.6%。1898年末，上学的儿童人数为748.65万人，占学龄儿童（8~11岁）总数的64.5%。

1900~1914年，俄国国民教育发展的数据更具有代表性，具体见表11-27。

表11-27 1900~1914年国民教育部所属初等教育机构及其学生数量

年份	学校数量（所）	学生数量（千人）	年份	学校数量（所）	学生数量（千人）
1900	36820	2592.6	1908	50876	3933.6
1901	37579	2649.8	1909	54726	4204.9
1902	38889	2829.9	1910	59000	4541.7
1903	40781	3039.7	1911	64279	4860.3
1904	43428	3200.8	1912	69318	5155.5
1905	43551	3350.4	1913	76416	5559.7
1906	45629	3596.4	1914	80801	5942.1
1907	47838	3783.7			

1900~1914年，国民教育部所属初等教育机构的在校生人数由259.26万人增至594.21万人。

列宁在《论国民教育部的政策问题》一文中就曾注意到学生人数明显增加,他写道:"1905年是俄国人民群众大觉醒的一年,是在无产阶级领导下人民为争取自由而进行伟大斗争的一年,这一年甚至使我们的官方机构也不得不摆脱停滞状态,向前挪动了一下。"①

教会学校在基础教育中占有重要地位,这些学校是在19世纪80年代发展起来的,那是残酷的反动年代。

1905~1914年,约有200万名儿童就读于这些学校。主教会议首席检察官 К. П. 波别多诺采夫说:"教会学校,就其现有的教育和监督条件而言,比其他类型的公立学校更能保证进行正确的宗教和民族精神教育,因此,值得政府的支持和鼓励。"②

1884~1914年,教会小学和学生数量的增加非常显著。1884年大约有10万名学生,1885年则有18.1万名学生,1913~1914年,学生数量超过200万名。③

1891年,正如 Н. В. 契科夫所指出的:"当时农民扫盲学校在数量上有几千所,政府大笔一挥就将其全部列入教会学校之中。"④

1900~1906年,教会学校学生数量由163.45万人增至202.16万人,增幅为24%。十月革命后,教会学校学生在小学生总数中的比重有所下降。但同年,政府的反动政策,特别是对部属学校教师的清洗,导致教会和部属学校之间的差异变得模糊。

由于缺乏公立学校,农村人口被迫求助于所谓的家庭学校。在没有世俗学校和教会学校的地区,它们的作用尤为重要。根据 А. С. 普鲁加文提供的有关这种类型学校的数据,笔者估计在19世纪90年代上半期家庭学校的学

---

① В. И. Ленин, Соч., т. 19. стр. 114.
② К. П. Рождественский. Исторический обзор деятельности нистерства народного образования, 1802-1902 гг. СПБ., 1902. стр. 649.
③ Исторический очерк развития церковных школ за истекшее двадцатипятилетие (1884 - 1909гг.) изд. Училичного совета при святейшем синоде, СПБ, 1909 и Церковные школы Российской империи в 1908 г. СПБ., 1915.
④ Н. В. Чехов. Народное образование в России с 60-х годов XIX века. М., 1912. стр. 101.

生人数约为 30 万~40 万名。①

如果我们关注有关小学教育持续时间的材料，则会看到一幅悲惨的画面，1911 年俄国初级学校不同学习年限的学生数量占比见表 11-28。

表 11-28　1911 年俄国初级学校不同学习年限的学生数量占比

单位：%

学生	在校生比例		
	1 年	1 年以上 3 年以下	3 年以上
城市男学生	41.0	48.1	10.9
城市女学生	43.2	47.0	9.8
农村男学生	38.2	49.3	12.5
农村女学生	48.6	44.7	6.7

资料来源：Однодневная перепись начальных школ Российской империи, произведенная 18 января 1911 г. вып 16. Пг., 1916. стр. 115。

在城市和农村，接受了 3 年以上教育的学生比例很低。А. В. 扎哈罗夫指出："接受一所三年制学校的提供完整的小学教育，其目的并不是获得一定数量的知识，大多数学生只希望获得识字能力和阅读能力，书写能力更是谈不上。"②

1916 年各年龄段小学生的分布情况见表 11-29。

表 11-29　1916 年各年龄段小学生的分布情况

单位：%

年龄 （岁）	占比		
	男学生	女学生	合计
<8	1.9	2.4	2.0
8	10.0	13.1	11.0
9	17.3	21.4	18.6

---

① А. С. Пругавин. Запросы народа и обязанности интеллигенции в области просвещения и воспитания. СПБ., 1905. стр. 48。
② А. В. Захаров, Доступность школы и грамотность населения в Костромской губернии, Кострома., 1913. стр. 37.

续表

年龄（岁）	占比		
	男学生	女学生	合计
10	23.2	25.9	24.0
11	19.5	18.4	19.2
12	15.8	11.6	14.4
13	7.6	4.6	6.7
14	3.2	1.8	2.8
≥15	1.6	0.8	1.3
合计	100.0	100.0	100.0

由表11-29中数据可知，在十月革命前的俄国，大多数12岁以上的儿童没有上学。

在十月革命之前，俄国儿童缺乏受教育保障，这完全可以从国民教育部《普及教育的问题》系列文章的官方数据中看出。[①]

据官方的估算，1915年1月1日，在1525.98万名适龄儿童中，只有51%的儿童上学。在俄国一些地区，接受教育儿童的数量甚至更低。例如，在西伯利亚地区为39%，高加索地区为37.2%，草原和中亚地区为14.2%，埃里温省为12.3%，雅库特地区为10.7%，撒马尔罕地区为1.9%。

农村儿童的入学率特别低。1911年发布的《俄罗斯帝国小学普查》（第16次）的数据颇具参考价值，笔者基于此确认了1880~1911年农村小学生中7~14岁儿童的比例，具体数据见表11-30。

表11-30　1880~1911年农村小学生中7~14岁儿童的占比

单位：%

年份	男学生	女学生	合计
1880	14.6	3.2	8.7
1894	25.3	6.1	15.6
1911	33.3	14.2	23.8

资料来源：Итоги по империи, В. И. Покровского. Пг., 1916. стр. 110。

---

① Приложение к изданию Начальные училища ведомства министерства народного просвещения в 1914 г. 1916.

第11章 19世纪初俄罗斯居民的识字率

1911年，只有23.8%的7~14岁儿童在农村小学学习。1880~1911年，欧俄地区农村人口中学生的比例从1.5%增加到4.5%。① 尽管小学生人数略有增加，但到1911年学生占总人口的比例继续保持很低的水平，尤其是女性学生。

谈到国民教师的薪金，俄国也是很穷的。他们只能领到少得可怜的一点钱。国民教师在没有生火的、几乎无法居住的小木房里挨饿受冻，甚至同冬天被农民赶进小木房里的牲畜住在一起。任何一个巡官，任何一个农村黑帮分子或甘心当暗探、特务的人都可以陷害国民教师，至于来自上司的各种挑剔和迫害就更不用说了。在支付正直的国民教育工作者的薪金方面，俄国是很穷的，但是在抛掷数百万数千万卢布来供养贵族寄生虫、进行军事冒险、资助制糖厂老板和石油大王等类事情上，俄国倒是很富的。②

19世纪末，中等教育和高等教育发展缓慢，很多数据均可证实该状况。部分著作在评价1897年第一次人口普查资料时写道："全俄受过初等及以上教育的人口有1364143人，只占总人口的1.102%。具体而言，男性有848932人，占男性总量的1.359%；女性有535211人，占女性总量的0.847%。还必须牢记的是，此数据不能确认实际完成学业的人数，只能表明居民中有多少人在某些机构学习，有多少人毕业却是未知。"③

在随后的几年中，直到十月革命前，俄国的中等和高等教育水平一直处于较低水平。

上述关于俄国居民教育状况的材料，更能凸显苏联教育的伟大成就。全俄已基本扫除文盲，在第六个五年计划中已经确定了在全俄城市和农村基本普及中等教育的任务。1955~1956年，超过5000万人参加了学习，包括接受大众职业的培训和再培训课程，以及其他类型的教育。将近3500万名学生在

---

① Однодневная перепись начальных школ Российской империи. произведенная 18 января 1911 г. вып. 16. стр. 110.
② В. И. Ленин, Соч., т. 19. стр. 117.
③ Общий свод по империи результатов разработки данных первой всеобщей переписи населения. произведенной 28 января 1897 г. СПБ., 1905. т. Ⅰ. стр. ⅩⅦ.

小学、七年制学校和中学、成人学校、劳动力储备系统与技术学校学习。

据1939年苏联人口普查数据，受过中等教育的人数为1317.9万人，受过高等教育的人数为108.0万人。1955～1956年，技校及其他中专（含函授）在校生有196.1万人，高等学校（含函授）在校生有186.7万人。① 其中，各民族共和国在国民教育领域取得的成就尤为突出。

---

① Народное хозяйство СССР. М., Госстатиздат, 1956. стр. 221-227.

第 12 章
资本主义下俄国大城市人口社会职业构成的特征

本章以1897年人口普查的资料为基础来研究城市人口的职业构成,但这些数据众多,十分繁杂,需要进行系统的加工和甄别。同时,针对普查材料错误较多和编制不足的情况,只能对个别城市的人口普查资料进行重点关注。基于此,笔者分别对1897年普查之前和随后部分年份的相关数据进行了统计和分析。这些关于人口职业的普查规划内容十分详细,并且持续进行,因此这些数据足以说明某些问题;彼得堡、莫斯科和其他城市多年来的人口普查结果得到了有效保存,这使得追踪这一问题变得相对容易。

为更好地研究该问题,笔者除对1897年人口普查数据进行分析外,还对之后进行的城市人口普查数据进行了更详细的介绍,共有1680万名城市居民被纳入考虑范围。① 至1913年,城市人口达2630万人。1897~1913年,城市人口增加了950万人,增长56%。1897年后有关城市人口社会职业构成的普查相对较少,所以笔者着重关注大型工业中心,如莫斯科、彼得堡和巴库等。

大城市劳动人口的材料值得特别注意。彼得堡、莫斯科、巴库和其他一些大型工业城市的工人数量在城市总人口中的占比很高。城市人口普查可以

---

① 包括波兰。

确定在国民经济各部门中就业的人数，一些城市中工厂工人的占比约为40%~50%，在分析工人状况的同时，还需对其他类别的人口进行分组，借此研究俄国城市人口的职业构成。

在翻看1897年城市人口职业分布的普查资料之前，有必要先介绍一下列宁关于俄国人口职业构成的计算，以及俄国人口的大致阶级分布。

列宁在《俄国资本主义的发展》一书中运用了1897年全俄人口普查资料，具体数据见表12-1。

表12-1 1897年俄国城市人口的职业构成

单位：百万人

职业	独立者	家庭成员	人口总数
1）官吏和军人	1.5	0.7	2.2
2）僧侣和自由职业者	0.7	0.9	1.6
3）食利者和领抚恤金者	1.3	0.9	2.2
4）被剥夺自由者、娼妓、无固定职业者及职业不详者	0.6	0.3	0.9
非生产人口合计	4.1	2.8	6.9
5）从事商业者	1.6	3.4	5.0
6）从事交通作业者	0.7	1.2	1.9
7）私人职员、仆役、日工	3.4	2.4	5.8
半生产人口合计	5.7	7.0	12.7
8）从事农业者	18.2	75.5	93.7
9）从事工业者	5.2	7.1	12.3
生产人口总计	23.4	82.6	106.0
合计	33.2	92.4	125.6

资料来源：В. И. Ленин. Соч. т. 3. стр. 438。

列宁对这些数据进行了分组，可说明社会劳动分工是俄国所有商品生产和资本主义的基础。基于此，根据列宁的计算，俄国人口分布如下：农业人口9700万人，工商业人口2170万人，非生产人口690万人，总人口1.256亿人。①

---

① В. И. Ленин. Соч. т. 3. стр. 439.

通过对现有数据的分析,列宁通过特殊的计算,显示了居民阶级划分的大致情况:大资产阶级、地主和高等官吏等约 300 万人,富裕的小业主约 2310 万人,贫穷的小业主约 3580 万人,无产者与半无产者约 6370 万人(其中无产者至少有 2200 万人)。①

根据 1897 年第一次人口普查资料,可确定俄国城市人口的职业构成,具体数据见表 12-2。

表 12-2　1897 年俄国城市人口的职业构成

职业	所有人口		其中:单独居民*	
	数量(千人)	占比(%)	数量(千人)	占比(%)
所有城市人口	16527.8	100.0	7890.7	100.0
从事农业者	1576.8	9.5	413.0	5.2
从事工业者	5200.9	31.5	2340.0	29.7
从事贸易者	2865.9	17.3	1046.0	13.3
从事交通通信行业者	989.1	6.0	377.5	4.8
私人职员、仆役、日工	2446.2	14.8	1579.5	20.0
残疾人和退休人员	1197.5	7.2	738.5	9.4
神职人员和自由职业者	719.8	4.4	328.3	4.2
官吏和军人	1531.6	9.3	1067.9	13.5

* 人口普查术语为"自营职业者"。

资料来源:В общем своде по империи результатов разработки первой всеобщей переписи населения 28 января 1897 г. СПБ.,1905. ч. Ⅱ. стр. 238-293。

据 1897 年人口普查数据,笔者按职业类别将俄国城市人口分为就业和非就业人口,并显示了每 100 名就业者对应的非就业者人数,具体数据见表 12-3。

1897 年,城市人口中每 100 名就业者对应 107.7 名非就业者。对于个别职业,数值存在更为明显的差异。事实证明,在从事农业者中差异最大(每 100 名就业者对应 281.8 名非就业者),其次是从事贸易者(每 100 名

---

① В. И. Ленин. Соч. т. 3. стр. 442.

表 12-3 俄国城市人口的职业构成

职业	城市人口数量(千人)			每100名就业者对应的非就业者(人)
	就业人口	非就业人口	总数	
总人口	7890.7	8637.1	16527.8	107.7
从事农业者	413.0	1163.8	1576.8	281.8
从事贸易者	1046.0	1819.9	2865.9	174.0
从事交通通信行业者	377.5	611.6	989.1	162.0
从事工业者	2340.0	2860.9	5200.9	122.3
神职人员和自由职业者	328.3	391.5	719.8	119.3
残疾人和退休人员	738.5	459.0	1197.5	62.2
私人职员、仆役、日工	1579.5	866.7	2446.2	54.9
官吏和军人	1067.9	463.7	1531.6	43.4

就业者对应174.0名非就业者）和从事交通通信行业者（每100名就业者对应162.0名非就业者）。在从事工业者中，每100名就业者对应122.3名非就业者，略高于整个城市人口的指标。这个指标最低的是官吏和军人。

在研究了1897年俄国城市人口构成的一般数据之后，笔者着重关注了彼得堡和莫斯科人口社会职业构成的相关数据。

1881~1900年和1910年彼得堡劳动人口的职业、行业和生活来源差异很大。因此，必须分别考虑各相关指标。对于1881~1900年，笔者主要使用了《1900年12月15日彼得堡人口普查》中的相关数据，具体数据见表12-4。

表 12-4　1881~1900年彼得堡就业人口的职业划分

职业	1881年		1890年		1900年	
	数量(千人)	占比(%)	数量(千人)	占比(%)	数量(千人)	占比(%)
从事小手工业生产和贸易者	308.7	53.2	333.0	54.4	496.0	62.5

续表

职业	1881年 数量（千人）	1881年 占比（%）	1890年 数量（千人）	1890年 占比（%）	1900年 数量（千人）	1900年 占比（%）
接受父母资助者	20.8	3.6	22.0	3.6	25.6	3.2
退休人员	11.3	1.9	15.2	2.5	14.2	1.8
行政机关、法院、警察机构工作人员和神职人员	30.4	5.2	31.2	5.1	28.0	3.5
军人	33.4	5.8	34.2	5.6	11.7	1.5
自由职业者	30.5	5.3	31.4	5.1	40.4	5.1
家庭仆人	19.0	3.3	20.0	3.3	23.5	3.0
私人仆人	87.7	15.1	86.2	14.1	105.4	13.3
私立教育机构学员	16.7	2.9	17.3	2.8	19.1	2.4
医院病人	8.1	1.4	8.1	1.3	12.6	1.6
依靠救济金生活的人	14.1	2.4	13.1	2.1	17.5	2.2
总就业人口	580.7	100.0	611.7	100.0	794	100.0

注：不含郊区。

资料来源：В. И. Ленин. Соч. т. 3. стр. 438。

1881年，超过一半的彼得堡人口从事小手工业生产和贸易。随着首都工商业的发展，1900年该数值增加到62.5%。

1881~1900年，彼得堡其他职业群体的占比变化较大。值得注意的是，彼得堡就业人口中私人仆人的占比相对较高，1881年为15.1%，1890年为14.1%，1900年为13.3%。

笔者还详细考察了1910年彼得堡劳动人口按职业和社会地位的分布，具体数据见表12-5。

表 12-5　1910 年彼得堡劳动人口的职业和社会地位构成

职业	数量（千人）	占比（%）
总就业人口	1115.4	100.0
有雇工的雇主	44.3	4.0
个体户	76.0	6.8
企业职员	40.7	3.6
工人	504.0	45.2
家庭、机构和私人仆人	189.0	16.9
非企业职员	66.0	5.9
自由职业者	14.6	1.3
依靠现金收入生活的人	39.0	3.5
依靠其他人或机构资助的人	55.8	5.0
军人	47.5	4.3
暂时没有工作的人	38.5	3.5

资料来源：Данные опубликованных в изд. Петроград по переписи 15 декабря 1910 г. Население. ч. Ⅱ. вып. Ⅰ. Пг.，1915. C. 28-29。

工人数量为 50.4 万人，占总就业人口的 45.2%。如果在工人总数中再加上手工艺工人、帮佣工人和失业者，那么所有这些群体将占彼得堡劳动人口总数的 2/3。此外，有雇工的雇主人数占比为 4.0%，个体户人数占比为 6.8%。

1910 年彼得堡从事手工业者的分布情况见表 12-6。

表 12-6　1910 年彼得堡从事手工业者的分布

职业	数量（千人）			占比（%）		
	男性	女性	合计	男性	女性	合计
雇主	38.1	12.5	44.3	7.4	8.1	6.7
行政机关工作人员	32.5	8.1	40.6	6.3	5.3	6.1
工人	401.8	102.2	504.0	77.6	66.4	75.8
个体户	45.1	31.0	76.1	8.7	20.2	11.4
总计	517.5	153.8	665.0	100.0	100.0	100.0

资料来源：Данные опубликованных в изд. Петроград по переписи 15 декабря 1910 г. Население. ч. Ⅱ. вып. Ⅰ. Пг.，1915. C. 22-23。

第12章 资本主义下俄国大城市人口社会职业构成的特征

1910年彼得堡从事手工业者的数量为66.5万人。其中，工人占比为75.8%，个体户占比为11.4%，行政机关工作人员占比为6.1%，雇主占比为6.7%。

根据1881~1910年彼得堡三次人口调查材料，彼得堡工人人数的变化见表12-7。

表12-7 1881~1910年彼得堡工人人数的变化

行业	工人人数（千人）			增长率（%）		
	1881年	1900年	1910年	1881~1900年	1900~1910年	1881~1910年
采矿和制造业	172.4	325.1	350.2	88.6	7.7	103.1
贸易和保险业	38.1	54.6	77.0	43.3	41.0	102.1
交通通信业	20.7	43.8	51.6	111.6	17.8	149.3
餐饮业	16.5	18.8	25.2	13.9	34.0	52.7
总计/平均	247.7	442.3	504.0	78.6	13.9	103.5

资料来源：С-Петербург по переписи 15 декабря 1881 г. т. Ⅰ. Население. СПБ., 1884; Население С-Петербурга по переписи 1900 г. СПБ., 1903 и Петроград по переписи 15 декабря 1910 г. Население. ч. Ⅱ. вып. Ⅰ. Пг., 1915。

彼得堡的工人人数从1881年的24.77万人增加到1910年的50.4万人，这一增长主要发生在1881~1900年。1900~1910年，以牺牲小工业（手工业）为代价，工厂工人人数有所增加。其他行业也发生了类似的过程。

在过去30年里，彼得堡工人的人数增加了25.63万人，其中采矿和制造业就增加了近18万人。

1881~1910年彼得堡工人的性别构成和女性工人人数变化见表12-8。

表12-8 1881~1910年彼得堡工人的性别构成和女性工人人数变化

年份	工人数量（千人）			女性工人占比（%）
	男性	女性	总数	
1881	200.6	47.1	247.7	19.0
1900	368.6	73.7	442.3	16.7
1910	401.8	102.2	504.0	20.3

1900年，女性工人比例下降的主要原因是金属加工、机械制造和铁路运输等行业快速发展，而这些行业的女性参与率较低。

1910年，彼得堡工人的性别构成见表12-9。

表12-9 1910年彼得堡工人的性别构成

行业	工人数量（千人）			女性工人占比（%）
	男性	女性	总数	
采矿和制造业	261.0	89.2	350.2	25.5
贸易和保险业	70.8	6.2	77.0	8.0
餐饮业	20.1	5.1	25.2	20.2
交通通信业	49.9	1.7	51.6	3.3
总计/平均	401.8	102.2	504.0	20.3

1910年，彼得堡采矿和制造业工人的性别构成见表12-10。

表12-10 1910年彼得堡采矿和制造业工人的性别构成

工种类型	工人数量（人）			女性工人占比（%）
	男性	女性	总数	
所有采矿和制造业	260983	89227	350210	25.5
其中包括：				
纺纱、织布及相关行业	8663	14491	23154	62.6
洗浴、洗衣行业	4550	6408	10958	58.5
服装和鞋类生产行业	28916	26484	55400	47.8
造纸行业	5109	2267	7376	30.7
农业、渔业、狩猎业	3841	1548	5389	28.7
食品和消费品生产行业	12164	4868	17032	28.6
皮革、毛发和其他固体物品及橡胶加工业	8602	3033	11635	26.1
油脂、肥皂和沥青的生产和加工业	1865	323	2188	14.8
化学工业	3612	592	4204	14.1
印刷生产和艺术行业	15721	2548	18269	13.9
机械制造业	26260	892	27152	3.3

续表

工种类型	工人数量(人)			女性工人占比(%)
	男性	女性	总数	
木材加工业	16763	364	17127	2.1
金属加工业	34803	485	35288	1.4
建筑业	19732	91	19823	0.5

在采矿和制造业部门中，女性的就业情况差别很大，在纺纱、织布及相关行业（62.6%），洗浴、洗衣行业（58.5%）以及服装和鞋类生产行业（47.8%），女性的比例更高。女性在机械制造业（3.3%）、木材加工业（2.1%）、金属加工业（1.4%）和建筑业（0.5%）中的占比很低。

笔者根据1869~1910年彼得堡的多次人口调查资料，得出了彼得堡非就业者的占比相对较低的结论（所提供的数据不包括郊区），具体数据见表12-11。

表12-11 1869~1910年彼得堡就业人口和非就业人口占比

年份	人口数量(千人)			每100名就业人口对应的非就业人口数量(人)
	就业人口	非就业人口	总数	
1869	463.3	203.9	667.2	44.0
1881	588.2	273.1	861.3	46.4
1890	631.8	322.6	954.4	51.1
1900	833.6	414.5	1248.1	49.7
1910	1045.9	591.1	1637.0	56.5

资料来源：Ю. Янсон, Промыслы и занятия петербургского населения по переписи 1881 г. Вестник Европы №11. 1884; Население С-Петербурга по переписи 15 декабря 1900 г. Статистический ежегодник С-Петербурга за 1901-1902 гг. СПБ., 1905; Петроград по переписи 15 декабря 1910г. ч. Ⅱ. вып. Ⅰ. Пг., 1915。

1869~1910年在彼得堡人口中，非就业者的数量有所增加。1869年，每100名就业者对应44.0名非就业者，1910年则对应56.5名非就业者。

谈到莫斯科就业者的职业特点，我们应该考虑莫斯科的数据，主要参考的资料是1912年莫斯科人口普查材料，但这次人口普查必须与前两次莫斯科人口调查（1882年和1902年）的材料分开考虑。

1882年和1902年莫斯科就业人口职业构成的相关数据见表12-12。

表12-12 1882年和1902年莫斯科就业人口的职业构成

职业	数量（千人）		占比（%）	
	1882年	1902年	1882年	1902年
从事工业者	226.0	294.0	42.0	38.9
从事贸易和运输行业者	106.8	190.2	19.9	25.2
家庭仆人	73.2	78.7	13.6	10.4
从事其他职业者	132.1	192.3	24.5	25.5
合计	538.1	755.2	100.0	100.0

资料来源：Главнейшие данные переписи г. Москвы 31 января 1902 г. вып. Ⅵ. М., 1907. стр. 60-61。

根据1882年和1902年数据，在莫斯科从事工业者、从事贸易和运输行业者的占比为60%~65%。1882~1902年，工业部门就业人数的比例略有下降，而贸易和运输行业的就业人数占比则有所增加，1882年为19.9%，1902年为25.2%。

家庭仆人在莫斯科就业者总数中的比例继续下降。

根据1902年莫斯科人口普查资料，我们获得了工业人口分布的相关信息，具体数据见表12-13。

表12-13 1902年莫斯科工业人口的构成

职业	就业人口（人）	占比（%）
小手工业者	158931	54.0
工厂工人	116651	39.7
家庭作坊工人	4048	1.4
无雇工个体户	14328	4.9
合计	293958	100.0

资料来源：Главнейшие данные переписи г. Москвы 31 января 1902 г. вып. Ⅵ. Население Москвы по занятиям. М., 1907. стр. 76. Статистический атлас Москвы. 1911. стр. 52-53。

1902 年，莫斯科工业中就业人数为 29.4 万人。其中半数以上的工人为小手工业者，还有 39.7% 就职于工厂。随后几年，莫斯科工厂工人的数量显著增加，数量从 1906 年的 12.14 万人增加到 1913 年的 15.93 万人，增长了 31.2%。① 在莫斯科工业就业总人数中，工厂工人比例明显增加。

笔者还按生产形式和生产部门对莫斯科就业人口进行了划分，具体数据见表 12-14。

值得注意的是，不同行业的就业人口分布存在显著差异。

表 12-14 1902 年莫斯科采矿和制造业的就业人口构成

单位：人

生产行业	无雇工雇主	家庭作坊	手工业	工厂	合计
所有生产行业	14328	4048	158931	116651	293958
其中包括：					
金属开采与加工业	527	156	15934	9162	25779
机械、武器和工具生产业	39	22	3815	8440	12316
化学工业	16	10	475	5307	5808
动物毛皮加工业	199	135	4974	3323	8631
纤维制品加工业	832	796	6892	54794	63314
木材加工业	574	232	15680	2748	19234
造纸业	59	106	4910	2502	7577
食品加工业	60	214	10227	15988	26489
服装和鞋类生产行业	9879	2228	63289	2005	77401
建筑业	598	6	14943	23	15570
印刷业	520	97	5454	7836	13907

资料来源：Главнейшие данные переписи г. Москвы 31 января 1902 г. вып. Ⅵ. Население Москвы по занятиям. М., 1907. стр. 76. Статистический атлас Москвы. 1911. стр. 52-53。

1912 年莫斯科全部就业人口按性别、职业和社会地位的分布情况见表 12-15。

---

① А. Г. Рашин. Формирование промышленного пролетариата в России. М., 1940. стр. 179.

表 12-15　1912 年莫斯科就业者的性别、职业和社会地位划分

职业和社会地位	数量（千人）			占比（%）		
	男性	女性	合计	男性	女性	合计
有雇工雇主	32.6	11.6	44.2	4.8	3.2	4.2
家庭作坊雇主	5.1	1.7	6.8	0.7	0.5	0.6
无雇工个体户	33.6	25.5	59.1	4.9	7.0	5.6
家庭作坊帮工	9.4	6.3	15.7	1.4	1.7	1.5
工贸企业职员	81.5	10.8	92.3	11.9	2.9	8.8
工厂工人	115.2	50.7	165.9	16.8	13.7	15.6
其他行业工人	97.3	29.5	126.8	14.2	8.1	12.1
运输工人	106.1	5.2	111.3	15.5	1.4	10.6
手工业学徒	30.8	10.8	41.6	4.5	2.9	4.0
家庭仆人	6.8	92.3	99.1	1.0	25.2	9.4
社会安保职员	32.3	0.1	32.4	4.7	—	3.1
其他非生产职员和自由职业者	31.3	26.4	57.7	4.6	7.2	5.5
仆人、机关工人和其他非生产职务人员	16.4	6.7	23.1	2.4	1.8	2.2
依靠土地收入生活的人	5.8	13.4	19.2	0.8	3.7	1.8
依靠退休金生活的人	16.2	27.6	43.8	2.4	7.5	4.2
街头艺人	27.3	28.1	55.4	4.0	7.7	5.3
其他职业、无职业或无固定职业者	37.3	20.3	57.6	5.4	5.5	5.5
合计	685.0	367.0	1052.0	100.0	100.0	100.0

注：含郊区。

资料来源：Данные, опубликованных в Статистическом ежегодике г. Москвы и Московской губернии вып. Ⅱ. Статистические данные по г. Москве за 1914-1925 гг. М., 1927. стр. 68-74。

为了阐释 1912 年莫斯科工人的分布情况，笔者按经济部门进行了分类，具体数据如表 12-16 所示。

第12章　资本主义下俄国大城市人口社会职业构成的特征

表 12-16　1912 年莫斯科工人分布

分类	人数（千人）	占比（%）
工厂工人	165.2	37.1
其他生产行业工人	126.8	28.5
运输、房产和贸易工人	111.3	25.0
手工业学徒	41.6	9.4
总计	444.9	100.0

由表 12-16 中数据可知，工厂工人共有 16.52 万人，占莫斯科工人总数的 37.1%。

1882~1912 年莫斯科工人数量的一般动态指标见表 12-17。

表 12-17　1882~1912 年莫斯科工人数量的一般动态指标

年份	工人数量（千人）	与上期相比增长（%）	与1882年相比增长（%）
1882	247.7	—	—
1902	374.7	51.3	51.3
1912	444.9	18.7	79.6

注：含郊区。

资料来源：Статистический атлас города Москвы. Площадь Москвы. население и занятия. М., 1887；Перепись Москвы 1902 г. ч. Ⅰ. Население. вып. Ⅱ и Ⅲ. М., 1906；Статистический ежегодник г. Москвы и Московской губернии. вып. Ⅱ. Статистические данные по г. Москве за 1914 - 1925 гг. М., 1927。

由表 12-17 中数据可知，1882~1912 年，莫斯科的工人人数增加了 79.6%。1882~1902 年的工人数量增长率高于 1902~1912 年的工人数量增长率。

1882~1912 年，莫斯科从事工业、运输、贸易和家政的女性人数有所增加，具体数据见表 12-18。

表 12-18　1882~1912 年莫斯科从事工业、运输、贸易和家政的女性人数

年份	工人数量（千人）			女性在工人中的占比（%）
	男性	女性	总数	
1882	200.9	42.0	242.9	17.3
1902	302.6	72.1	374.7	19.2
1912	349.4	96.2	445.6	21.6

虽然在 1882~1912 年工人阶级中女性的人数增加了近 1.3 倍，但是，在莫斯科工人总数快速增长的背景下，女性在工人中的比例增长并不多，由 17.3% 提高到 21.6%。

1912 年，莫斯科工人的性别构成和女性工人人数的变化见表 12-19。

表 12-19　1912 年莫斯科工人的性别构成和女性工人人数的变化

分类	工人数量（千人）			女性在工人中的占比（%）
	男性	女性	总数	
工厂工人	115.2	50.0	165.2	30.3
其他生产行业工人	97.3	29.5	126.8	23.3
运输、房产和贸易工人	106.1	5.2	111.3	4.7
手工业学徒	30.8	10.8	41.6	26.0
合计/平均	349.4	95.5	444.9	21.5

由表 12-19 可知，国民经济各部门对女性劳动力的使用情况存在较大差异。工厂工人中女性劳动力的占比相对较高，达 30.3%，而在运输、房产和贸易工人中女性劳动力的占比可谓微不足道，只占 4.7%。

1882~1912 年，莫斯科非就业人口的增长速度比就业人口的增长速度更为显著，具体数据见表 12-20。

表 12-20　1882~1912 年莫斯科就业人口和非就业人口

年份	人口数量（千人）			每 100 名就业人口对应的非就业人口（人）
	就业人口	非就业人口	总数	
1882	538.1	214.4	752.5	39.8

续表

年份	人口数量（千人）			每100名就业人口对应的非就业人口（人）
	就业人口	非就业人口	总数	
1902	812.4	362.3	1174.7	44.6
1912	1051.3	565.1	1616.4	53.8

资料来源：Главнейшие данные переписи г. Москвы 31 января 1902 г. вып. Ⅵ. Население Москвы по занятиям. М., 1907. стр. 2-4。

Б. Д. 尼基丁在分析1902年莫斯科人口普查材料时指出，在莫斯科"100人中有近70人是非就业者"。

他解释了莫斯科出现这种现象的原因，即大量新移民在莫斯科停留不超过5年，没有时间组建家庭，所以非就业者的数量增加。由于儿童和老人的数量相对较少，男性人口多于女性，工资相对较低，因此很大一部分莫斯科工人没有与农村断绝联系，只是临时性地打短工。①

根据1912年莫斯科人口普查材料，笔者对莫斯科人口的职业类别和非就业人口数量进行了统计，具体数据见表12-21。

表12-21 1912年莫斯科人口的职业类别和非就业人口数量

职业和社会地位	人口数量（千人）			每100名就业人口对应的非就业人口（人）
	就业人口	非就业人口	总数	
全部人口	1051.3	565.1	1616.4	53.8
其中包括：				
有雇工雇主	44.2	91.5	135.7	207.0
工贸企业职员	67.5	92.4	159.9	136.9
无雇工个体户	49.3	59.1	108.4	119.9
其他非生产职员和自由职业者	57.7	42.4	100.1	73.5
运输、房产和贸易工人	111.3	74.3	185.6	66.8

---

① Главнейшие данные переписи г. Москвы 31 января 1902 г. вып. Ⅵ. Население Москвы по занятиям. М., 1907. стр. 2-4.

续表

职业和社会地位	人口数量（千人）			每100名就业人口对应的非就业人口（人）
	就业人口	非就业人口	总数	
依靠土地收入生活的人	19.2	9.8	29.0	51.0
工厂工人	165.2	77.6	242.8	47.0
依靠退休金生活的人	43.8	15.3	59.1	34.9
其他产业工人	126.8	30.8	157.6	24.3
家庭仆人	99.1	6.0	105.1	6.1

资料来源：Данные, опубликованных в Статистическом ежегодике г. Москвы и Московской губернии вып. Ⅱ. Статистические данные по г. Москве за 1914-1925 гг. М., 1927. стр. 68-74。

由表12-21中数据可知，1912年莫斯科每100名就业者对应着53.8名非就业者。该指标最高的是有雇工雇主，每100名就业者对应207名非就业者。在最大的群体工厂工人中，每100名就业者仅对应47名非就业者。

让我们提供一些有关彼得堡和莫斯科郊区人口的职业数据。

多项统计资料显示，就职业而言，郊区人口主要属于工商业从业者。在这方面，彼得堡1900年的人口普查资料最具代表性。

"通过对郊区主要经济群体的比较后发现，一方面，郊区是一个专门的商业和工业单元，郊区4/5以上的居民（城区的3/5以上）从事着各种各样的工作；另一方面，他们也是单独劳动者的代表，从事各类手工业活动，或单独从事贸易业务。

如果我们将家庭仆人和私人仆人添加到这一群体中，那么几乎90%的郊区人口都从事手工业，只有10%的郊区人口从事非手工业活动。"[①]

从1902年莫斯科人口普查材料中可以看出，城市和郊区居民的经济活动和职业类别存在明显的差异，1902年莫斯科居民的主要职业类型见表12-22。

---

① Население С-Петербурга по переписи 15 декабря 1900 г. Статистический ежегодник С-Петербурга за 1901-1902 гг. СПБ., 1905. стр. 15.

第12章 资本主义下俄国大城市人口社会职业构成的特征

表 12-22　1902 年莫斯科居民的主要职业类型

职业	城市		郊区		总数	
	人数(人)	占比(%)	人数(人)	占比(%)	人数(人)	占比(%)
从事工业者	293958	38.9	36133	63.3	330091	40.6
从事贸易与通信行业者	190257	25.2	9894	17.3	200151	24.6
家庭仆人	78728	10.4	3684	6.4	82412	10.1
其他	192283	25.5	7413	13.0	199696	24.6
合计	755226	100	57124	100	812350	100

19 世纪末 20 世纪初，还曾出版了大量有关巴库地区和奥德萨城市人口职业构成的相关文献，具体数据见表 12-23。

表 12-23　1913 年巴库地区工人的职业构成和工人数量

职业	巴库		工业区		巴库和工业区	
	数量(人)	占比(%)	数量(人)	占比(%)	数量(人)	占比(%)
总就业人口	102469	100.0	68243	100.0	170712	100.0
其中包括：						
雇主	20031	19.5	4661	6.8	24692	14.5
家庭作坊帮工	1346	1.3	349	0.5	1695	1.0
工厂职员	8331	8.1	3254	4.8	11585	6.8
工人	35616	34.6	49064	71.9	84680	49.6
手工业学徒	1760	1.7	222	0.3	1982	1.2
政府和公共机关职员和自由职业者	12135	11.8	1736	2.5	13871	8.1
仆人	7058	6.9	1169	1.7	8227	4.8
日工、无业者和其他	9225	9.0	6653	9.7	15878	9.3
街头艺人	6967	6.8	1135	1.7	8102	4.7

在 1913 年的巴库和工业区，工人占比为 49.6%，日工、无业者和其他占比为 9.3%，手工业学徒占比为 1.2%，其中低工资的工厂职员占比为

6.8%，仆人占比为4.8%。

1913年巴库和工业区各类职业的就业人口和非就业人口的比例见表12-24。

表12-24 1913年巴库和工业区各类职业的就业人口和非就业人口

单位：人

职业	巴库				工业区			
	人数			每100名就业人口对应的非就业人口	人数			每100名就业人口对应的非就业人口
	就业人口	非就业人口	总数		就业人口	非就业人口	总数	
总人口	102469	110317	212786	107.7	68243	50560	118803	74.1
其中包括：								
雇主	20031	39280	59311	196.1	4661	9869	14530	211.7
工厂职员	8331	13186	21517	158.3	3254	5474	8728	168.2
工人	35616	35279	70895	99.1	49064	28950	78014	59.0
日工、无业者和其他	9225	7902	17127	85.7	6653	3245	9898	48.8
政府和公共机关职员和自由职业者	12135	10082	22217	83.1	1736	1856	3592	106.9
依靠现金收入生活的人	6967	3704	10671	53.2	1135	1004	2139	88.5
家庭作坊帮工	1346	256	1602	19	349	67	416	19.2
仆人	7058	617	7675	8.7	1169	92	1261	7.9
手工业学徒	1760	11	1771	0.6	222	3	225	1.4

由表12-24中数据可知，巴库每100名就业人口对应107.7名非就业人口，工业区每100名就业人口对应74.1名非就业人口。该指标在"雇主"群体中最高，在"工人"群体中较低。巴库工人与工业区工人的相关指标存在显著差异。В.В.阿雷舍夫斯基解释说，在工业区，没有家庭（单身）的工人占比很高，远高于巴库。

1903年和1913年巴库和工业区的就业和非就业人口指标见表12-25。

对于1913年巴库每100名就业人口对应的非就业人口减少的原因，

B. B. 阿雷舍夫斯基的结论是这座城市的新移民越来越多,其中能够胜任工作的人比巴库的当地人还多。同时,B. B. 阿雷舍夫斯基指出,在工业区,每 100 名就业人口对应的非就业人口明显增加,这应该与该地区女性的涌入有直接关系,其中大多数属于非就业人口。

工人的职业类别也值得关注,具体数据见表 12-26。

表 12-25　1903 年和 1913 年巴库和工业区的就业和非就业人口

单位:人

年份	巴库				工业区			
	人数			每 100 名就业人口对应的非就业人口	人数			每 100 名就业人口对应的非就业人口
	就业人口	非就业人口	总数		就业人口	非就业人口	总数	
1903	66235	77163	143398	116.5	40230	23123	63353	57.5
1913	102754	111918	214672	108.9	68360	50933	119293	74.5

表 12-26　1913 年巴库和工业区按职业分组的工人

职业类型	巴库		工业区		巴库和工业区	
	数量(人)	占比(%)	数量(人)	占比(%)	数量(人)	占比(%)
工厂工人	5355	15.0	7015	14.3	12370	14.6
石油钻探开采工人	1198	3.4	34485	70.3	35683	42.1
石油加工工人	1206	3.4	1487	3.0	2693	3.2
其他开采和加工产业工人	13002	36.5	3927	8.0	16929	20.0
运输企业工人(除造船工人)	7461	20.9	1220	2.5	8681	10.3
造船工人	2078	5.8	266	0.5	2344	2.8
房产工人	2272	6.4	212	0.4	2484	2.9
贸易机关和信贷机构工人	3044	8.5	452	0.9	3496	4.1
	35616	100.0	49064	100.0	84680	100.0

资料来源:В. В. Алышевский, Баку и промыслово-заводский район по данным переписи 1913 г. ч Ⅲ. вып. Ⅲ. Население по занятиям. Баку., 1822. стр. 12-13。

所谓的"雇主"群体更值得细细研究,由于"雇主"概念的广义解释,所以这一群体所占比例较高。B. B. 阿雷舍夫斯基引用了以下关于就业雇主按职业群体分布的数据,具体见表12-27。

表12-27 巴库和工业区雇主的职业群体构成

职业	巴库		工业区	
	人数(人)	占比(%)	人数(人)	占比(%)
有雇工的雇主(石油产业除外)	6104	30.5	1275	27.4
石油开采与加工业的雇主	464	2.3	398	8.6
家庭作坊雇主	1081	5.4	303	6.5
无雇工个体户	12382	61.8	2685	57.6
合计	20031	100.0	4661	100.0

在评论这些数据时,B. B. 阿雷舍夫斯基指出,在"雇主"群体的四类职业中,最多的是无雇工个体户,他们在两个定居点的数量都超过了半数,再加上仅靠家人帮助工作的家庭作坊雇主,二者约占总数的2/3。因此,如果把"无雇工个体户"这一组挑出来,那么总体的"雇主"群体将大大减少。

关于敖德萨,笔者掌握了1892年的人口调查资料。在随后的几年里,这个城市的人口继续快速增长。与此同时,伴随着工业的显著增长,工业无产阶级的比例明显增加。还应指出的是,1892年敖德萨人口调查过程中采用的职业分类与俄国其他大城市的职业分类方式有所不同。在初步描述这些问题之后,让我们转向有关1892年按职业群体划分的敖德萨就业人口分布的材料,具体数据见表12-28。

前10个群体通常可归于在工业、贸易和运输业中就业的人口,他们占总就业人口的62.5%。结果证明,"私人、家庭和相关机构仆人"是一个重要的职业类别。

1892年敖德萨整个就业人口的社会群体划分见表12-29。

第12章 资本主义下俄国大城市人口社会职业构成的特征

需要指出的是,在调查过程中,"工人"的概念被狭义地解释,而"个体户"的概念则被广义地解释。

表12-28 1892年敖德萨居民的职业构成

职业	人数(人)	占比(%)
农业和矿山开采相关职业从业者	6728	3.9
加工业从业者	32930	18.9
洗浴、洗衣行业从业者	3245	1.8
房屋建造业从业者	6529	3.8
印刷业从业者	1612	0.9
贸易行业从业者	23358	13.4
运输业从业者	9125	5.2
餐饮业从业者	6007	3.5
短工	18628	10.7
各种小手工业从业者	686	0.4
军队服役人员	13701	7.9
各种机构职员和自由职业者	10537	6.1
私人、家庭和相关机构仆人	26293	15.1
无个人收入者和无业人员	14575	8.4
合计	173954	100.0

资料来源:Odessa 1794-1894 гг. изд. Городского общественного управления к столетию города, Одесса., 1894;Результаты однодневной переписи г.Одессы 1 декабря 1892 г. под ред. А. С. Боринев ича. Одесса., 1894。

表12-29 1892年敖德萨就业人口划分

职业	人口数量(人)			占比(%)
	男性	女性	总数	
雇主	15489	3186	18675	17.1
公职人员	10326	397	10723	9.9
工人	32322	4551	36873	33.9
学徒	3423	1145	4568	4.2
个体户	28084	9925	38009	34.9
合计	89644	19204	108848	100.0

1892年，"工人"和"学徒"群体占敖德萨就业人口的38.1%。对于这么大的工业中心来说，这个数字很低。但似乎毫无疑问，"个体户"群体中的很大一部分也应归于工人群体，因为"个体户"群体中包括18615名短工和体力劳动者。

笔者根据1892年奥德萨的人口调查资料，对其就业人口和非就业人口之间的比例进行了分析，具体数据见表12-30。

表12-30　1892年敖德萨就业人口与非就业人口之间的比例

单位：人

职业	人数（人）			每100名就业人口对应的非就业人口
	就业人口	非就业人口	总数	
总人口	173954	166542	340496	95.8
贸易从业者	23358	41666	65024	178.4
农业和矿山开采相关职业从业者	6728	11831	18559	175.8
运输业从业者	9125	13333	22458	146.1
各种机构职员和自由职业者	10537	13197	23734	125.2
加工业从业者	32930	36487	69417	110.8
印刷业从业者	1612	1726	3338	107.1
房屋建造从业者	6529	6888	13417	105.5
短工	18628	16578	35206	89.0
餐饮业从业者	6007	4618	10625	76.9
洗浴、洗衣行业从业者	3245	2132	5377	65.7
无个人收入者和无业人员	14575	8998	23573	61.7
各种小手工产业	686	330	1016	48.1
私人、家庭和相关机构仆人	26293	7684	33977	29.2
军队服役人员	13701	1074	14775	7.8

资料来源：Одесса 1794–1894 гг. изд. Городского общественного управления к столетию города, Одесса., 1894；Результаты однодневной переписи г. Одессы 1 декабря 1892 г. под ред. А. С. Боринев ича. Одесса., 1894。

在1892年的敖德萨人口中，每100名就业人口中对应着95.8名非就业人口，这一指标与莫斯科和彼得堡之前计算的相应指标相比，无疑是偏高的。究其原因是敖德萨人口中贸易行业就业人口比例相对较高。在贸易从业者中，每100名就业人口对应178.4名非就业人口，在加工业从业者中，每100名就业人口对应110.8名非就业人口。

在某些社会群体中，这一比例差别很大，具体数据见表12-31。

表12-31 1892年敖德萨各行业就业人口和非就业人口的数量和比例

单位：人

职业	人数			每100名就业人口对应的非就业人口
	就业人口	非就业人口	总数	
所有产业人口	108908	135619	244527	125
雇主	18675	48682	67357	261
公职人员	10783	17371	28154	161
个体户	38009	39594	77603	104
工人	36873	29972	66845	81
学徒	4568	—	4568	—

1892年，在敖德萨各行业中，每100名就业人口对应125名非就业人口，在"雇主"群体中，每100名就业人口对应261名非就业人口，在"工人"群体中，每100名就业人口对应81名非就业人口。

鉴于对其他省会城市人口职业和社会地位构成的研究较少，我们只能对此问题进行单独的研究。值得注意的是и.沃罗诺夫对沃罗涅日市的相关数据分析。и.沃罗诺夫写道："根据工业部门和居民从事的职业，全市人口大约可分为六个群体：①在制造业就业的人数为12951人；②贸易和运输从业人员900人；③家庭和机构仆人数量为7152人；④军事和文职雇员数量为9313人；⑤自由职业者、教师和神职人员为2120人；⑥无个人收入且无固定职业者为10809人。"1899年沃罗涅日的人口分布情况见表12-32。

表 12-32　1899 年沃罗涅日人口的职业构成

职业	每个分类人口占比（%）		
	莫斯科	彼得堡	沃罗涅日
工业从业者	40.2	33.4	25.1
贸易和运输从业者	23.4	21.0	17.6
仆人	15.4	19.4	14.0
无个人收入者	11.3	12.5	21.0
机关职员	5.0	8.9	18.2
自由职业者	4.7	4.8	4.1
合计	100.0	100.0	100.0

如果说在首都工业和贸易居民占决定性优势，那么在沃罗涅日，这些群体的比例很小。这一特征表明，沃罗涅日的经济相当落后。

沃罗涅日是一个典型的例子，笔者可以借此确定中等城市的人口职业构成。

* * *

在本章的写作过程中，我们注意到一些城市人口社会职业构成的调查资料，这些城市的工商业发展迅速，工人人口比重增加，据 1910~1912 年人口普查数据，不仅可以确定工厂工人的人数，还可以确定手工业、贸易、运输等行业的工人数量。彼得堡和莫斯科工人人数占比为 42%~43%，巴库工人人数占城市总就业人口的 49.4%。相较而言，在工商业就业人口中工人的比例要高得多，1910 年彼得堡达到了 76%。

在这些城市中，工商企业的基层雇员、仆人和从事日常工作的人口也很多。

由于大城市人口中工人占比很高，即使他们在总就业人口中的比例略有下降，但仍居高不下。

译后记

А. Г. 拉申是俄国知名的统计学家，他在大量人口调查数据、人口普查数据、地方自治机构普查数据、工厂监查人员统计数据，以及大量文献的基础上撰写了《俄国人口的百年变迁（1811~1913）》一书，本书史料翔实、内容丰富，是研究俄国人口问题的必读之作，在苏联和如今的俄罗斯均具有重要影响。作者以史料和文献为基础，运用经济学、统计学和历史学的分析方法，对俄国居民的规模、19世纪和20世纪初俄国城市居民的形成过程和数量变动、1861~1913年俄国居民的自然流动，以及俄国居民的构成等方面进行了详细阐述。本书对俄国城乡居民的流动以及对居民的出生率、死亡率和自然增长率等内容进行了详细分析，还着重阐释了俄国居民的识字率、职业构成和受教育水平，对研究俄国城市化、教育现代化和工业化都具有重要的参考作用。

因水平有限，书中难免存在错误和疏漏之处，恳请读者批评指正。值得一提的是，因原著中部分数据在核算时有错误，尤其是在核算总量和增长率时错误较多，所以译者和编辑对相关数据进行了纠正，因涉及的地方较多，并未一一标注，仅在此一并说明。

本书翻译分工如下：前言、序言、第1~3章由邓沛勇负责；第4~7章由马义霞负责；第8~12章由王梓云博负责。

最后，感谢本书编辑颜林柯老师的大力帮助，在她的支持下本书才能顺利地出版。

图书在版编目（CIP）数据

俄国人口的百年变迁：1811~1913 /（苏）拉申著；邓沛勇，王梓云博，马义霞译 . --北京：社会科学文献出版社，2023.10
ISBN 978-7-5228-2374-4

Ⅰ.①俄⋯ Ⅱ.①拉⋯ ②邓⋯ ③王⋯ ④马⋯ Ⅲ.①人口-历史-俄国-1811-1913 Ⅳ.①C922.512

中国国家版本馆 CIP 数据核字（2023）第 165323 号

俄国人口的百年变迁（1811~1913）

著　者 /〔苏〕А.Г.拉申（Рашин А.Г.）
译　者 / 邓沛勇　王梓云博　马义霞

出 版 人 / 冀祥德
组稿编辑 / 高　雁
责任编辑 / 颜林柯
责任印制 / 王京美

出　版 / 社会科学文献出版社·经济与管理分社（010）59367226
　　　　　地址：北京市北三环中路甲29号院华龙大厦　邮编：100029
　　　　　网址：www.ssap.com.cn
发　行 / 社会科学文献出版社（010）59367028
印　装 / 三河市尚艺印装有限公司
规　格 / 开　本：787mm×1092mm　1/16
　　　　　印　张：21.75　字　数：333千字
版　次 / 2023年10月第1版　2023年10月第1次印刷
书　号 / ISBN 978-7-5228-2374-4
定　价 / 148.00元

读者服务电话：4008918866

▲ 版权所有 翻印必究